DU MÊME AUTEUR

CÉLINE, I : LE TEMPS DES ESPÉRANCES, 1894-1932, biographie, Mercure de France, 1977.

CÉLINE, III : CAVALIER DE L'APOCALYPSE, 1944-1961, biographie, Mercure de France, 1981.

CÉLINE, II : DÉLIRES ET PERSÉCUTIONS, 1932-1944, biographie, Mercure de France, 1985.

INTERDIT AUX CHINOIS ET AUX CHIENS, roman, La Table Ronde, 1997.

UN CHEVAL, UNE ALOUETTE, roman, La Table Ronde, 2000.

CÉLINE-BLOY, Du Lérot, 2005.

CAVE CANEM, Léo Scheer, 2006.

LA CITÉ INTERDITE, nouvelles, L'Éditeur, 2011.

SINGE, Léo Scheer, 2011.

FRANÇOIS GIBAULT

LIBERA ME

nrf

GALLIMARD

À César Peng,
avenir du monde

« Il y a en moi un double, un second François sensuel et violent qui tend les mains vers la vie ignorée et que toutes les voluptés attirent. »

François Mauriac
à Robert Vallery-Radot
12 mai 1910

PROLOGUE

Conçu comme un dictionnaire, à partir de mots choisis, ce livre rassemble, dans le désordre alphabétique, de minuscules morceaux de mon existence. Les lecteurs y trouveront surtout des gens, dont beaucoup sont déjà passés dans l'autre monde, mais aussi des lieux, des animaux, des impressions, quelques idées, des souvenirs enchantés, d'autres qui le sont moins, en bref une vie. Écrire ces textes fut une manière de me libérer du poids d'événements vécus souvent passionnément, parfois déraisonnablement, et de souvenirs qui disparaîtront avec moi. Ce sont autant de graines que je plante et qui pourriront dans le marécage universel puisque telle est la vocation de tout. Ces pages témoignent d'un attachement inouï pour le passé, les morts, les traditions, les bons usages, et d'un intérêt tout aussi vif pour les vivants, pour tout ce qui sort de l'ordinaire et pour un avenir que je ne verrai pas. De permanence entre deux chaises, à la croisée de plusieurs chemins, il existe en moi un fonds traditionnel qui guerroie sans cesse avec mon attrait pour les tables rases, les idées neuves et la révolution. Ce potage illustre une époque révolue, vécue par un bourgeois ordinaire qui a fait son chemin sans accident majeur, entre les gouttes en quelque sorte. Et qui ne regrette rien.

A

CHARLOTTE AILLAUD

En 1962, quand je l'ai connue, Mme Émile Aillaud régnait déjà sur le monde, qu'elle avait à ses pieds, un peu comme la reine Victoria, pas à Buckingham Palace, mais rue du Dragon, en un lieu plus beau et mille fois plus sympathique. Déjà parmi les intimes, j'avais le droit d'entrer dans la chambre de Madame, qui n'avait d'égale à Paris que celle de sa sœur, Juliette Gréco, dans laquelle j'avais alors aussi, grâce à Bob Westhoff, mes petites entrées. Ce fut pour moi une époque heureuse, pendant laquelle j'ai découvert un monde auquel j'étais étranger, artistes, écrivains, ducs et duchesses, mais aussi un univers d'intelligence et de liberté que Charlotte incarne à mes yeux. Quand je la rencontre, pas assez souvent à mon goût, nous échangeons nos secrets, nos souvenirs et nos émotions, elle n'est pas plus blasée que moi et, comme Édith Piaf, sans regrets.

HOCINE AÏT AHMED

Né le 20 août 1926 en Grande Kabylie, Hocine Aït Ahmed est berbère avant tout. Militant, dès la Seconde Guerre mondiale, pour l'indépendance de l'Algérie, il fut, en 1954, l'un des fondateurs du FLN et il est l'un des neuf chefs historiques de la Révolution. Arrêté, avec Ben Bella, Boudiaf, Rabah Bitat et Mostefa Lacheraf, le 22 octobre 1956, après que leur avion eut été détourné par des chasseurs français, il a été détenu pendant cinq années à la prison de la Santé, puis au château d'Aulnois, avant d'être libéré et de rentrer dans son pays en héros national et en libérateur de la patrie. Seul intellectuel parmi les fondateurs du FLN, docteur en droit, auteur de plusieurs essais, beau-frère de Khider, autre chef historique de la Révolution, il était tiraillé entre le sentiment national et son appartenance à la minorité kabyle. Il assista, impuissant, aux luttes intestines qui opposaient les uns et les autres, avant de prendre le maquis en Kabylie, contre Ben Bella, devenu président de la République. Arrêté par l'armée, en décembre 1964, il comparut devant la cour criminelle révolutionnaire d'Alger du 7 au 10 avril 1965, défendu par une pléiade d'avocats, dont mon patron, Pierre July, ancien ministre, qui n'avait accepté de participer à cette défense que si Aït Ahmed me désignait également. Dans le box des accusés se trouvaient aussi le père Di Falco et le commandant Si Moussa qui s'était illustré à la tête d'une willaya. Parmi les autres avocats de la défense, Maurice Buttin, Mourad Oussedik, Meriem Belmihoub, Michèle Beauvillard, le bâtonnier d'Alger, les bâtonniers marocains Benjelloun, Bouabid et Teber. Pour avoir été officier français en Algérie, j'appréhendais le contact avec mes confrères algériens qui étaient tous anciens de l'Armée de Libération nationale ou avaient fait partie du collectif qui avait pris en charge la défense des détenus du FLN. Meriem Belmihoub, ancien député, épouse du ministre du Travail, avait perdu un frère dans l'Est constantinois, à une époque et dans une région où j'avais été en opération. Elle n'ignorait pas non plus que j'étais intervenu dans de nombreux procès de l'OAS. Il s'est établi entre nous, peut-être pour cela, des liens proches de l'affection, comme avec Mourad Oussedik et Michèle Beauvillard, qui avaient fait partie du collectif formé par Jacques Vergès, pour la défense du FLN. Le procès fut émaillé d'incidents, car nous étions à quelques jours de l'Aïd et Aït Ahmed craignait d'être « le mouton de la fête ». Après m'avoir entendu plaider un incident au cours duquel j'avais dit qu'il y avait eu suffisamment de sang versé dans ce pays, lequel avait d'abord besoin de réconciliation nationale, le commandant Si Moussa, écœuré par la manière dont le procès était conduit, me désigna comme avocat en précisant qu'il tenait à être défendu désormais par un officier français qui avait fait le coup de feu pour l'Algérie française et contre la rébellion algérienne. Le vendredi 9 avril au soir, après de multiples incidents, il est apparu que le président de la Cour voulait en finir, en passant outre aux dernières conclusions que nous avions déposées et sans interroger les accusés. À minuit, dans la salle des pas perdus, vide à cette heure, il fit procéder à l'appel des témoins dont nous avions fait citer une centaine et j'entends encore l'huissier, dont la voix résonnait dans l'immense hall du Palais de Justice, appeler : « Monsieur le Général de Gaulle », et se retourner vers la Cour pour annoncer : « Monsieur le Président, le témoin est absent », puis appeler le témoin suivant : « Monsieur le Président Gamal Abdel Nasser », suivi du même : « Le témoin est absent. » Aït Ahmed et les cinq autres accusés nous ont demandé de quitter la barre. Nous avons tous alors décidé de nous retrouver à l'hôtel Saint-Georges pour conférer de l'attitude à adopter. À peine étions-nous installés dans le bar du Saint-Georges que le personnel nous prévint que des voitures de police encerclaient l'hôtel. Nos confrères algériens ont alors tous sauté par la fenêtre et se sont égaillés dans les jardins. Les policiers, entrés quelques minutes plus tard dans le bar, nous ont demandé nos passeports et nous ont dit que le président nous commettait d'office, ce qui était illégal, seuls les avocats du barreau d'Alger pouvant l'être. Aït Ahmed et le commandant Moussa ont alors été condamnés à mort et nous avons préparé un recours en grâce, que j'ai tapé moi-même sur une petite machine à écrire que j'avais apportée de Paris. Nous avons demandé audience à Ben Bella, qui nous reçut presque tout de suite, tous ensemble. Autour de la table, le président était seul face à une dizaine d'avocats. Ben Bella, qui avait certainement dans l'idée de gracier son ancien compagnon d'armes et d'infortune, fut très digne. Il nous dit qu'il n'était guidé que par l'intérêt supérieur de l'État et il gracia Aït Ahmed et Si Moussa le jour même de l'Aïd. Après quelques années d'une détention peu rigoureuse, le 1er mai 1966, Aït Ahmed s'évada de la prison d'El Harrach, dans la voiture et avec le directeur de cet établissement pénitentiaire. Parfois la réalité dépasse la fiction ! Et tous m'accorderont que, pour un jeune avocat ayant fait le coup de feu en Algérie, l'affaire n'était pas banale !

L'ALCOOL

L'alcool a tué autour de moi trop de gens que j'aimais pour que je taise ici toute la haine que j'éprouve à son égard. Drogue facile, vulgaire, lente, peu coûteuse, elle fait partie de nos mœurs si ce n'est de nos traditions et c'est en cela qu'elle est satanique. Il faudrait n'en jamais boire pour ne jamais en avoir envie car le premier verre en appelle un deuxième, la bouteille commencée ne demande qu'à être finie et il y en a plein d'autres dans la cave et chez les marchands de vins. On résiste facilement au premier verre, parce que l'on est conscient, au suivant, c'est plus difficile et toujours plus difficile le lendemain que la veille, alors on se laisse emporter comme le bouchon par la rivière, dont on croit qu'elle est enchantée. J'ai trop bu, trop longtemps, et j'ai vu trop d'alcooliques autour de moi s'enfoncer jour après jour dans la dépendance, y déchoir, s'y déshonorer, pour ne pas hurler contre cet ennemi auquel je vois tant de jeunes succomber dans l'allégresse, comme si c'était un plaisir convenable, salvateur. Le 14 novembre 1974, il y aura bientôt quarante ans, la tête lourde, j'ai décidé d'arrêter tout, alcool et tabac. J'ai coulé un bain froid et je m'y suis glissé dans la délectation, j'ai demandé à Dieu de m'aider, je me suis regardé dans la glace, j'étais un autre homme, un ressuscité, c'est le plus beau jour de ma vie.

DIANE ALEXANDRE

Diane Alexandre, épouse du préfet de la Seine, était la meilleure amie de ma grand-mère maternelle, Jeanne Antoinette Plassard, Toinon pour les intimes, Maman Toinon pour ses petits-enfants. Elles avaient, l'une et l'autre, un formidable coup de fourchette, ce qui se voyait à leur excitation au moment de passer à table et à leurs formes rondes. Diane participait à tous les déjeuners de famille que ma grand-mère organisait chez elle, dans l'immeuble, voisin de la Pagode, qui avait été son hôtel particulier, déjeuners au cours desquels nous dégustions des bordeaux hors d'âge et du château Yquem du siècle dernier, dont elle nous disait chaque fois que c'était les dernières bouteilles. J'ai connu aussi Jeanine, la fille de Diane, mon confrère au barreau, qui a été président du conseil municipal de Paris, son gendre, lui aussi avocat, et j'ai rencontré son très remarquable petit-fils, Régis Debray, à qui j'ai raconté plusieurs fois mon histoire, qu'il n'a jamais sans doute bien écoutée, ou qui ne l'a que moyennement intéressé car, chaque fois que je lui en parle, il ouvre de grands yeux et m'écoute comme si c'était pour lui une révélation.

ALGÉRIE FRANÇAISE

Quand vous dites aujourd'hui que vous étiez partisan de l'Algérie française, on vous regarde comme si vous vantiez les bienfaits de la torture, du cannibalisme et de l'esclavage. Que deux peuples amis, l'un au nord et l'autre au sud de la Méditerranée, aient pensé s'unir dans une seule et même nation, alors qu'ils parlaient la même langue et s'étaient battus deux fois ensemble pour l'Alsace-Lorraine puis pour libérer le territoire français, relevait sans aucun doute d'une utopie mais pas d'une pensée fasciste ni même néocolonialiste. Il était dans la nature des choses que les Algériens accèdent à l'indépendance, mais je me pose la question de savoir si beaucoup d'entre eux n'auraient pas été plus heureux en devenant français et si les Français de France ne s'en mordraient pas aujourd'hui les doigts. Il reste que, si j'avais été algérien, j'aurais été dans le maquis, mais j'aurais tout fait pour éviter l'exil des pieds-noirs et le massacre de ceux de mes frères qui ne partageaient pas mon opinion et avaient servi dans l'autre camp.

LUCETTE ALMANSOR

Lucette Destouches a cent un ans, et il y a plus de cinquante ans que nous nous connaissons. Je ne suis pas fort en arithmétique, pas plus qu'en rien d'autre au demeurant, mais je trouve que cela fait beaucoup d'années. Cette lionne n'a jamais capitulé, jamais baissé les bras, ni quand elle a traversé l'Allemagne en feu, ni quand Céline, passible de la peine de mort, a été emprisonné à Copenhague, ni pendant les années d'exil au bord de la mer Baltique, ni à Meudon où il acheva son parcours, malade, désabusé plus que jamais, plus que jamais génial, ni quand il est mort, ni aujourd'hui. C'est un chêne et un roseau, une main de fer d'une volonté inimaginable, fidèle en toutes circonstances et généreuse à la folie. Seule titulaire de tous les droits attachés à l'œuvre de Louis-Ferdinand Céline, Lucette Almansor a toujours veillé à respecter ses volontés qu'elle connaît mieux que quiconque pour les avoir recueillies pendant vingt-cinq ans passés dans l'ombre du plus grand écrivain français du siècle dernier. Lucette est aussi la joie de vivre, l'humour et la fantaisie, incapable de ne pas « danser sa vie » en toutes occasions. Un chien meurt, elle se précipite au refuge d'où elle revient avec deux ou trois chiots, sa maison brûle, aussitôt elle entreprend la reconstruction, on attaque Céline, elle le défend bec et ongles. Lucette et moi avons partagé beaucoup d'émotions, de joies et de deuils, nous avons parcouru le monde avec la même soif, pour confronter nos émois et pour tenter de comprendre. Nous avions les mêmes passions, pour faire bouger nos corps, pour les éprouver dans l'effort, dans la neige et dans l'eau glacée, avec le sentiment d'avoir remporté chaque fois une victoire. Cette femme symbolise à mes yeux l'intelligence du cœur, le refus de toutes les fatalités, de la bêtise et de la méchanceté.

ANARCHIE

Les anarchistes de droite sont des hommes d'ordre. Tels Céline et Dubuffet, ils ne revendiquent l'absolue liberté que pour eux-mêmes, à la différence des anarchistes de gauche, qui la réclament pour tous et qui sont contre l'ordre établi. Les uns ruent dans leurs têtes et dans leurs rêves, mais ils appellent la police dès qu'un attroupement se forme à leur porte, les autres posent des bombes, pulvérisent les chefs d'État, foutent le feu, crèvent les pneus, déboulonnent les rails. L'instinct destructeur est en chaque homme à des degrés divers, au point que certains, faute de pouvoir détruire le monde, se détruisent eux-mêmes, usant ainsi de la liberté ultime qui permet à tous de mettre fin à leurs souffrances et à leur vie. C'est et ce sera la dernière des libertés, à la veille du déluge et quand les trompettes de la mort annonceront la fin du monde.

ANGKOR

Tous les hommes ont dans la tête des lieux qui chantent. J'ai vite réalisé certains de ces rêves, New York, Rio, Gizeh, plus tard Angkor, il me reste Sainte-Catherine, La Havane, Sainte-Hélène. Quand je me suis rendu en 1993 au Vietnam et au Cambodge, c'était dans l'espoir d'aller à Siem Reap, mais sans aucune certitude, il y avait encore des réduits khmers rouges et l'aéroport était fermé un jour sur deux. Ce sont les meilleures conditions pour visiter les hauts lieux de l'humanité, c'est comme ça que j'ai visité la haute Égypte et Le Caire avec Lucette Almansor et Bob Westhoff, seuls dans la Vallée des Rois, en décembre 1973, la guerre du Kippour à peine finie. À Siem Reap, dans la journée, on pouvait visiter les temples, absolument seuls, mais la nuit, il fallait rester dans l'unique hôtel, avec moustiquaire et ventilateur au plafond, et l'on entendait des échanges de coups de feu qui cessaient le matin. Pour aller à Banteay Srei, voir le temple dont Malraux a coupé une tonne de têtes et de bas-reliefs, il nous a fallu le feu vert des chefs de village et une escorte armée, avec interdiction de poser le pied en dehors des chemins balisés, à cause des mines. Dans la cour d'un temple où un jeune moine rasait au couteau le crâne d'un moine plus âgé, j'ai fait demander par mon guide s'il était possible qu'il me rase aussi la tête, et cela provoqua aussitôt un grand émoi dans le monastère. La cérémonie en cours à l'intérieur fut interrompue, tous les moines sont sortis pour assister à la cérémonie. J'ai été revêtu de tissus orange et rasé de manière traditionnelle, avec un couteau, devant toute la communauté assemblée. Ce n'était pas une conversion au bouddhisme, pas encore, mais un premier pas qu'ils ont interprété comme un désir de communion, un geste d'allégeance. Frédérique Pons, Alex Ursulet, Mathieu Gibault, Sergine Dujardin et Micheline Rainfroy assistaient à mon intronisation. En septembre, au Palais, mes confrères chuchotaient que j'avais dû subir une chimiothérapie. Depuis vingt ans, je me rase la tête tous les matins dans ma salle de bains. C'était plus romantique et charmant à Siem Reap.

LE DUC D'ANJOU

J'ai été reçu en maintes occasions au château de Groussay du temps de Juan et Annick de Beistegui et j'ai continué à l'être du temps de Jean-Louis Remilleux. La fête qu'il a donnée pour le duc d'Anjou, Bourbon d'Espagne, prétendant au trône de France, reste présente à ma mémoire parce qu'elle avait un côté désuet très touchant. Je n'avais jamais rencontré le prince, mais j'avais dîné avec sa mère, petite-fille du général Franco, ce qui fait que cet homme descend de Louis XIV par son père et de Franco par sa mère ! Monseigneur, très beau mais déjà un peu empâté, s'est fait présenter les invités et beaucoup, anticipant un avènement très peu probable, lui donnaient du Sire ou du Majesté. Je l'ai appelé Monsieur, titre splendide, qui est du reste le mien. À l'issue du somptueux dîner, le duc a pris la parole dans un français approximatif qui nous a bien amusés, Jean-Marie Rouart et moi, qui dînions à la même table. Le public, au premier rang duquel était Thierry Ardisson, écouta béatement le sermon puis, quand il fut achevé, tout le monde se leva d'un bond pour applaudir et partout fusaient des « Vive le roi ». La Vierge Marie serait apparue à cet instant dans le salon hollandais de Groussay que nul ne s'en serait ému, tant nous avions conscience d'assister à un moment capital de l'histoire de France.

JEAN ANOUILH

J'ai peu connu Jean Anouilh, une fois chez lui, place Furstemberg, une seconde fois, un soir au Palais, quand il a été l'invité de la Conférence, et nous avons suivi ensemble le convoi funèbre de Marcel Aymé, de l'église au vieux cimetière de Montmartre. J'admirais son œuvre, il le savait et, bien que ses yeux aient été souvent à demi fermés et son regard en coin, j'avais l'impression, grâce à Céline, qu'il me regardait avec une certaine sympathie, encore qu'il n'avait pas pour habitude d'exprimer ses sentiments. Les personnages de ses pièces étaient là pour dire à sa place ce qu'il avait sur le cœur. À la ville, c'était *Pauvre Bitos*, effacé, modeste, un peu comme Marcel Aymé, mais en plus humble, vêtu comme un homme quelconque, mais c'était un vrai passe-muraille.

LOUIS ARAGON

Je n'ai vu Aragon qu'une fois, mais quelle soirée ! Un soir, Antoine et Anny Gallimard, qui habitaient alors rue Monsieur, m'ont invité à dîner chez eux avec Aragon et Jean Ristat. Lucette Almansor n'avait pas été conviée, à la demande du Maître, qui ne souhaitait pas la rencontrer. L'homme était encore beau et il le savait, habillé ou plutôt costumé comme un homme qui ne dédaigne pas d'être remarqué. Il était Aragon après tout. Nous n'avons malheureusement pas beaucoup évoqué Céline, il n'y tenait pas, et j'ai senti que c'était surtout de l'écrivain qu'il ne voulait pas parler. Céline n'avait pas encore la notoriété qu'il a aujourd'hui, et j'ai ressenti, quand je l'ai rencontré, la même gêne chez Malraux. Ces monstres étaient très imbus d'eux-mêmes, il faut dire. Aussi avons-nous parlé d'Aragon, d'Aragon et d'Aragon. J'aurais donné toute son œuvre, que j'avais peu lue à l'époque, pour un alexandrin que je tiens pour un des plus beaux de toute la poésie française : « troublait de son pied nu l'eau verte du silence ». Et me voilà parti avec mon pied nu dans l'eau, certain de taper dans le mille, mais la bombe a fait long feu et je fus consterné quand il m'a dit : « Mon cher Maître, êtes-vous bien sûr que ceci soit de moi ? » Il m'a tout de même un peu parlé de Céline, de leur rencontre à Montmartre, du choc qu'il avait ressenti à la lecture de *Voyage au bout de la nuit* et de la traduction du livre en russe par Elsa Triolet, laquelle, si j'ai bien compris, a seulement prêté main-forte à un traducteur qui travaillait à Moscou, et qui était son nègre en quelque sorte. Il jura ses grands dieux qu'elle n'était pour rien dans les coupures qui avaient été pratiquées par les Soviétiques. L'excellent dîner préparé par Anny — c'est une merveilleuse cuisinière — et le bon vin aidant, la soirée fut particulièrement joyeuse au point qu'Anny, qui tutoyait Aragon, lui proposa de la prolonger chez lui, et nous sommes tous partis gaiement rue de Varenne dans le bel appartement qu'il occupait à peu près en face de l'hôtel Matignon, sur la cour, au premier étage. C'était un capharnaüm où le souvenir d'Elsa Triolet était présent partout, portraits, photos, livres, objets, et c'est tout juste si, comme dans certaines églises, il n'y avait pas des reliques de la sainte. Nous avions tous un verre de champagne à la main et l'ambiance était de plus en plus chaleureuse. Louis me donnait du « François » et me fit visiter l'appartement jusque dans ses plus intimes recoins. Pour un communiste, c'était un conservateur, à croire qu'il ne jetait rien. Je lui parle de Dubuffet, il me prend par la main et m'emmène dans sa salle de bains dont les murs étaient tapissés de cartons d'invitation. À côté de la pomme de douche, il y avait celui pour l'exposition de portraits de Dubuffet chez Drouin en octobre 1947. Il n'a pas hésité une seconde, il savait où était ce bristol parmi plusieurs centaines d'autres. La cuisine, les toilettes, les couloirs étaient pareillement tapissés, c'était étouffant, formidable, et triste car on sentait le poids du passé, comme dans un sanctuaire, dans un musée ou dans une nécropole. Quand nous nous sommes quittés, à je ne sais quelle heure de la nuit, nous nous sommes promis de nous revoir, sans suite hélas !

THIERRY D'ARGENLIEU

L'amiral Thierry d'Argenlieu, en religion père Louis de la Trinité, qui se croyait toujours au temps de Faidherbe et de Bugeaud, a sans doute été un des plus néfastes officiers de haut rang de l'armée française. Nommé par de Gaulle haut-commissaire de France et commandant en chef en Indochine, il n'a manifestement rien compris à rien, à la différence du général Leclerc et de Jean Sainteny, qui avaient la conviction qu'il fallait lâcher du lest. Le 6 mars 1946, un accord, fort raisonnable, avait été conclu entre Sainteny et Hô Chi Minh, que d'Argenlieu dénonça, malgré l'opposition de Leclerc, mais avec l'aval du général de Gaulle, entraînant la France dans une guerre de type colonial, perdue d'avance, prélude à la guerre d'Algérie que de Gaulle a réglée si mal. Les officiers français, qui avaient fait le serment aux populations civiles et aux hommes qui ont combattu avec nous qu'ils ne les abandonneraient jamais, ont été contraints de se renier, de se parjurer, et ils ont éprouvé le sentiment d'être déshonorés. Quand, en Algérie, ils ont vécu le même drame, obligés d'abandonner les populations qui nous étaient acquises et les hommes qui s'étaient engagés dans nos rangs, ils se sont révoltés. Ils en avaient le droit et peut-être le devoir.

ARLETTY

J'ai pas mal à dire au sujet d'Arletty, que j'ai bien connue, à son déclin. C'est sans doute à ce moment-là que les gens se révèlent tels qu'ils sont, quand les paillettes sont tombées, remplacées par les rides, les rancœurs, les besoins d'argent. J'ai dîné pour la première fois avec elle en 1961, à Belle-Île-en-Mer, chez le bâtonnier Grente, dans la maison de Sarah Bernhardt. Elle m'a souvent dit ensuite que c'est ce soir-là, en mettant les gouttes pour son œil droit dans son œil gauche, ou vice versa, qu'elle a perdu la vue. Je doute que cela soit vrai, mais ça lui permettait de dire que j'étais parmi les dernières personnes qu'elle avait vues vraiment. C'est ensuite Lucette Almansor, pour laquelle elle avait un faible, et qu'elle appelait son petit Vermeer, qui m'a conduit chez elle rue du Ranelagh puis, quand les choses ont été moins bien, et malgré l'aide de Josée Laval, marquise de Chambrun, et de Jean-Claude Brialy, rue de Rémusat. Toujours habillée en blanc, avec un turban de même couleur sur la tête, elle aimait sortir, voir du monde, rire, dire du mal des autres et les potins. Avec Bob Westhoff, qui l'amusait, et Lucette, nous l'avons souvent emmenée dîner au Voltaire et dans quelques autres restaurants à la mode où elle parlait fort et riait tout aussi fort, un peu comme d'autres crient, pour qu'on n'oublie pas qui elle était. Quand elle a commencé à jouer la comédie, il lui fallut trouver un nom de scène, car son vrai nom, Léonie Bathiat, était on ne peut plus disgracieux, et elle avait choisi « Victoire de la Marne », qui avait été refusé, car c'était juste après la Grande Guerre et l'on ne plaisantait pas avec ces choses-là. Quand je lui ai rappelé qu'à la Libération elle aurait dit à je ne sais quelle commission d'épuration : « Mon cœur est français mais mon cul est international », elle a nié avoir tenu ce propos, ce qui me donne à penser que le fait est vrai. Elle ne cachait pourtant pas que, pendant l'Occupation, elle avait eu pour amant un officier allemand « beau comme le jour », et ce, indépendamment de quelques liaisons particulières. Arletty était un dieu vivant et elle avait autour d'elle des admirateurs et admiratrices parmi lesquelles une femme qu'elle appelait « Lambert », d'un dévouement absolu, et qu'elle traitait comme un chien. Comme elle aimait le champagne et n'avait plus les moyens d'en boire autant qu'elle aurait voulu, j'en apportais toujours quelques bouteilles que Cendrillon débouchait avant d'être invitée à regagner la cuisine. Bob et moi, révoltés par tant d'ingratitude, allions toujours porter un verre à la malheureuse, par ailleurs très sympathique. Arletty pouvait dire et écrire n'importe quoi, qu'elle avait connu Céline à Courbevoie, où tous deux étaient nés (elle l'a rencontré, pour la première fois, pendant l'Occupation), qu'il lui avait dédié *Voyage au bout de la nuit* (dédié en fait à Elizabeth Craig) et mille autres sottises. Très politique, et très à droite, elle était parfaitement informée de ce qui se passait dans les coulisses et mitraillait ses amis autant que ses ennemis avec une précision de tireur d'élite. J'ai su, plus tard, par

Véronique Rebatet et par quelques autres, que, lorsque je la quittais, elle s'amusait à téléphoner à gauche et à droite pour dire du mal de moi alors qu'elle avait été tout sucre et tout miel, me bombardant de « je n'ai confiance qu'en vous » et de « tous les autres sont des faux-jetons ». *Cosi fan tutte !*

PAUL ARRIGHI

Grand officier de la Légion d'honneur, médaille militaire, croix de guerre 14-18 et 39-45, Paul Arrighi, qui avait refusé d'être Compagnon de la Libération pour que son fils, mort pour la France, le soit, était un héros de notre barreau. En 1960, quand je suis rentré d'Algérie, il était bâtonnier. Ma qualité de lieutenant de cavalerie et mes états de service m'ont grand ouvert les portes de son bureau. J'étais ancien combattant, il l'était deux fois, nous étions avocats tous les deux, j'étais candidat à la Conférence, il avait été secrétaire en 1926, dans la promotion de Maurice Allehaut, nous n'avions pas gardé les vaches ensemble, mais nous n'en étions pas loin. Arrighi m'a reçu après le premier tour de la Conférence, l'œil allumé (il n'en avait qu'un), il m'avait trouvé bon. En entrant dans son cabinet après le second tour, j'ai trouvé son œil éteint, j'avais été mauvais. Je ne fus donc secrétaire que l'année suivante, sous le bâtonnat de M. Grente, qui ne l'avait pas été, et dans la promotion de Jean-René Farthouat qui devait, lui aussi, devenir bâtonnier de l'Ordre. Il n'y a plus d'Arrighi dans notre barreau, d'abord parce qu'il n'y a plus de guerre, mais aussi parce que la notion de patrie s'émiette, parce que nous étions 3 500 et que nous sommes 25 000, que nous nous connaissions presque tous, que nous étions une grande famille, un club, que nous venions au Palais presque tous les jours et que lire, écrire et parler français était encore un honneur, un sésame.

PIERRE ASSOULINE

Sous une barbe genre Victor Hugo, mais plus courte et moins triste, que Pierre Assouline porte jour et nuit, se cache un cœur d'or. C'est Lucien Combelle qui me l'a présenté. Condamné le 28 décembre 1944 à quinze ans de travaux forcés, amnistié en 1951, ancien rédacteur en chef de *Révolution nationale*, maurassien et anarchiste, Combelle était un homme d'un autre temps, au sujet duquel Pierre a écrit un livre magnifique *Le fleuve Combelle*. Pierre est un libéral au plein sens du terme. Il aime la langue française, toutes les idées, l'intelligence et la beauté. Infatigable fourmi, il pense, il écrit, voyage, met à jour son blog et trouve encore le temps de bambocher chez Drouant avec les autres membres de l'académie Goncourt. Peu d'élections m'ont fait autant de plaisir que la sienne et la seule à me réjouir davantage eût été la mienne. Fin célinien, Pierre Assouline est objectif, connaisseur des années 30 et 40, fasciné comme tant d'autres par cette lugubre période de l'histoire de France, il a le rare mérite de prendre de la distance avec les faits, avec les hommes, en grand écrivain qu'il est. Pierre Assouline est mon ami.

JÉRÉMIE ASSOUS

Jérémie Assous a une revanche à prendre. Il la prend, et c'est bien qu'il en soit ainsi, car il a un cerveau qui tourne comme une voiture de course et des yeux à faire fondre les juges les plus monolithiques. Son oncle, José Benhamou, était à La Table Ronde ce que Paul Léautaud avait été au Mercure de France, et Denis Tillinac m'a demandé un jour, comme s'il avait une portée de chiots à caser, si j'accepterais, pendant quelques semaines, de prendre un étudiant en stage à mon cabinet, et c'est ainsi que Jérémie, qui était en deuxième ou troisième année de maîtrise en droit, est entré à mon cabinet dont, dix ou douze ans plus tard, bien que volant aujourd'hui de ses propres géantes ailes, il n'est qu'à moitié ressorti. Cet étalon est donc un pur produit de mon écurie et j'en éprouve une certaine fierté. Vous lui apportez une meule de foin dans laquelle se trouve une épingle, il vous la trouve, une pelote de fils emmêlés avec des nœuds marins, il vous la dépiaute, un procès perdu, il vous le gagne. Devenu patricien, avec pignon sur rue, il est l'un des enfants les plus prometteurs de ma nombreuse famille, mais il a un défaut qui lui nuira, il a du cœur.

MICHEL AUDIARD

Michel Audiard, littéralement amoureux de Céline, n'avait qu'un rêve, adapter au cinéma *Voyage au bout de la nuit*. Beaucoup de cinéastes y avaient pensé avant lui, à commencer par Abel Gance, et tous ont reculé, tant par crainte que par manque de moyens. Audiard n'avait peur de rien, mais il mesurait la difficulté d'adapter un tel chef-d'œuvre, ce que d'autres metteurs en scène ont connu pour *À la recherche du temps perdu*. Audiard aimait Lucette Destouches, sa jeunesse, sa fantaisie, son humour et son horreur de tout ce qui est convenu et conventionnel. Comme il était lui-même ennemi de toutes les conventions et anti-bourgeois, nous avons passé avec lui, toujours casquette en tête, quelques soirées très amusantes, qui commençaient dans sa librairie, rue Gît-le-Cœur, pour se terminer dans des bistrots du coin où j'ai pu apprécier sa verve inépuisable. Audiard avait malheureusement le souci constant de rappeler qu'il était du peuple. Alors qu'il pouvait parler comme tout le monde, il utilisait un langage et des mots populaires avec un accent vulgaire. À la ville, il fallait qu'il fasse de l'Audiard, exactement comme Gen Paul parlait l'argot de la butte Montmartre, pour que nous n'oubliions pas qu'il était Gen Paul, le fameux Gégène de la Butte. J'ai beaucoup craint que, mettant en scène le *Voyage*, Audiard ne force le trait sur le langage populaire, populacier, qu'il ne retienne que ce côté de l'écriture de Céline, si musicale et si souvent poétique, et qu'il passe ainsi à côté de l'œuvre. Lucette m'emmenait partout avec elle, chez les Gallimard comme chez Audiard et chez Gen Paul et, chaque fois, comme Frégoli, il fallait que je me travestisse, un jour François Gibault comme ci, le lendemain François Gibault comme ça.

GEORGES AURIC

J'ai connu Georges et Nora Auric à l'Opéra, pendant les entractes, un verre à la main. C'était déjà un très vieux monsieur, un peu rubicond et sanguin, avec une canne. Il était très connu et donc très entouré, mais il aimait bien le petit groupe du Cercle Carpeaux auquel j'appartenais et dont Bob Westhoff était le meilleur expert musical. Je possédais depuis assez longtemps deux dessins de Cocteau représentant Georges Auric, peu à son avantage, et j'hésitais à les lui montrer, tant il s'agissait de caricatures, au demeurant très exactes. Un soir, je me suis lancé, il a paru amusé et rendez-vous fut pris chez lui au cours duquel il a authentifié les deux portraits. Sachant que j'étais avocat, mû comme tant d'autres par une sorte d'instinct sadique ou par un attrait malsain pour le sang versé ou tout simplement pour le crime, il m'a longuement questionné sur les femmes qui tuent leurs maris et les maris qui tuent leurs femmes. Nora Auric étant une femme très difficile, je me suis demandé si, en me posant toutes ces questions, il ne se documentait pas sur la meilleure manière de s'en débarrasser.

MARCEL AYMÉ

J'ai connu Marcel Aymé chez lui, où m'avait emmené Lucette Almansor. Sa femme nous a ouvert la porte de leur minuscule appartement sur la butte Montmartre, en face du Moulin de la Galette, de la maison et de l'atelier de Gen Paul et de l'immeuble de la rue Girardon où Céline et Lucette avaient habité jusqu'en juin 1944, quand, à l'annonce du débarquement, ils se sont enfuis en Allemagne avec Bébert. Mme Marcel Aymé nous ouvrit donc la porte et veilla à ce que nous utilisions les patins. Pas question d'entrer dans la baraque sans patin, le parquet était un miroir et il fallait qu'il le reste. Pas un papier sur le bureau du maître de maison, pas un journal, pas un mégot dans un cendrier. Un Céline par Gen Paul au mur, pas grand-chose d'autre. Marcel Aymé vivait dans un lieu parfaitement aseptisé, une sorte de clinique, privé de poussière et de crottes de mouches, ce dont il ne paraissait pas souffrir. Quand je lui ai demandé de me montrer les lettres qu'il avait reçues de Céline, il m'a dit qu'il les avait détruites après y avoir répondu et, comme Céline faisait de même, il n'y a aucune chance que leur correspondance soit un jour publiée. Pour échapper à cet enfer domestique, Marcel Aymé descendait prendre son petit déjeuner dans un café où il passait toute la matinée à écouter des Français parler. Lui, qui ne parlait pas souvent, avait besoin d'entendre pour écrire, ce qu'il faisait quotidiennement, après être rentré chez lui pour le déjeuner qui se prenait à heure fixe. Céline s'est beaucoup moqué de cela dans *Rigodon*, lui qui grignotait, quand il avait faim, un croissant, une pomme, un pain au chocolat. De temps à autre, Marcel Aymé descendait dîner avec nous et une fois Lucette Almansor, Bob Westhoff, Gen Paul, lui et moi avons dîné tous les cinq dans un petit restaurant de la rue Lepic. Gen Paul, dit Popol, dit Gologolo, était habituellement intarissable, point n'était besoin de lui poser des questions, il pouvait monologuer des heures durant, le contraire de Marcel qui était du genre taisant et qui pouvait, les paupières mi-closes, mais moins que celles de Daniel-Rops, vous écouter sans dire un mot. J'ai compris ce soir-là, en écoutant Gen Paul se taire, et l'autre parler, tout le poids, la force de l'un par rapport à l'autre. Quand la santé de Marcel Aymé a commencé à décliner, pour lui cacher la vérité, on lui a dit que Toto, le perroquet de Lucette, lui avait communiqué un virus, et il a cessé de venir à Meudon tous les dimanches matin, comme il l'avait fait du vivant de Céline. Lucette et moi l'avons revu, assez souvent, notamment à la générale de *La convention Belzébir*, après laquelle nous sommes allés dîner avec lui et Bob Westhoff. La pièce avait été mal accueillie et il en était profondément affecté. Je lui ai alors proposé de venir, avec quelques copains, perturber les représentations, en jetant même quelques fumigènes et boules puantes dans la salle, ce qui se pratiquait alors à l'Odéon où des parachutistes venaient tous les soirs empêcher les représentations des *Paravents* de Jean Genet, assurant à la pièce une publicité inattendue et un succès de scandale. Tous les Parisiens se ruaient à l'Odéon pour voir *Les paravents* et j'espérais obtenir le même résultat pour *La convention Belzébir*, qui était aussi une pièce politique. Marcel Aymé a été amusé par ma proposition, mais il n'entendait pas manger de ce pain-là. Il avait refusé la Légion d'honneur, et d'entrer à l'Académie, il ne mangeait pas non plus de ces pains-là.

CHARLES AZNAVOUR

Charles Aznavour est l'homme du monde qui ressemble le plus à Charles Aznavour, je veux dire que c'est l'homme le plus conforme à l'idée que l'on s'en fait. Le physique, la voix, le geste, le propos, le charme en plus. Aznavour, qui n'avait jamais fait le pèlerinage de Meudon, apprenant que Lucette Céline allait avoir cent ans, a voulu la connaître et lui rendre hommage. Par l'entremise de son kinésithérapeute, qui connaissait un cousin d'un parent d'un garde du corps du chanteur, un peu comme l'homme qui a vu l'homme qui a vu l'ours, on m'a téléphoné pour dire que Charles Aznavour serait honoré de rencontrer Lucette Almansor et rendez-vous fut pris, non sans mal, car l'agenda de M. l'ambassadeur d'Arménie en Suisse est très chargé. Entre deux avions, deux concerts et mille rendez-vous, l'événement eut lieu route des Gardes à Meudon, le 12 janvier 2012, à l'heure du déjeuner, en présence de deux ou trois armoires à glace, et de Marie-Ange David, suivi, début août 2012, d'une seconde visite, à laquelle assistait Véronique Robert. Quel bonheur que ces rencontres ! Lucette était aux anges et Charles, dont la joie de vivre est communicative, sous le charme de la centenaire, et frappé par la présence invisible de Céline, qui a marqué à jamais cette maison où il écrivit *D'un château l'autre*, *Nord* et *Rigodon* et dans laquelle il s'est éteint le 1er juillet 1961. Aznavour - Céline, le choc a été fort, la maison en résonne encore.

B

JEAN-SÉBASTIEN BACH

J'ai dansé, si l'on peut dire, sur la sarabande de la 5e *Suite pour violoncelle* de Jean-Sébastien Bach, au festival hip-hop de Suresnes en janvier 2006 et ensuite à Istanbul et à Ankara, à l'invitation de Paul Poudade, alors ambassadeur de France en Turquie, et de son conseiller culturel, Stanislas Pierret. Gang Peng, directeur de la Compagnie portant son nom, chorégraphe et danseur, avait été invité par Olivier Meyer à Cités Danse où il donna un admirable spectacle avec, bien évidemment, un violoncelliste sur la scène. Il lui fallait aussi un étranger au monde de la danse, pour troubler la représentation, comme on jette une pierre dans un trou d'eau. J'étais l'homme de la situation, surtout que j'aurais aimé être danseur, rêve qui ne s'est donc réalisé qu'en 2006, j'avais soixante-quatorze ans ! Le plus amusant, c'était les coulisses, les séances d'échauffement (j'étais plus souple que la plupart des danseurs), les répétitions au cours desquelles, jusqu'au dernier jour, Gang apporta des retouches au spectacle. Dès le début de la sarabande, au milieu des danseurs immobiles, comme statufiés, Gang s'introduisait au milieu d'eux, tel un animal fantastique, et c'est à ce moment que je me levais de mon siège pour monter sur scène et m'insinuer dans cet univers enchanté tandis que Gang tournait autour de moi. Je faisais quelques mouvements avant qu'il me prenne par la main pour me sortir de la scène, pour me conduire hors du monde, dans son monde. Je n'avais pas vraiment le trac, rien à voir avec l'émotion qui me saisit avant de plaider devant la cour d'assises, mais mon cœur battait plus vite que d'habitude, j'avais peur que mes genoux craquent, peur aussi de me tromper, de me prendre les pieds en montant sur scène, d'être pris d'une crise d'éternuements, bref de gâcher le spectacle d'une manière ou d'une autre, mais je me suis bien tenu, pas de chute, pas de pataquès. Quels beaux souvenirs je porte en moi de ces nuits.

LES BAHA'IS

Baba, dit le Bab, est né en Iran, le 20 octobre 1819. Pour les baha'is, il est, après Moïse, Jésus et Mahomet, le quatrième prophète. Les musulmans ne reconnaissent que les trois premiers et les chrétiens s'arrêtent à Moïse, puisque Jésus n'est pas un prophète mais le fils de Dieu. La religion baha'ie, que les musulmans considèrent comme une secte, n'est pas une des trois révélées et ses fidèles sont persécutés, surtout par les chiites et plus particulièrement en Iran. Depuis la chute du chah, qui n'avait pas été tendre avec eux, le régime des ayatollahs leur interdit de pratiquer leur religion à la différence des juifs et des chrétiens qui ne font en principe l'objet d'aucune persécution. Ils n'ont pas le droit à une sépulture, pas le droit de travailler, et tuer un baha'i n'est pas un crime mais un acte « hallal ». Quand l'un d'entre eux est arrêté, s'il n'abjure pas sa foi, il est condamné à mort et exécuté. Ainsi, au début des années 80, deux cents d'entre eux ont préféré mourir que de se renier, et ces martyrs ont été mis à mort. Ils seraient 7 000 000 dans le monde, dont 300 000 en Iran, lesquels ne peuvent plus pratiquer qu'en se cachant. Les pays musulmans modérés ferment plus ou moins les yeux, surtout que les baha'is sont des sages, pacifiques et peu gênants puisque leur religion leur interdit de faire de la politique. Leur avocat était le bâtonnier Claude Lussan, lequel, sachant que j'avais mes entrées dans le monde musulman, m'a demandé d'intervenir en Égypte et au Maroc où, un peu pour donner le change aux Iraniens et pour leur montrer qu'ils n'avaient de leçon d'orthodoxie à recevoir de personne, les gouvernements engageaient des poursuites qui démarraient en fanfare et s'achevaient généralement en queue de poisson. J'ai pu intervenir en Égypte grâce à un ami proche du pouvoir. Au Maroc, le ministre de la Justice m'a refusé de plaider, même avec l'assistance d'un interprète alors que, en d'autres occasions, j'avais pu le faire. J'étais heureusement bien avec le directeur de cabinet royal, lui-même avocat, Ahmed Reda Guedira, avec le ministre de l'Intérieur, Driss Basri, et avec le roi Hassan II lui-même, mais celui-ci a refusé de me recevoir, ne voulant sans doute pas que l'on puisse dire un jour que le descendant du Prophète avait reçu l'avocat des baha'is. En première instance, le tribunal de Casablanca avait condamné neuf baha'is, hommes et femmes, à de lourdes peines de prison. Devant la Cour, muet comme la carpe, j'assistais aux audiences où je faisais un peu fonction de statue du Commandeur, tandis que mon ami El Fekak, du barreau de Casablanca, intervenait avec talent et courage, car il en fallait. L'affaire a été renvoyée une fois, deux fois, trois fois et, à chaque audience, on en mettait un ou deux en liberté, tel parce qu'il était vieux, tel autre parce qu'il était malade, une ou deux femmes pour qu'elles puissent s'occuper de leurs enfants. L'affaire s'effritait. Des peines légères ont été finalement prononcées et personne n'en a plus jamais entendu parler. Pour me remercier, le « pape » des baha'is m'a invité à Haïfa, où se trouve leur siège mondial, leur Vatican en quelque sorte, où je me suis rendu avec Bob Westhoff, reçus dans ses somptueux locaux tout en marbre blanc, situés sur la colline où sont attendues l'apocalypse et la résurrection des morts, et à Saint-Jean-d'Acre, si riche en souvenirs pour les Français, si belle citadelle comme une étoile posée sur la mer, où nous avons pu visiter la maison de Baba. En Israël, où se trouvent des Lieux saints de toutes les religions occidentales, tout n'est pas parfait, mais au moins les baha'is n'y sont pas persécutés.

JOSÉPHINE BAKER

Claude Levy était une lumineuse personne à laquelle je pourrais consacrer un livre. Chef de cabinet d'Eugène Frot, ministre de l'Intérieur, au moment du 6 février 1934, maire d'Orléans à trente ans, haut gradé du Grand Orient, commandeur de la Légion d'honneur, il était avocat aux barreaux de Paris et de New York, et celui de Coco Chanel, de Maxim's, de Joséphine Baker et de beaucoup d'autres célébrités. Il me téléphone un jour tout naturellement : « François, venez donc dîner un soir avec Joséphine Baker, amenez Lucette et Bob », et vous pensez bien que nous n'avons pas dit non. Joséphine est malheureusement venue sans sa ceinture de bananes, le crâne entièrement rasé et normalement vêtue, avec un col roulé, et pas un bijou. Il reste qu'elle avait un sacré tempérament et que c'était une femme de feu, au demeurant simple comme vous et moi, ne jouant pas son rôle, sans nostalgie visible, à peine désabusée, presque intimidée par Lucette Almansor pourtant bien peu intimidante. Caviar et vodka aidant, le ton est monté, et nous sommes devenus de plus en plus intimes, car sa chaleur était communicative et j'ai compris ce soir-là pourquoi elle avait tant ensorcelé les foules. En nous quittant, nous avons échangé les serments habituels et promis de nous revoir, de garder les vaches ensemble. Il y a eu plusieurs tentatives non suivies d'effet, beaucoup d'autres dîners chez Claude qui avait épousé Arlette Bardon, secrétaire de la Conférence dans la même promotion que moi, mais sans Joséphine. Hélas, hélas, aurait dit l'auteur anglais de *Roméo et Juliette.*

CHAPOUR BAKHTIAR

Dernier Premier ministre du chah d'Iran, de la fin 1978 au 10 février 1979, Chapour Bakhtiar a été assassiné chez lui à Suresnes, en même temps que son secrétaire,

Soroust Katibeh, le 7 août 1991. Le crime était d'autant plus révoltant que Chapour Bakhtiar était un démocrate, que le crime a été commis à l'arme blanche, et que les gendarmes qui surveillaient la maison n'ont rien vu ni rien entendu. Trois hommes ont été ensuite arrêtés, dont l'assassin, Ali Vakili Rad, et Zénial Abedine Sarhadi, petit employé à l'ambassade d'Iran à Berne, qui n'était pas en France le jour du crime, mais que le juge d'instruction Bruguière, trop heureux d'impliquer à travers lui l'État iranien, dont Sarhadi était fonctionnaire, a renvoyé devant la cour d'assises pour complicité d'assassinat. S'il n'avait pas été poursuivi, c'eût été un crime politique ordinaire, lui dans la cause, c'était un crime d'État. Le juge se fondait sur une expertise en écriture aussi nulle que celle d'Alphonse Bertillon dans l'affaire Dreyfus, alors que l'on ne disposait que d'une fiche d'hôtel prétendument signée par Sarhadi. C'est de cette manière que, le cœur léger et la conscience tranquille, on envoie des innocents en prison. Sarhadi avait pour avocats Diane François et son associée d'alors, Frédérique Pons. Toutes les deux m'ont demandé d'intervenir à leur côté devant la cour d'assises spéciale de Paris, uniquement composée de magistrats. Après plusieurs jours d'audience et des débats passionnés, au cours desquels Pierre Faideau, expert en écriture, a été ridiculisé par son confrère Évelyne Marganne, rejoignant au Panthéon des experts fauteurs d'erreurs judiciaires le sinistre Bertillon, Sarhadi a été acquitté. Les gendarmes qui assuraient le service d'ordre, toujours délicats, lui ont aussitôt passé les menottes pour le reconduire à la prison de la Santé, où l'on devait procéder à sa levée d'écrou, tandis que, tout aussi délicat, le ministre de l'Intérieur enjoignait à l'innocent de quitter sans délai le territoire français ! Le même soir, j'étais menacé de mort, ce qui me valut quelque temps de surveillance policière. Pour avoir fait, de par la volonté du juge Bruguière et pour rien, trois années de détention préventive, Sarhadi a saisi la commission chargée de l'indemnisation des détentions injustifiées. Le lecteur ne sera pas surpris en apprenant que cette commission l'a débouté de sa demande, lui refusant toute indemnité.

ÉDOUARD BALLADUR

Toujours calme comme un phare de haute mer, Édouard Balladur projette sur le monde son regard désabusé, les idées qu'il a sur tout sont claires et je ne l'ai jamais entendu proférer de médiocrités. Je l'aurais bien vu président de la République et il s'y serait bien vu aussi, mais les Français n'en ont pas voulu. J'aurais aussi bien vu à l'Élysée Joseph Caillaux, Georges Mandel, Pierre Mendès France, Jacques Chaban-Delmas, Raymond Barre et Michel Rocard. C'est surtout chez Monique Bolloré et chez Claude Pompidou que je rencontrais Balladur et j'ai toujours apprécié les jugements qui tombaient de ses lèvres minces, comme autant de petites bombes. Il aime patauger librement dans les mares, faire floc floc, éclabousser et, quand il parle de littérature, il n'en a que pour Céline, ce qui n'est pas pour me contrarier. J'ai même été le messager entre Lucette Almansor et lui, quand il m'a déclaré sa flamme pour l'écrivain. Maurice Druon le voyait à l'Académie, à laquelle il ne s'est pas présenté, mais dont les portes lui sont désormais fermées en raison de sa date de naissance. Si le mérite n'attend pas le nombre des années, le contraire est en application sous la Coupole, et Richelieu, qui ne l'avait pas prévu, n'est sûrement pas content.

LIEUTENANT-COLONEL JEAN BASTIEN-THIRY

Je n'ai connu le lieutenant-colonel Bastien-Thiry qu'au cours de son procès, devant la Cour militaire de justice, qui siégea à Vincennes, du 28 janvier au 4 mars 1963. À la demande de Jean-Louis Tixier-Vignancour, je défendais le moins chargé des conjurés, Alphonse Constantin, qui, malade le jour de l'attentat, n'avait pas pu y participer, ce qu'il ne cessait de regretter. Bastien-Thiry, polytechnicien, trente-cinq ans, assez beau, très digne, comparaissait en uniforme. Il parlait bien, mais pour dire des choses qui ne pouvaient que le conduire à la mort, comme s'il tenait absolument à son statut de martyr. Jeune avocat, j'étais au deuxième rang de la défense, derrière Tixier-Vignancour et devant le lieutenant-colonel, et j'avais donc à leur transmettre les messages écrits qu'ils échangeaient, souvent très vifs, Tixier reprochait à son client ses propos provocateurs et l'autre menaçait de le récuser. Je regrette de les avoir tous transmis, j'aurais dû en garder quelques-uns pour le musée du Barreau de Paris dont j'ai été trente ans le conservateur. Pendant les suspensions, nous retrouvions les accusés dans la salle qui leur était réservée et c'est avec Bastien-Thiry, le plus intelligent de ces régicides, que j'avais le plus de plaisir à m'entretenir. Il était animé d'une haine sans merci pour le général de Gaulle et ne cessait, à l'audience, comme dans les coulisses, de soutenir que, non seulement il avait le droit de tuer ce tyran et ce traître, mais qu'il en avait le devoir. Il affichait pour la mort un profond mépris et je pense qu'il la souhaitait pour s'identifier à quelques héros, Jeanne d'Arc évidemment, le duc d'Enghien, le maréchal Ney. Il m'appréciait parce que j'avais été sous-lieutenant en Algérie et ne cessait de nous consoler de sa mort prochaine avec un courage qui frisait le cynisme. Il nous racontait aussi des histoires se voulant drôles, qui tournaient toutes autour de la justice et de la peine de mort, qui nous mettaient mal à l'aise et dont nous ne pouvions que rire jaune. Cette forfanterie était gênante, à l'audience comme dans l'intimité, et je me souviens qu'il y avait au dossier une photo de lui serrant la main du général de Gaulle lors d'une visite d'inspection d'un site scientifique, Saclay, je crois. Il expliqua à l'audience que, pour ne pas se salir la main, et pour préserver son honneur, il avait gardé ses gants, ce qui était exact, mais n'était pas de nature à inciter la Cour militaire à l'indulgence, surtout qu'elle était composée d'officiers, tous acquis au Général. Quand Bastien-Thiry a été condamné à mort, peine plus sévère que la loi du talion, puisqu'il n'avait tué personne, la salle presque tout entière s'est levée d'un bond pour traiter les juges d'assassins, à l'exception de Bastien-Thiry, resté de marbre, certain désormais de compter parmi les martyrs de l'histoire de France. Parmi ceux qui avaient ainsi injurié la Cour militaire figurait un avocat qui fut dénoncé par l'avocat général Gerthoffer et comparut pour cela devant la 17e chambre du tribunal correctionnel de Paris, devant laquelle je fus cité comme témoin, mais qui renvoya l'affaire pour je ne sais quel motif de fait ou de droit, et l'on n'en entendit plus parler, ce qui permit à cet avocat d'entrer ensuite dans la magistrature ! J'ai eu plus tard des contacts épisodiques avec la famille de Bastien-Thiry, mais sa femme a tourné la page et a refait sa vie, tandis qu'une de ses filles, Mme de Marnhac, aujourd'hui disparue, a repris le flambeau, recomposant le dossier avant de publier un beau livre sur son père, dernier Français fusillé à la suite d'un procès politique.

SIMONE DE BEAUVOIR

Je n'ai pas connu Simone de Beauvoir, mais je la voyais au Voltaire où Lucette Almansor, Bob Westhoff et moi dînions souvent. Les deux femmes ne s'étaient jamais rencontrées mais elles savaient bien qui elles étaient. Sans doute un peu sourde, Mme de Beauvoir parlait fort et, bien que nous soyons séparés de plusieurs tables, nous l'avons entendue dire un soir : « Il a été horrible avec Jean-Paul », oubliant que son cher Jean-Paul avait écrit que Céline avait été payé par les Allemands, ce qui était faux. Pour répondre à cette diffamation d'autant plus odieuse que Céline était alors sous le coup d'une demande d'extradition assortie d'un mandat d'arrêt, l'auteur de *Voyage au bout de la nuit* répondit, comme il se fait entre gens de plume, en publiant un pamphlet contre Sartre, *À l'agité du bocal*, un peu scatologique et d'une exceptionnelle violence, dans lequel on pouvait lire : « Dans mon cul, où il se trouve, on ne peut pas demander à J.-B. S. [*sic*] d'y voir bien clair ni de s'exprimer nettement [...] »

JÉRÔME BÉGLÉ

Antoine ne cesse de me donner des conseils : « N'en mets pas trop, réfrène tes élans, tu n'es ni Littré ni Larousse. » Il n'a pas tort, le petit-fils de Brottin, il y a des raisons que la raison ne connaît pas, mais il va y avoir des frustrés et je vais entendre des « et pourquoi pas moi ? ». Jérôme, Sébastien, Nicolas, Florian et les autres, la bande des dix, réduite à quatre, ça donne un meilleur titre, plus maoïste, un peu comme les trois mousquetaires qui étaient quatre. Les autres s'appellent Gilles Martin-Chauffier, ancien des dîners du Voltaire, l'âme de *Match*, David Foenkinos, poulain de Gallimard, devenu pur-sang, Benoît Duteurtre, descendant de René Coty, fou de musique française, de préférence légère, que j'applaudis régulièrement chez Yves Pouliquen à la Fondation Singer-Polignac, Anthony Palou, que j'ai connu bébé chez Jean-Edern Hallier, Jean-Claude Lamy, vieux routier de la presse, ancien de *France-Soir* et des potins de la commère, Christophe Ono-dit-Biot, romancier talentueux, patron des pages littéraires du *Point*, d'un mot il peut tuer un auteur ou le booster dans le champ des étoiles. Mais revenons aux quatre : Jérôme Béglé, mon frère, mon plus intime, éminence grise de ce petit monde dans lequel il m'a introduit, dont je fais volontiers mon confident parce qu'il a au plus haut degré le sens de l'amitié et qu'il est secret comme une sépulture. C'est lui le chef de la Bande des quatre. Il vole de quotidien en hebdomadaire, il finira sur les tours de Notre-Dame. Florian Zeller et moi n'avons que cinquante ans de différence, mais je suis proche de lui comme un grand-père d'un petit-fils. En un temps où les auteurs dramatiques se font rares, il écrit des pièces admirables avec la même facilité que d'autres en écrivent de mauvaises. Avec Sébastien Le Fol, j'ai des relations père-fils, on échange, on partage, on communie, c'est un sensible qui grimpe, qui grimpe. Avant, je disais qu'il irait loin, c'est fait. Nicolas d'Estienne d'Orves, le dandy de sa génération, n'a peur de rien, au point de défendre Lucien Rebatet, dont il est l'héritier, et de publier d'excellents romans complètement fous. Ce Canadien tranquille, car il est aussi de cette terre neuve, porte en lui des bombes mais, comme il est très bien élevé, cela ne se voit pas. Il n'exhibe que ses pantalons rouges et ses chemises à fleurs de transformiste qui font sensation chez les duchesses.

FRÉDÉRIC BEIGBEDER

Frédéric Beigbeder est maigre mais chaud. On l'a vu nu à la télévision, avec Jérôme Béglé, et c'est pourquoi on peut dire qu'il est du genre maigre, tandis que Jérôme est plutôt rembourré. Quand on connaît un peu Frédéric, on sait qu'il est chaud, et pas seulement chaud lapin, mais plein d'une chaleur humaine qu'il cache avec soin. En cela, il n'a rien du commis voyageur dont on sait tout en un quart d'heure, il a de solides défenses et des coins secrets. Au sein de notre société facilement compassée, respectueuse et souvent constipée, il a un côté va-t-en-guerre et don Quichotte qui me plaît bien.

MAURICE BÉJART

Je me suis présenté à l'Académie des beaux-arts au fauteuil de Maurice Béjart, en vain, nous étions neuf candidats dont Muriel Mayette, administrateur général de la Comédie-Française, qui m'avait éconduit lorsque j'espérais que les secrétaires de la Conférence y jouent le procès de Baudelaire. Malgré le ferme appui de Renaud Donnedieu de Vabres, ministre de la Culture, elle a trouvé dans ses statuts un moyen de droit. Il y a toujours dans les règlements comme dans les lois de bons arguments pour rendre de mauvais jugements. Moi, danseur en tous genres, j'aurais aimé faire l'éloge de Béjart, de sa troupe, jeunes hommes et femmes de tous les continents, qu'il faisait danser souvent à moitié nus, sur les plus belles musiques du monde, la 5e Symphonie, le *Boléro*, *Le sacre du printemps*. Je l'aurais glorifié, avec ses yeux diaboliques et sa barbe de Satan. Je me serais élancé avec lui dans les airs, sous la Coupole, en habit vert, mon épée au côté, mon bicorne enfoncé jusqu'aux oreilles, moi plus habitué aux bonnets d'âne, impérial pour une fois ! Les cinq académies, le souffle coupé, m'auraient entendu rugir, le sol aurait tremblé, le ciel se serait déchiré, permettant d'entrevoir Béjart au comble de la satisfaction, content de moi un peu et beaucoup de lui.

MARIE BELL

Marie Bell a été amoureuse de Céline, amour qu'il ne lui a sans doute jamais rendu, mais il admirait l'actrice, la tragédienne et la femme forte qu'elle était, séduit peut-être aussi par son côté homme, qui a poussé Marie à aimer beaucoup de femmes. Très liée avec Françoise Sagan et avec Bob Westhoff, c'est par lui que je l'ai connue, avant de la voir plus souvent chez Sagan, à Paris et à Équemauville. Elle était à la ville comme elle était sur les planches, avec des attitudes, des mots, des gestes, comme quand elle jouait Phèdre. Bob, qui la soupçonnait d'avoir été la maîtresse de Céline, comme elle avait été celle du Négus et de quelques autres, n'a jamais pu le lui faire avouer. Elle s'était beaucoup occupée de sa défense pendant sa détention au Danemark et pendant les années d'exil, à Copenhague puis à Klarskovgaard, allant voir ses avocats, intercédant auprès de quelques amis influents, ce qui, à l'époque, demandait un certain courage. Elle était très jalouse de Lucette Almansor, qu'elle avait connue à l'Opéra-Comique, bien avant qu'elle rencontre Céline et, quand Bob lui a dit qu'il la connaissait, elle a eu cet admirable mot de femme : « Comment, elle vit toujours ? », alors qu'elle avait au moins vingt ans de moins qu'elle. Je suis reconnaissant à Marie Bell de m'avoir confié les lettres qu'elle avait reçues de Céline, alors non seulement inédites mais ignorées des chercheurs. Aux réceptions que donnait Françoise Sagan, Marie Bell était toujours un peu perdue et, comme je l'étais moi-même, nous nous retrouvions souvent dans un coin. Avec Bob, nous faisions parler la diva qu'elle avait été, alors un peu démodée, j'en conviens.

AHMED BEN BELLA

Je n'ai vu Ben Bella qu'une fois, le 11 avril 1965, Villa Joly à Alger, le jour de l'Aïd el-kébir, pour lui demander la grâce d'Aït Ahmed, condamné à mort la veille, par la cour criminelle révolutionnaire d'Alger. Nous étions une dizaine d'avocats autour d'une table, Pierre July, ancien ministre français, trois anciens bâtonniers marocains, Mourad Oussedik, ancien avocat du FLN, Meriem Belmihoub, Michèle Beauvillard, qui avait défendu Ben Bella, alors détenu au château d'Aulnois, mais j'étais dans la position la plus singulière pour avoir combattu la rébellion les armes à la main et sur le territoire algérien, et pour avoir défendu aussi de nombreux membres de l'OAS devant des juridictions d'exception, accusés d'attentats ou de meurtres. Ben Bella ne m'a pas déçu. Il m'a même impressionné par sa dignité, son calme, le mot qu'il a eu pour chaque avocat et par le propos qu'il a tenu après nous avoir tous entendus, nous expliquant qu'il agirait en conscience et dans l'intérêt de l'Algérie. Le lendemain, Aït Ahmed était gracié et sa peine commuée en détention à perpétuité. Le 19 juin suivant, Ben Bella était déposé par son « ami » Houari Boumediene.

JACQUES BENOIST-MÉCHIN

Jacques Benoist-Méchin donnait l'impression de n'éprouver aucun sentiment, ni regret, ni colère, ni haine, ni ressentiment, ni attachement quelconque. De ce point de vue, c'était un insecte lucide, sans cœur, froid comme le marbre, mais dont les pattes agiles lui permettaient de grimper aux murs et de marcher aux plafonds. Je l'ai rencontré pour la première fois chez Véronique Rebatet, qui n'avait pas réuni que des gens de gauche puisqu'il y avait Arletty, Lucette Almansor, Frédéric et Nicole Vitoux, Bob Westhoff et moi. Nous l'avons raccompagné tous les deux chez lui, avenue de Clichy, pour parler de l'Amérique où il avait été, de 1925 à 1927, journaliste à l'International News Service où il avait bien connu William Randolph Hearst, le Citizen Kane d'Orson Welles, que Bob, alors tout jeune, avait rencontré un soir à New York. Passionné, car lui avait des passions, Bob l'écoutait répondre à ses questions et nous avons eu l'impression qu'il éprouvait une certaine nostalgie pour une certaine Amérique. J'ai ensuite revu Benoist-Méchin plusieurs fois au même endroit, pour parler de Céline, dans cet assez modeste appartement dans lequel passait l'ombre de son fils adoptif. Au cours de notre dernier entretien, il m'a montré les pages de son journal, non encore publié, où il évoquait leurs rencontres, dont la principale, chez Otto Abetz, alors ambassadeur d'Allemagne à Paris, pour un dîner au cours duquel Céline, après n'avoir rien dit pendant le début du repas, avait monologué inlassablement autour de la prochaine défaite allemande, non sans assurer Abetz, histoire de s'en moquer, du fait qu'il aimait beaucoup Hitler : « D'ailleurs, Gen Paul et moi l'aimons tant qu'on l'imite ! Popol, fais-nous Hitler », et l'autre de rabattre ses cheveux sur le devant de son visage et de se coller une petite moustache qui le faisait ressembler au Führer à s'y méprendre. Gen Paul et Lucette m'avaient déjà raconté l'histoire qui est cependant contestée par quelques grincheux pour la seule raison qu'elle contredit leur vision haineuse de l'écrivain.

LEILA BEN SEDIRA

Leila Ben Sedira est aujourd'hui un peu, pour ne pas dire complètement oubliée, elle a été pourtant l'une des grandes voix lyriques de son temps, un parfait rossignol d'opérette, chantant Reynaldo Hahn : *Ô mon bel inconnu*, *Les contes d'Hoffmann* : « Les oiseaux dans la charmille », *Lakmé* : « l'Air des clochettes », *Les noces de Figaro* : « Mon cœur soupire », et c'est elle qui a chanté aux obsèques de son ami Robert Desnos. Je l'ai connue par Georges Flouest, qui était plus ou moins son neveu, et dont elle était très proche. C'était une petite dame soigneuse d'elle-même à un point qui n'est pas imaginable, qui la faisait ressembler à une poupée, et son appartement de la rue des Beaux-Arts était, comme elle, net, rangé, pas une crotte de mouche, pas un journal qui traîne, pas un verre sale dans la cuisine. Elle aimait les chaussures dont elle avait une collection assez considérable et dont elle cirait elle-même, non seulement le dessus et les côtés, mais les semelles. Elle avait connu tous les musiciens de son temps, des écrivains, puis son cercle s'était rétréci, elle voyait ses voisins, l'avocat de Sariac et l'antiquaire Champion, Georges et Josée Flouest, Lucette Almansor, Bob Westhoff et moi, un ténor italien dans le château duquel Lucette a fait scandale en se promenant toute nue sur le donjon, et sans doute quelques autres. En bref, après avoir charmé les foules elle était retournée dans l'anonymat, et aux feux de la rampe avait succédé pour elle une sorte de crépuscule. Ne serait-il pas mieux de faire les choses dans l'autre sens, de vivre petit et de mourir grand, de naître vieux et de mourir jeune ?

PIERRE BERGÉ

Pierre Bergé, qui ressemble de plus en plus à Napoléon, a un côté chef de guerre assez prononcé, mais qu'on lui passe tant il a par ailleurs de belles qualités, dont la générosité. Je lui suis reconnaissant de savoir tendre la main à ceux qui en ont besoin, car il vient au secours de tous, et je me souviens de la manière dont il a entouré Jacques Chazot pendant les derniers mois de sa vie. Pierre Bergé n'a plus aucune chance d'entrer à l'Académie française depuis que les Immortels ont mis une limite d'âge à toute candidature, bien que l'on vive beaucoup plus longtemps et beaucoup mieux que du temps de Richelieu. Ainsi l'Académie risque-t-elle d'élire des gens qui vont porter l'habit vert pendant cinquante ans et se priver d'élections, pourtant son jeu favori. Diantre pourquoi s'enfermer dans des règles quand on est libre de voter pour qui l'on veut, jeunes ou vieux ? Pierre Bergé se passera donc de l'Académie comme je m'en passerai et comme elle se passera de nous. Avions-nous seulement une chance ? Après y avoir été vingt fois candidat, Fernand Gregh y est bien parvenu ! Le rêve est le paradis des modestes. Voici un rêve qui nous est interdit, mon cher Pierre, à moins que les règles ne changent, c'est un peu leur vocation.

PATRICK BESSON

Ce Besson-là n'est pas comme l'autre, pour un char d'assaut, c'est un char d'assaut ! Patrick il se prénomme, écrivain français il est. À moitié croate, il parle le serbe comme le français et il écrit à coups de machette en se foutant énormément de ce que les autres pensent de lui, mais avec un talent et un entrain qui provoquent certaines jalousies au sein de la confrérie des gens de plume. Quand on est nombreux autour de lui, noblesse oblige, il joue son propre rôle mais, quand on est seul avec lui ou en minuscule comité, c'est un autre homme, plus proche de la voiture d'enfant que du tracteur, de la locomotive ou du bulldozer. Patrick porte en lui des tonnes de légèretés, de tendresse et d'affection qu'il cache minutieusement pour ne laisser apparaître que son côté belluaire et va-t-en-guerre. C'est une main de velours dans un gant de fer, mais il s'en cache et ne le dévoile qu'aux intimes, comme le tyran qui aime les gâteaux et les enfants, qui suce son pouce et pleure en cachette. C'est un gentil qui veut absolument faire croire qu'il est méchant, type d'homme rare que je préfère aux flagorneurs toujours prêts à vous planter un couteau dans le dos. Il poignarde, mais en regardant ses victimes droit dans les yeux, ce qui lui vaut de n'avoir pas que des amis. Écrivain libre, sans doute le meilleur de sa génération, le plus doué, le moins emmerdant, il a sa place à l'Académie, mais il ne lorgne que le fauteuil de Pierre Benoit, que Marc Fumaroli n'est pas prêt à lui céder.

GEORGES BIDAULT

Georges Bidault était ministre des Affaires étrangères quand Céline était en prison au Danemark, M. de Girard de Charbonnières étant ministre de France à Copenhague, dont Louis-Ferdinand disait qu'il était juif, mulâtre et collaborationniste. Le sort de l'exilé dépendait beaucoup de René Mayer, alors garde des Sceaux, qu'il appelait le duc de Mayer Vendôme ou de Mayer Montrouge (où se pratiquaient les exécutions), mais aussi un peu de Bidault, chargé de la transmission et de l'exécution du mandat d'arrêt lancé contre l'écrivain par le juge Zousman. J'avais entendu ce magistrat et Guy de Girard de Charbonnières, il me fallait rencontrer Bidault, surtout que j'espérais voir aussi son épouse, dont Roger Peyrefitte avait fait « Crapote », liée par ailleurs intimement à Jeanne Loviton, dite Jean Voilier, compagne de Paul Valéry (et de beaucoup d'autres), avant de devenir celle de Robert Denoël, éditeur de Céline, qui la soupçonnait de l'avoir assassiné. Bidault et sa femme étaient donc au centre d'un petit nid de vipères très attrayant pour moi à une époque où je préparais la biographie de Louis Destouches. J'ai été reçu un après-midi chez lui, du côté de l'avenue Mozart, dans un appartement assez quelconque où il était seul, Crapote s'étant hélas absentée, à moins que, pour éviter d'avoir à répondre à des questions embarrassantes, elle se soit cachée au fond de l'appartement. J'eus droit à un whisky, dont Georges Bidault était un grand consommateur, et à toutes les réponses auxquelles je m'attendais : « j'avais mille autres chats à fouetter », « Charbonnières a sans doute fait du zèle », « ma femme était amie de Jean Voilier mais sans plus, en 1940 elle avait offert son château de Bedoué pour recevoir une partie des archives du Quai d'Orsay et ma femme était chargée de leur évacuation », réponses accompagnées de : « *Voyage au bout de la nuit* est un pur chef-d'œuvre ». Je suis reparti content mais un peu déçu. Il est vrai que les archives du Quai d'Orsay, que, à titre exceptionnel et grâce à Jacques Perot qui les conservait, j'avais été autorisé à consulter, ne révélaient pas que Bidault ait joué personnellement un rôle quelconque dans la demande d'extradition de Louis-Ferdinand Céline. Nous avons aussi parlé de l'Algérie qui restait, pour lui comme pour moi, une plaie ouverte. Elle s'est refermée pour lui quand il est mort, elle restera toujours ouverte pour moi, jusqu'à ce que, à mon tour, je passe de l'autre côté.

ANTOINE BLONDIN

C'est Lucette Almansor qui m'a présenté à Antoine Blondin, puis je l'ai revu en diverses occasions et il m'a même invité dans sa maison près de Périgueux, avec Philippe Lemaire, après avoir plaidé ensemble, et avec Roland Dumas, devant la cour d'assises de cette ville. Mais le meilleur souvenir que j'en garde remonte à l'automne 1979. Je voulais parler avec lui de Céline, sérieusement si possible, et en tête à tête. « François, voyons-nous à la Rhumerie martiniquaise, à 10 heures, pas plus tard, parce qu'à 15 heures je dois être à l'Académie française pour recevoir le grand prix de Littérature qu'elle m'a décerné. » À 10 heures pile nous étions l'un et l'autre à la Rhumerie, lui devant un premier verre de vin blanc, moi devant un café et, un peu avant 15 heures, je l'ai vu emprunter la rue de Seine, rigolant et zigzaguant, en direction de la Coupole. Dans *Pages françaises*, Michel Déon a trop bien parlé de Blondin et de manière si affectueuse et juste pour que je tente de dresser de lui un nouveau portrait. Au milieu de son visage, dévasté par la vie, il y avait deux yeux qui vous imploraient et qui vous appelaient au secours. De lui émanait une chaleur, un besoin d'amour confondant. Tous les hommes étaient ses frères et je l'ai été ce matin-là. Ce sont des choses que l'on n'oublie pas.

LÉON BLOY

Jean-Paul Louis, le Lérot qui fut rêveur, a bien voulu publier, en 2005, mes portraits croisés de Céline et de Bloy, que j'avais donnés antérieurement aux Cahiers de L'Herne. Dans ce petit livre, je commençais par rappeler certaines évidences relatives à « ... ces deux stars du grand bal des écorchés, ces pestiférés des Lettres françaises, qui se sont si joliment vautrés dans le malheur, comme cochons dans la crotte. Ces cochons toujours si présents dans l'œuvre de Léon Bloy ». Je rappelais ensuite que Céline comme Bloy, celui-ci de cinquante ans son aîné, avaient mal vécu dans leur siècle et dans leur peau, abreuvés l'un et l'autre d'épreuves et de malheurs, pour Céline les casernes, les champs de bataille, les hôpitaux, les morgues et les prisons, et pour Bloy misère et deuils compliqués par son évangélisme, son absolutisme, son intolérance, ses rancœurs, son ingratitude et ses haines, qui en faisaient un très singulier chrétien. Ainsi, au lendemain de l'incendie du Bazar de la Charité, au cours duquel avait péri la duchesse d'Alençon, sœur de Sissi, impératrice d'Autriche, écrivait-il à un ami : « ... à la lecture de cet événement épouvantable, j'en eus la sensation nette et délicieuse d'un poids immense dont on aurait délivré mon cœur. Le petit nombre des victimes, il est vrai, limitait ma joie ». Bloy assista horrifié à la naissance d'un homme nouveau, dont la puissance meurtrière était multipliée par les engins de sa fabrication dans lesquels il voyait la main du Diable. Il dénonça la déchéance de la famille, de l'école, de toutes les institutions et de l'Église, manipulées par le Démon, inventeur du téléphone, de l'automobile et de l'aéroplane. Il y a beaucoup de cela chez Céline, et l'on retrouve plus encore chez les deux hommes le même génie du verbe, sans compter de très singuliers hasards de la vie, qui les conduisirent tous les deux au Danemark et à une commune détestation des Danois. Dieu veuille que ces extraits incitent les lecteurs à se précipiter, il reste quelques exemplaires de mon *Céline-*

Bloy (Le Lérot 2005 — à Tusson dans les Charentes — 10 euros).

JEAN-BEDEL BOKASSA

Jean-Bedel Bokassa était un grand ami de la France et, au prétexte de crimes dont il n'était pas responsable, Valéry Giscard d'Estaing, son « parent et ami », l'a détrôné. Après lui, ce fut le déluge et, vingt ans plus tard, c'est toujours le déluge en Centrafrique où, malgré sa mégalomanie, l'empereur régnait de manière assez débonnaire et paternaliste car il aimait son peuple et son pays. Je l'ai connu en prison, à Bangui, la veille de l'ouverture de son procès, dans des conditions que je raconte dans le présent dictionnaire à l'article consacré à Francis Szpiner. Le colonel Mantion, proconsul français, veillait sur sa santé, il venait de temps à autre bavarder avec lui et lui faisait apporter tous les soirs un peu de whisky, attention à laquelle Sa Majesté n'était pas insensible. L'empereur, sachant que tel était mon grade dans l'armée française, dans laquelle il n'avait pas dépassé celui de capitaine, m'appelait « mon colonel ». Même s'il était maréchal de Centrafrique, mes cinq galons l'impressionnaient. Bokassa était un authentique Africain, le père de sa nation, n'avait-il pas épousé dix-sept femmes, plus belles les unes que les autres, et ne lui avaient-elles pas donné trente-neuf enfants reconnus ? Ce palmarès montrait qu'il était un chef et, pour ce seul motif, on devait le respecter. Et puis, doué de pouvoirs surnaturels, c'était un sorcier que le général d'armée André Kolingba, alors président de la République, respectait et jalousait. Sa Majesté racontait que, lors de son coup d'État, la garde présidentielle avait ouvert le feu sur lui à bout portant puis, voyant qu'il continuait à marcher vers eux la tête haute, les hommes s'étaient ralliés à sa cause, certains que ce surhomme disposait de pouvoirs divins. Le procès, filmé de bout en bout, était suivi en direct à la radio et à la télévision par la population de Bangui et souvent, après nos interventions (j'assurais la défense avec Francis Szpiner, Nicolas Tiangaye et Lambert Zokoezo), nous entendions les acclamations des gens autour du Palais. Acquitté le 12 juin 1987 pour cannibalisme et pour le vol des bijoux de la couronne, Jean-Bedel Bokassa a été condamné à mort pour divers assassinats, dont celui de dix-sept enfants dans la prison de Ngaragba, alors que, se trouvant dans sa résidence de Berengo, il ignorait leur arrestation et n'avait appris que le lendemain leur décès par étouffement. Très haut en couleurs, le procès de Bokassa donna lieu à mille incidents cocasses dont deux sont évoqués dans le présent dictionnaire aux mots « Général Mandaba » et « Tu l'as dit, bouffi », mais il faudrait un volume entier pour le raconter, tant la réalité de cette comédie judiciaire a dépassé la fiction.

BOMBARDEMENT

Les sirènes font assez peur, quand on est enfant — j'avais dix ans — et qu'on dort paisiblement dans son lit. Surtout que mon père est entré dans ma chambre comme s'il y avait le feu : « Lève-toi et habille-toi vite, il faut descendre à la cave. » Et là, j'ai commencé à trembler, mais pas aussi fort que, quinze ans plus tard, en Algérie, quand mon escadron a été attaqué au mortier. J'ai eu du mal à enfiler mes chaussettes, mes mains étaient difficiles à contrôler, mes pieds aussi. Quelle cavalcade ensuite dans l'escalier, mes parents, mes frères, les bonnes. Maman s'était habillée en uniforme d'ambulancière de la Croix-Rouge pour aller relever les morts et les blessés après le bombardement. Pépita avait pris de l'eau et un reste de pain, papa des couvertures. Une fois tous assis sur des cartons de vin, alors qu'on entendait au loin les explosions, Pépita a commencé à nous raconter ses souvenirs de la guerre de 14, dans cette même cave, avec le docteur Luc, la comtesse de Chollet et son fils aviateur planqué. Elle était vivante, drôle, ça nous a détendus. Jean-Noël s'est endormi, on a bu un coup d'eau, les sirènes ont sonné la fin de l'alerte et maman est partie en vélo sur le champ de bataille. Comme le VIIe arrondissement n'était pas un lieu stratégique, que les forteresses volantes visaient plutôt Renault et les voies ferrées que la Pagode, mon père a décidé qu'on ne nous y reprendrait plus et que nous passerions les suivantes alertes dans nos lits, ce qui fut fait.

BÂTONNIER RENÉ BONDOUX

René Bondoux, c'était un drapeau vivant, notre étendard, et il claquait tout le temps au vent, même quand il n'y avait pas de vent ! Deux fois champion olympique, médaille d'or au fleuret par équipe à Los Angeles en 1932 et médaille d'argent en escrime à Berlin en 1936, il avait été chef d'état-major du maréchal de Lattre de Tassigny, témoin de la signature de l'acte de reddition de l'armée allemande en 1945, premier secrétaire de la Conférence et bâtonnier de l'Ordre. Il était de loin, de très loin, notre champion pour la récolte des lauriers, mais il lui manquait d'avoir défendu un régicide. Commis d'office en 1932, pour défendre Gorgulov, assassin de Paul Doumer, il avait dû renoncer à cette mission, parce que ses parents avaient été amis de l'assassiné, ce qui lui permit d'aller à Los Angeles, de s'y couvrir de gloire et d'y rencontrer celle qui allait devenir sa femme. À la mort du bâtonnier Toulouse, en 1980, il lui a tout naturellement succédé dans les hautes fonctions de conservateur de notre musée, à la seule condition que j'en sois conservateur adjoint. Deux ou trois ans plus tard, il a demandé à être déchargé de cette fonction et a suggéré que je lui succède, ce qui fut fait. À près de cent ans, il exerçait encore notre profession, qu'il a décidé d'abandonner presque du jour au lendemain. Quand j'ai été nommé chevalier de la Légion d'honneur à titre militaire en 1982, c'est lui qui m'a remis les insignes de mon grade, dans le bureau du bâtonnier du Granrut, lequel, engagé volontaire, avait fait la campagne de France dans la division Leclerc. Quand je raconte aujourd'hui ces petites anecdotes à de jeunes confrères, je vois leurs yeux s'ouvrir en grand, pas plus que si je leur racontais la bataille de la Marne ou la première de *Pelléas*.

CARLO UGO DI BORBONE, DUCA DI PARMA

Descendant de Louis XIV, neveu de l'impératrice Zita de Habsbourg, beau-frère de la reine de Hollande, prétendant au trône d'Espagne, Charles-Hugues de Bourbon-Parme était un prince charmant. Citoyen du monde, il couchait un soir ici, un autre là, distribuant la bonne parole, vite emportée par le vent. Pour quelques services que j'ai rendus à son illustre famille, il m'a fait commendatore del Sacro Angelo imperiale Ordine Constantiniano di San Giorgio, dont je ne porte les insignes que lorsque je suis à Parme. Mon intronisation dans l'Ordre a eu lieu, en la basilique Santa Maria Della Steccata, en présence de nombreux dignitaires de cet Ordre et de Gang Peng qui assistait à la cérémonie. Décédé à Barcelone, le 18 août 2010, Carlo Ugo a d'abord été transporté à Amsterdam où un hommage lui a été rendu par la famille royale, avant les obsèques très officielles en la basilique de Parme, en présence de nombreux membres du Gotha. Bien que membre du tiers état, j'ai pu participer à cette cérémonie d'un autre temps, celui d'avant l'unité italienne.

ÉCOLE BOSSUET

J'ai souvent comparé l'école Bossuet à une geôle et je m'y tiens. C'était une petite société fermée, composée de maîtres et d'esclaves, encore qu'il s'y trouvait des prêtres minables, valets des plus intelligents, et des élèves plus proches de nos tortionnaires que du bétail que nous formions. Il paraît qu'il y a des gens comme ça dans tous les camps d'internement et qu'on les appelle les kapos. J'étais toujours au dernier rang des classes et seul dans la cour de récréation où ces messieurs se faisaient valoir en tapant dans un ballon ou en jouant à la pelote basque sur le mur de l'immeuble voisin. Je pensais à ma mère, à la maison, à mes frères, à Pépita et à Jeanne et à mon père qui allait m'engueuler au vu de mon carnet de notes au lieu de prendre mon parti contre les abbés qui nous notaient. Il n'y a que les mauvais professeurs qui ont de mauvais élèves, j'en suis plus que jamais persuadé. Pas un qui m'ait pris par la main, même les bons comme l'abbé Schneider, qui ne sentait pas le camphre, castafiore en soutane et excellent joueur de football. J'avais le droit de vivoter, de ne participer à rien, de dormir au fond de la classe, et le père supérieur, l'abbé Garand, sans âge et sans sexe, disait à ma mère qu'il fallait m'orienter vers un métier manuel, tandis que mon confesseur, l'abbé Tari, qui sentait l'acétone, me touchait les cuisses quand j'allais me confesser dans sa chambre.

PIERRE BOTTON

Pierre Botton est une vraie victime, de lui-même au premier chef, des juges aussi et de la vanité. Il avait des sociétés qui appartenaient à sa famille, sans aucun autre actionnaire. Tous d'accord, ils faisaient passer l'argent de l'une dans l'autre et ne volaient personne, sauf un peu l'État à qui des taxes étaient dues. Pour épater ses clients pharmaciens, et se les attacher, il les invitait à de fastueux week-ends, leur envoyait son hélicoptère pour les amener au bord de sa piscine où se trouvaient les plus grandes vedettes de la télévision. Évidemment le pharmacien ébloui passait commande pour la rénovation de sa pharmacie. Au bord de la piscine, il y avait aussi Michel Noir, maire de Lyon, que d'aucuns voyaient à Matignon, d'autres à l'Élysée. C'était bête et ce n'était pas méchant, mais il s'est trouvé des juges, dont Philippe Courroye, alors juge d'instruction, pour en faire tout un plat. Frédérique Pons et moi, puis elle toute seule, nous sommes battus pour Pierre Botton bec et ongles. Il a eu la sottise de rembourser tous ses créanciers, qu'il avait paraît-il abusés, ce dont on ne lui a tenu aucun compte. Victime expiatoire d'une société où l'argent est roi, et la jalousie reine, Pierre Botton a été cassé à vie et Michel Noir entraîné dans sa chute. Certains s'en sont frotté les mains, moi pas.

ADONISE BOUBERT

Adonise Boubert était une veuve exemplaire, toujours de noir vêtue, avec chapeau et voilette de la même couleur. En toutes circonstances, elle était d'une grande dignité et elle n'évoquait jamais la mémoire de feu son mari sans émotion. Le drame avait eu lieu dans leur maison de Chaville. Un mur séparait la cuisine de leur chambre, dans lequel elle avait pratiqué un trou minuscule, à peine visible. Le soir précédant son décès, M. Boubert était rentré du travail déjà pas mal éméché puis, comme d'habitude, il avait apprécié le vin rouge à table, sans doute un peu plus qu'il n'aurait fallu, ce qui explique qu'il ait eu le sommeil lourd et n'ait pas entendu sa femme se lever, vers 5 heures du matin, réveiller les enfants, les habiller, introduire le tuyau dans le trou, ouvrir le robinet du gaz, le régler pour que le débit soit suffisant, s'assurer qu'il n'y avait pas de sifflement, sortir avec les enfants, refermer soigneusement la porte et partir avec eux à pied jusqu'à la gare, où le premier train les conduisit à Paris. Au cours de l'information judiciaire qui a suivi ce malheureux événement, Adonise a plus cherché à défendre la mémoire du père de ses enfants qu'à tenter d'atténuer sa responsabilité en le chargeant. Quelques témoins sont heureusement venus dire au juge d'instruction qu'elle était affreusement malheureuse, qu'il était saoul tous les soirs et la battait régulièrement. Le soin qu'elle avait de ne pas accabler son mari en fit une héroïne, un vrai personnage de drame antique, sinon une sainte. L'audience de la cour d'assises ayant été suspendue après le réquisitoire de l'avocat général, j'arpentais la salle des pas perdus du palais de justice de Versailles, très angoissé comme toujours en pareille circonstance, quand j'ai été abordé par Madeleine Jacob, célèbre chroniqueur judiciaire, réputée pour sa dent dure et que Céline avait appelée « la muse des charniers ». Toujours un peu condescendante, mais aussi toujours très gentille avec moi, elle me dit : « Mon petit, j'espère que vous allez plaider Coupeau. » Je n'y avais pas pensé, je file donc dans la salle d'audience où était resté André Damien et je lui demande de me remettre en tête *L'assommoir*, ce qu'il fit en quelques minutes car l'audience reprenait.

Et j'ai donc plaidé avec la plus grande émotion, non pas Coupeau — je ne plaidais pas contre Boubert — mais Gervaise. Et le lendemain, dans *France-Soir*, Madeleine Jacob écrivit sur moi le plus bel article qu'elle m'ait jamais consacré. Je n'aurais pas plaidé Zola, elle m'aurait trouvé médiocre. Deux ou trois ans plus tard, j'ai revu Adonise, seule sur un quai de gare, longiligne dans un manteau noir avec le même chapeau et la même voilette. C'est elle qui est venue vers moi. Elle me dit n'avoir jamais été aussi malheureuse et ses yeux se sont remplis de larmes. Elle regrettait d'avoir tué cet homme qu'elle avait aimé, son tortionnaire.

HOUARI BOUMEDIENE

Avec sa petite moustache, un peu plus tombante des deux côtés que celle de l'acteur, Boumediene avait l'air d'un charlot, mais d'un charlot pas drôle. Il faut dire que je l'ai trop peu entrevu pour avoir eu le temps d'apprécier ses talents comiques. Comme je le raconte à l'article « Aït Ahmed », j'ai été, avec Pierre July, deux fois ministre sous René Coty, avocat d'Hocine Aït Ahmed à Alger, en avril 1965. La capitale algérienne vivait dans une atmosphère de fin de règne et dans un climat de conspiration tel que chacun n'avait plus confiance en personne et se méfiait de son meilleur ami. La suite des événements allait montrer que les militaires se méfiaient à juste titre des civils autant que ceux-ci des militaires et qu'au sein de chaque famille politique on s'espionnait, on faisait le guet, dans l'attente de quelque chose. July et moi, descendus à l'hôtel Aletti, à deux pas du palais de justice, étions des objets de curiosité et beaucoup d'inconnus nous approchaient, les uns se disant porteurs de secrets d'État propres à faire exploser le gouvernement, d'autres nous offrant d'entrer dans des combinaisons byzantines auxquelles nous étions trop méfiants l'un et l'autre pour prêter la main. Une nuit, un officier de l'armée en uniforme, qui lui avait été annoncé par je ne sais quel émissaire secret, vint frapper à la porte de la chambre de July, voisine de la mienne. Le colonel Boumediene avait une communication importante à nous faire, une voiture nous attendait dans une rue voisine, et c'est ainsi que, vers minuit, nous nous sommes rendus dans un bâtiment militaire aux portes d'Alger où nous avons attendu le ministre de la Défense jusqu'à 2 heures du matin. Il est alors entré précipitamment dans la pièce dans laquelle nous nous trouvions et nous a dit très poliment qu'il avait souhaité nous rencontrer, qu'il suivait le procès dont on lui rendait compte quotidiennement sinon heure par heure, et qu'il savait que nous n'avions pas la tâche facile. Là-dessus, il nous salua et disparut dans la nuit dont il était sorti quelques minutes plus tôt, de telle manière que nous n'avons jamais su ni pourquoi il voulait nous rencontrer ni ce qu'il avait à nous dire, ce qui, j'en conviens, relativise aujourd'hui l'intérêt historique de mon témoignage.

ANNE DE BOURBON-SICILES

Même de loin, quand elle achète son pain rue de Babylone, ou son poisson à la Martinique, elle a beau serrer la main des gens, embrasser des quantités de vieux qu'elle connaît à peine, elle est princesse de Bourbon. Comme Louis XIV retirait son chapeau quand il croisait une femme de charge, Anne est royale en toutes circonstances et point n'est besoin de lui mettre une couronne sur la tête pour s'en apercevoir. Elle a du cœur et de l'esprit, fait les spaghettis comme personne et, à la perfection également, le gigot d'agneau de sept ou huit heures, avec une sauce à sa façon et du riz épicé. Vive le Roi !

JEAN-DENIS BREDIN

Jean-Denis Bredin est le tambour-major de notre régiment, je veux dire, de notre barreau. Jamais membre du conseil de l'Ordre, jamais bâtonnier, il se contente d'avoir été premier secrétaire de la Conférence et d'être de l'Académie française. D'autres s'en satisferaient. D'un pas toujours tranquille, rien ne paraît l'émouvoir, mais tout l'émeut, car c'est un violon. À peine on l'effleure, et ça fait beaucoup de bruit à l'intérieur. Il n'a que des amis (et des admirateurs), mais il semble un peu en manque d'affection et il est de ceux que j'ai toujours envie d'asseoir sur mes genoux, mais je crains qu'il n'apprécie pas et que cela fasse jaser. Bredin a écrit vingt bons livres, sur Joseph Caillaux, Charlotte Corday, Sieyès, l'affaire Dreyfus, le procès de

Mendès France, celui de Riom, et des livres personnels où il s'écorche. C'est un grand avocat, un grand écrivain, un merveilleux ami, mais il n'est jamais content de lui et se pose trop de questions qui le minent.

ARNO BREKER

C'est à Paris qu'Arno Breker a connu Céline, dont il a fait un buste, post mortem, raté. Il parlait français comme vous et moi et avait vécu plus longtemps à Paris qu'en Allemagne. Sculpteur favori d'Hitler, il a réalisé, à sa demande, et en plein accord avec Albert Speer qui concevait les bâtiments, des œuvres monumentales symbolisant la force et la supériorité de la race allemande, front haut, cheveux courts, mâchoires carrées, forts pectoraux et biceps, cuisses et mollets d'acier, un peu dans le style Jean Marais, très à la mode à l'époque. Rien à voir avec l'art dégénéré en vogue dans les démocraties. Arno Breker était un artiste au service de la race et de l'État, tels les « Artistes du peuple » en Chine du temps de Mao Tsé-toung, comme l'a si bien raconté Gang Peng dans son livre du même nom (Gallimard, 2011). Comparé à tout ce qui s'est fait, dans le même genre, en URSS, Arno Breker a plutôt bien réussi ses athlètes, ouvriers, paysans, tous au service du Führer et du national-socialisme. En 1943, au vernissage de son exposition au Jeu de Paume, tout Paris s'est précipité, Maillol en tête, pour célébrer le Michel-Ange du XXe siècle, sauf Céline. Quand j'ai réuni les éléments pour écrire la biographie dudit, j'ai pris contact avec Arno Breker, que je suis allé voir deux fois chez lui à Düsseldorf, la seconde fois avec Bob Westhoff en revenant de Berlin. Pour accéder à la maison très somptueuse et de très bon goût, il fallait traverser une allée avec, à gauche et à droite, des œuvres du Maître, presque toutes dans le style hitlérien mais, à l'intérieur de cette maison et dans l'atelier attenant, il n'y avait que des sculptures de moyenne et petite dimension, toutes remarquables car c'était un très grand sculpteur qui, après la guerre, a réalisé de très intéressants bustes des principaux chefs d'industrie allemands. L'homme, encore beau (il avait été très beau), était d'une exquise courtoisie, s'exprimait dans un français parfait et répondait à toutes les questions sans aucune retenue. Je lui en ai posé quelques-unes au sujet de Céline, qu'il avait peu connu mais qu'il avait lu et qu'il admirait, sans parvenir à déterminer s'il préférait *Voyage au bout de la nuit* ou *Bagatelles pour un massacre*. Je lui ai demandé aussi de me parler d'Hitler, ce qu'il a fait sans réticence, ne jugeant l'homme que par ce qu'il en avait vu, essentiellement avant la guerre, et mettant sur le dos de Speer le goût douteux de certaines réalisations architecturales, alors qu'il s'agissait, à l'évidence, d'œuvres réalisées en commun. Quand je lui ai demandé s'il accepterait de faire mon buste, il m'a regardé de face, de profil, gauche et droit, puis m'a dit « non ». À l'évidence, la banalité de mon visage ne l'inspirait pas. Il m'a encore dit qu'il voulait faire un don à la Ville de Paris, qu'il avait tant aimée et où il avait vécu si longtemps. Comme il s'attendait, pour des raisons politiques, à un refus de la municipalité, il m'a demandé de servir de relais en ce sens qu'il me donnerait l'œuvre et que je la donnerais ensuite à Paris. Il pensait à un triple buste de Wagner, Liszt et Cosima, choix qui ne me parut pas de nature à faciliter l'opération. Il fut alors convenu que la donation porterait sur une petite statue en pied de Jean Cocteau, *Le prophète*, haute d'environ un mètre cinquante, très jolie, qu'il voulait voir placée dans un jardin, et j'ai évidemment pensé à celui du Palais-Royal. La Ville de Paris a accepté ma donation, faite à la condition que cette sculpture soit exposée dans un jardin de la capitale et non pas remisée dans un hangar où se trouvent déjà de nombreux rebuts dont elle ne sait que faire. Nous étions en train de choisir l'emplacement quand survint l'attentat de la rue des Rosiers. Le président du conseil municipal me fit savoir que le projet était remis *sine die*. Arno Breker est mort depuis longtemps, et *Le prophète* est resté à Düsseldorf.

FERNAND DE BRINON

Fernand de Brinon, qui se disait marquis mais n'était que comte, et avait une assez haute opinion de lui-même, disposait d'une épouse et d'une maîtresse, Simone Mitre, qui était aussi sa secrétaire. Je n'ai pas connu Mme de Brinon, née Jeanne Louise Rachel Franck, de confession juive, mais j'ai entretenu de bonnes relations avec Mme Mitre, très charmante personne, qui vivait chichement à Paris en travaillant à mi-temps chez un antiquaire. Elle avait suivi Brinon à Sigmaringen alors que sa femme était restée à Paris, et racontait les pitreries de son amant, président de la commission gouvernementale, c'est-à-dire

Premier ministre du gouvernement en exil, alors que le maréchal Pétain et Pierre Laval se considéraient comme prisonniers. Elle confirmait l'atmosphère dans le château et dans la ville, si bien rendue par Céline dans *D'un château l'autre*. Elle m'a dit, et d'autres anciens de la colonie française m'ont confirmé que, de toutes les relations des derniers mois de la guerre à Sigmaringen, c'est *D'un château l'autre* qui s'approchait le plus près de la vérité malgré les excès habituels et les outrances de Céline. Simone Mitre m'a confirmé que, dans les locaux de la place Beauvau, anciennement dévolus au ministère de l'Intérieur, où Brinon, ambassadeur du Maréchal à Paris, avait ses bureaux, Céline est souvent venu le solliciter, en quête de lait pour ses nourrissons du dispensaire de Bezons, ou pour tenter de sauver des Français arrêtés par les Allemands. Chaque fois qu'il le pouvait, Brinon intervenait, parfois sans succès, comme ce fut le cas pour Noël L'Helgouarch, marin, minus habens et saboteur breton, condamné à mort le 15 avril 1941, fusillé le 27 juin malgré ses efforts et ceux de Céline. Simone Mitre, qui détenait le journal que Fernand de Brinon a tenu pendant sa détention à Fresnes et jusqu'à son exécution au fort de Montrouge, le 15 avril 1947, espérait pouvoir le publier et elle me l'a confié, curieuse de savoir ce que j'en pensais. Ce journal d'un vaincu, qui encourait la peine de mort et y fut condamné, n'avait que peu d'intérêt et aucune profondeur, même pendant les jours qui ont précédé son exécution. Rien à voir avec les écrits si poignants de Brasillach à l'approche de la mort.

GABRIEL DE BROGLIE

Je me serais très bien vu occuper le fauteuil d'Alain Peyrefitte à l'Académie française, et je l'ai fait savoir autour de moi, parents et amis, j'ai donné quelques dîners que des académiciens ont appréciés mais, le 22 mars 2001, ils ne m'ont accordé que six voix, ce qui n'était pas mal pour un débutant face à un poids lourd, Gabriel de Broglie, auquel ils ont donné dix-sept voix, élu dès le premier tour. J'ai ensuite invité tous mes amis de l'Académie à rencontrer chez moi Arthur Miller, le 12 septembre 2001, le lendemain de l'attentat du World Trade Center, mais cela n'a pas suffi. Il aurait fallu sans doute que je les fasse dîner avec le pape, en mon hôtel, rue Monsieur, ou avec la reine d'Angleterre ? Gabriel de Broglie est ensuite devenu chancelier de l'Institut et, en attendant la grand-croix, il est grand officier de la Légion d'honneur, et moi je ne suis d'aucune académie, mais tout de même commandeur de notre premier Ordre national, et je m'en félicite. La nuit je couche avec ma cravate rouge, d'un très bel effet sur mon pyjama, mais c'est une légende, parce que je dors tout nu.

JEAN DE BROGLIE

Le prince de Broglie, ancien ministre du général de Gaulle, a été assassiné à Paris, rue des Dardanelles, le 24 décembre 1976. Quatre personnes ont été rapidement arrêtées, Varga, l'instigateur, Gérard Frêche, l'exécutant (pour 50 000 francs), Guy Simoné, inspecteur principal de police, et Serge Tessèdre. La princesse de Broglie, certaine qu'il s'agissait d'un crime politique fomenté par le ministre de l'Intérieur, Michel Poniatowski, et par Valéry Giscard d'Estaing, président de la République, a chargé Robert Badinter, avocat proche de l'opposition socialiste, de les représenter, elle et ses enfants, au cours de l'instruction judiciaire. Badinter, excellent avocat, n'a cessé, pour tenter de démontrer les mobiles politiques du crime, de demander au juge d'instruction de procéder à des investigations qui ont tourné à la catastrophe car les enquêtes de police, non seulement n'ont pas permis de confondre le ministre de l'Intérieur et le premier magistrat de l'État, mais ont fait remonter à la surface quelques détails plus ou moins nauséabonds de la vie du prince, relations avec des marchands d'armes et autres personnages douteux, problèmes fiscaux toujours gênants pour un homme politique et relations féminines qui rendaient la veuve un peu ridicule. En 1981, lors de l'arrivée au pouvoir des socialistes, Robert Badinter, devenu garde des Sceaux, n'avait plus le droit de plaider. La princesse et les jeunes princes Victor-François, Philippe-Maurice et Louis-Albert avaient certes un second avocat en la personne de Bernard du Granrut, futur bâtonnier de Paris, mais il n'entendait pas plaider, sauf pour évoquer la mémoire de Jean de Broglie, qu'il avait assez bien connu. C'est ainsi que, peu avant l'ouverture du procès, dont les débats devaient durer deux mois, je fus désigné par la partie civile. J'acceptais d'entrer ainsi dans cette affaire sensationnelle à la condition que mes clients renoncent à vouloir la politiser et s'en tiennent au dossier car il me paraissait établi que Jean de Broglie avait été assassiné pour des motifs purement crapuleux.

Associé avec des individus douteux auxquels il avait prêté quatre millions de francs pour la remise en marche du restaurant La Reine Pédauque, Jean de Broglie avait souscrit un contrat d'assurance garantissant le remboursement de cette somme au cas où il viendrait à décéder. Le restaurant périclitant, les véreux associés du prince, incapables de le rembourser, l'ont fait assassiner par un tueur à gages, ce qui les libérait d'une dette d'un montant considérable. C'est ainsi que l'affaire fut jugée, au mieux des intérêts de mes clients, malgré le président Giresse, qui s'était ridiculisé en parlant d'un « Watergate à la française » et les efforts de mes confrères de la défense, parmi lesquels Roland Dumas, Francis Szpiner et Paul Lombard.

JEANNE-MARIE DE BROGLIE

Maillé de La Tour Landry, Radzivill et Broglie, Jeanne-Marie a de qui tenir. Vaillante dans les tempêtes, avec sa tête droite, comme celles des primitifs italiens, et pleine à souhait, son buste de reine, elle commande du regard et de la voix, et les autres ont intérêt à marcher droit et à se tenir tranquilles. Lionne indomptable, elle est la meilleure amie du monde, ses maisons et ses bras sont ouverts mais il faut en connaître les clés qu'elle ne donne pas à tous. Quand on est entré dans le cercle, la princesse est fidèle, attentionnée, généreuse, prête à vous materner, à vous regonfler, à vous prendre par la main, à vous sortir des ornières, à vous communiquer son énergie à nulle autre pareille, son amour de la vie et sa philosophie. Et, en plus, elle a collaboré avec Daniel Cordier, connu Dubuffet, présidé Christie's France, elle aime la beauté, les fleurs et les chiens.

VICTOR-FRANÇOIS DE BROGLIE

Victor-François, 8e duc et 7e prince de Broglie, repose, depuis le 16 février 2012, dans le carré des Broglie, au cimetière de Broglie. Il était le fils aîné de Jean de Broglie, ministre du général de Gaulle et de Georges Pompidou, lâchement assassiné le 24 décembre 1976 à Paris pour quelques millions de francs et pour s'être acoquiné avec des gens qui n'étaient pas de son monde. Victor-François était trop bien né, sans doute a-t-il cru qu'une voie royale s'ouvrait à lui et que de bonnes fées allaient le porter vers des cimes, alors que c'est tout le contraire qui s'est produit, une sorte de descente aux enfers. C'est en 1981, peu avant l'ouverture du procès des assassins de son père, qu'il est venu à mon cabinet, avec sa mère et ses jeunes frères, Philippe-Maurice et Louis-Albert, me demander de succéder, dans la défense de leurs intérêts, à Robert Badinter, devenu garde des Sceaux. Ce coup de barre à droite eut d'assez heureux effets car je mis un terme à la chasse aux sorcières à laquelle ils s'étaient livrés pour tenter de démontrer, sans preuve aucune, qu'il s'agissait d'un assassinat politique, comme je le raconte au chapitre consacré à son père. C'eût été mieux pour la mémoire de Jean de Broglie, mais cela ne correspondait à aucune réalité et, en s'y raccrochant, on donnait des gages aux voyous qui savaient bien pourquoi ils l'avaient fait exécuter par un tueur à gages. Après le procès, Victor-François et moi sommes devenus très amis et avons procédé tous les deux à je ne sais combien de reconstructions du monde, entreprises au cours desquelles nous évoquions aussi sa vie sentimentale très agitée car, beau, charmant et intelligent, il avait énormément de succès avec de très jolies jeunes femmes. Puis il a cessé de suivre mes conseils et même de m'en demander. Ses repères se sont effondrés les uns après les autres, il s'est enfermé dans son château et a cessé d'être heureux, triste fin pour un prince charmant.

JEAN-LOUIS BRUGUIÈRE

En 2007, l'« Amiral » a été candidat UMP aux élections législatives dans le Lot-et-Garonne, battu par Jérôme Cahuzac. Il est bon de temps en temps que soient rabattus certains caquets. Avoir été juge anti-terroriste et s'être « payé » quelques notoriétés, avoir aimé ça, avoir bénéficié de gardes du corps et de voitures blindées, n'ouvre pas automatiquement toutes les portes et cela est juste et bon. Jean-Louis Bruguière est surnommé l'« Amiral » depuis que, devant se rendre pour enquêter en Libye, en plein accord avec le gouvernement du colonel Kadhafi, il s'y est présenté sur un bateau de la marine nationale, se couvrant ainsi de ridicule aux frais de la République. Le colonel Kadhafi, qui s'y connaissait en mégalomanie, ayant refusé au bateau d'entrer dans le port de Tripoli, l'Amiral a dû rentrer à Toulon bredouille et revenir un peu plus tard, comme tout le monde, sur un avion de ligne. Ce monsieur pas tout le monde avait refusé, quelques mois plus tôt, au colonel Kadhafi, l'immunité dont bénéficient tous les chefs d'État, mais la Cour de cassation lui a tapé sur les doigts en annulant sa procédure. Il s'agissait des suites de l'attentat contre le DC-10 d'UTA qui, le 19 septembre 1989, avait occasionné la mort de cent soixante-dix personnes au-dessus du désert du Ténéré. Le bouillant juge tenait absolument à en faire une affaire d'État, tout réjoui à l'idée de mettre en cause Abdallah Senoussi, beau-frère de Kadhafi, au seul motif qu'il était chef des services secrets. Les Néo-Zélandais, plus modérés ou moins ambitieux, n'ont pas poursuivi l'amiral Lacoste, chef des services secrets français, dans l'affaire du *Rainbow Warrior*, mais ils sont néo-zélandais. Résultat, l'attentat du DC-10 d'UTA est devenu une affaire d'État et, la Grande Jamahiyria arabe populaire et socialiste n'ayant pas apprécié, la France a perdu quelques juteux contrats. Dans l'Angolagate, le juge Courroye n'a fait ni moins bien ni pire, ça a coûté très cher aussi, mais il a été désavoué.

ATEF BSEISO

Atef Bseiso était un ami de la France et il l'a payé de sa vie. Numéro 3 de l'Organisation de Libération de la Palestine, dont le siège était alors à Tunis, chargé des relations extérieures, issu d'une grande famille de Gaza, il avait pu s'en échapper pour faire des études à l'étranger, alors que tant d'autres hommes de sa génération vivaient dans des camps, sans travail et sans espoirs. Il y avait plusieurs courants au sein de l'OLP et, opposé au terrorisme, Atef appartenait au plus modéré d'entre eux. Il se trouvait dans le collimateur du Mossad, en permanent danger de mort, d'autant que, confiant dans son étoile, il refusait souvent les mesures de protection qui lui étaient proposées par les « Services » des pays dans lesquels il se rendait. Le 7 juin 1992, Atef Bseiso voyagea seul de Berlin à Paris au volant d'une voiture qu'il venait d'acquérir. Pendant le trajet, il était plus vulnérable que jamais, mais l'assassiner sur une autoroute n'aurait pas eu la même signification qu'en plein cœur d'une grande capitale. Il commit alors l'imprudence de descendre à l'hôtel Le Méridien, face à la tour Montparnasse, truffé d'espions israéliens. Au cours d'un entretien avec ses correspondants français, qu'il devait rencontrer le lendemain, il refusa la protection qui lui fut proposée. À 21 heures, il sortit pour aller dîner avec un ami. À peine avait-il fait quelques pas sur le trottoir devant l'hôtel que deux hommes cagoulés tirèrent sur lui à bout portant avec des fusils-mitrailleurs de 9 mm, munis de silencieux et de récupérateurs de douilles, avant de l'achever d'une balle dans la tête et de disparaître dans la nuit. Vaincus chez eux, les services français ont entrepris des investigations gigantesques et minutieuses qui ont permis d'établir que le crime avait été commis par des agents du Mossad avec la complicité d'un fonctionnaire de l'OLP, puis l'enquête s'est enlisée et j'ai senti — j'étais l'avocat de Mme Bseiso et de ses enfants, Antoine Comte celui de l'OLP — que la raison d'État ferait que l'on n'irait pas plus loin, pour ne pas se brouiller avec les Israéliens, avec les Tunisiens, avec les Palestiniens eux-mêmes. Le siège de l'OLP a été transféré à Ramallah, le temps a fait son œuvre, beaucoup d'autres hommes ont péri dans le monde pour leur foi, pour leur idéal. Hier c'était hier, aujourd'hui c'est aujourd'hui.

C

CAMBACÉRÈS

Je n'ai pas connu Cambacérès, mais j'ai couché dans son lit, comme j'ai couché dans celui de Johnny Hallyday à Saint-Tropez, chez Gilles Dreyfus et, à Cajarc, chez Françoise Sagan, dans celui de François Mitterrand. Avec le prince de Bénévent et le duc d'Otrante, ce régicide compte parmi les meilleurs nageurs de l'histoire de France. Il avait un lit en acier poli de toute beauté, dont avait hérité Charles de Rohan-Chabot. Charles, qui avait le meilleur goût du monde, l'avait placé dans une chambre tendue de soie bleue de son château de Breteuil-sur-Iton, baraque qu'il avait jugée trop haute, et dont il avait supprimé les deux derniers étages, histoire de gaspiller un peu de son argent, dont il avait beaucoup. Il habitait à Paris un somptueux appartement sur le champ de courses d'Auteuil et avait un pied-à-terre à Cannes, sur la Croisette, qu'il me prêtait l'hiver, quand Lucette Almansor avait envie de changer de décor et de nager dans l'eau froide. Un jour, Charles, qui était généreux, m'a donné le code des Fermes et le code Louis XV de Cambacérès, reliés en maroquin à ses armes. Je trouve plaisant d'avoir les codes de l'Ancien

Régime ayant appartenu au principal rédacteur du code Napoléon, qui sut, si souvent, faire la culbute et si bien toujours retomber sur ses pieds.

LA CAPOTE ANGLAISE

En mai 2009, dans l'avion qui le conduisait en Afrique, le pape Benoît XVI, éminent docteur de l'Église et théologien éblouissant, aurait mieux fait de se taire. Il lui était pourtant facile et simple de dire : « Les bons chrétiens n'ont pas besoin de préservatif car ils sont fidèles à leur conjoint. Mais les mauvais chrétiens, ceux qui n'ont pas la force de résister à la tentation, doivent en faire usage pour éviter toute contamination, qu'ils soient séropositifs ou qu'ils ne le soient pas. » Sans se renier sur le principal, il aurait fait preuve d'humanité, ce qui était d'autant plus opportun qu'il se rendait dans une région du monde où le sida est un fléau qui provoque des ravages. L'Église persiste à soutenir que l'acte sexuel n'a pour but que de procréer, théorie qui devrait conduire les femmes, à peine ont-elles accouché d'un enfant, à se retrouver enceintes, et à interdire tout contact sexuel entre des époux qui, pour une raison ou pour une autre, ne veulent pas d'enfants, ou n'en veulent plus, ou ne peuvent pas en avoir. Cette diabolisation de l'acte sexuel, qui n'existe dans aucune autre religion, a quelque chose de moyenâgeux, de poussiéreux, de contre nature, à vomir.

CARLOS

Carlos est quelqu'un de très intelligent, ce que j'ai pu constater bien que je ne l'aie vu qu'une fois et entre deux portes, à l'occasion d'une visite à la prison de la Santé alors qu'il était en compagnie de son épouse, mon amie Isabelle Coutant-Peyre. Il est le dernier vivant des grands révolutionnaires, rien à voir avec les petits poseurs de bombes, ceux qui s'immolent par le feu et autres kamikazes. Son action est soutenue par sa pensée et il rappelle en cela les grands Russes, à commencer par Lénine et Trotski. L'homme respire le soufre et crache le feu, il n'est pas mécontent de son parcours terrestre et méprise l'humanité bien-pensante qu'il a rêvé d'anéantir et qui ne rêvait que de le briser. Malgré lui, le veau d'or est toujours debout et les colonnes du Temple intactes, il y a de l'eau qui coule sous les ponts, des perdreaux qu'on tue pour le plaisir et des enfants qui crèvent de faim. Une équipe de télévision avait réalisé un reportage à la Santé, au cours duquel il avait été filmé sans son autorisation, alors que son image est l'une des dernières libertés qui restent, en son désert, à ce roi de rien. Cette liberté-là, on la lui a volée aussi. Isabelle m'a demandé de plaider cette affaire avec elle et j'ai donc été, mais si peu, l'avocat de Carlos. Nous avons évidemment perdu le procès, Carlos perdra toujours, c'est son destin.

Je connais depuis des lustres Mme le secrétaire perpétuel de l'Académie française et nous avons mille amis en commun, sans compter l'affection que je porte à Louis, son mari, à Emmanuel, son fils, et à Nathalie, l'une de ses filles, connaissant hélas peu l'autre. Il existe entre Hélène et moi des fils invisibles, secrets et inexplicables, qui tiennent sans doute à mon attirance pour l'Est, là où le soleil se lève, et bien au-delà de l'Oural, pour les gens, les pays et les civilisations. J'aime les Slaves, leurs excès, leur sentimentalisme, leur folie, elle a tout cela dans les veines et bien plus encore, car elle est d'une intelligence exceptionnelle et c'est un capitaine qui mène sa barque d'une main très sûre, au milieu des récifs, parmi des vagues énormes et quantité de chiens qui aboient sans toujours savoir pourquoi. Quand, le 14 juillet 2011, Nicolas Sarkozy m'a fait commandeur de la Légion d'honneur, j'ai naturellement pensé à elle pour me remettre les insignes de mon nouveau grade et elle s'est exprimée en la circonstance d'une manière dont je lui serai à jamais reconnaissant. La cérémonie eut lieu le 26 septembre, dans la Pagode, où mes parents s'étaient mariés, le 17 novembre 1925. Sur la scène, j'avais placé une grande photo les représentant ce jour-là dans la Pagode, dernière fête de famille en ce lieu que mon grand-père, Joseph Plassard, atteint par la crise de 1929, loua ensuite à un cinéma. Après que Jean Castelain, alors bâtonnier de mon Ordre, eut dit quelques mots, du reste fort sympathiques, Hélène fit un éblouissant discours, abordant tous les aspects de ma vie agitée, familiale, militaire, judiciaire et littéraire, sans oublier Lucette Almansor, Bob Westhoff, Filip Nikolic et Gang Peng. Tour à tour drôle, émouvante, caustique, elle m'a présenté sous toutes mes coutures, avec une affection non dissimulée que je lui rends bien. Elle était alors grand officier de la Légion d'honneur et a depuis accédé à la dignité de grand-croix. Pour cela, il va falloir que j'attende un peu.

RENÉ CASSIN

René Cassin avait un physique de Prix Nobel, ce qui vaut mieux que d'avoir une tête de malfrat. Parfaitement lisse, craintif, et maniaque de la Paix, en souvenir sans doute d'un certain coup d'éventail, de la dépêche d'Ems et de l'attentat de Sarajevo, il veillait à ne vous contrarier en rien. Pour le convaincre, vous n'aviez pas besoin d'un mot plus haut que l'autre, il vous disait oui avant même que vous lui ayez demandé quoi que ce soit, en bref il était exquis. Je l'ai connu rue de Varenne et dans son bureau du conseil d'État, quand j'étais élève à l'Institut international d'Études diplomatiques dont il était, je crois, l'un des fondateurs et où il enseignait les relations internationales tandis que Raymond Barre tentait de nous initier aux sciences économiques. J'ai bien aimé ce grand-père bienveillant, car il était notre grand-père à tous, attentif aux revendications des étudiants, que j'étais chargé de lui présenter, et qu'il acceptait avant même de les avoir entendues, par haine de la guerre et de toutes les bagarres évidemment.

CÉLINE

Louis Destouches, dit Louis-Ferdinand Céline, médecin et écrivain français, né le 27 mai 1894 à Courbevoie, décédé le 1er juillet 1961 à Meudon, médaille militaire, croix de guerre 14-18, auteur de *Voyage au bout de la nuit*, Prix Renaudot 1932.

CÉSAR

César, fils d'un ange, est aussi un fils de Dieu et la preuve de son existence. Shakespeare, Bach, Mozart et Michel-Ange peuvent aller se rhabiller, il n'y a jamais rien eu de plus beau au monde. Je l'aime plus que moi-même, ce César, et je lui donnerais ma vie sans hésiter s'il en avait un jour besoin pour sauver la sienne. Nous avons plus de trois quarts de siècle de différence et je lui dois d'avoir découvert, à quatre-vingts ans, une forme de bonheur à côté de laquelle j'étais passé pendant tant d'années. Beau et intelligent comme son père, ce petit Chinois m'apprend tous les jours quelque chose et, avec lui, j'ai l'impression de retourner à l'école, que j'ai tant détestée. J'y prends goût et je suis, pour la première fois de mon existence, un écolier attentif et sage, pas chahuteur, assidu et respectueux de mon maître. C'est le monde à l'envers, bien plus attrayant que celui que l'on dit à l'endroit, lequel est de plus en plus bête et méchant.

BÂTONNIER JACQUES CHARPENTIER

Le bâtonnier Jacques Charpentier, ancien premier secrétaire de la Conférence, était probablement, avec beaucoup de grinçant et de finesse, l'un des meilleurs orateurs de sa génération. Il était tout le temps en train de persifler et, de derrière ses petites dents de carnassier, sortaient de monumentales vacheries accompagnées de ricanements voltairiens. De l'ancienne école, très à droite, très vieille France par certains côtés, il ne s'était pas trop empressé de rejoindre la Résistance, passant quand même à temps du camp du vieux maréchal à celui du chef de la France libre, qu'il a par ailleurs toujours détesté. Dans l'affaire des Barricades, je l'ai entendu plaider contre le huis clos requis par l'avocat général, en des termes qui conquirent le jeune avocat sans affaires que j'étais et qui venait traîner ses bottes au Palais pour écouter les anciens. Quand j'ai été désigné dans l'affaire Ben Barka, il m'a semblé que ce dossier était trop lourd pour mes jeunes épaules, et je suis allé voir Jacques Charpentier à son cabinet, avenue Marceau, pour lui proposer de prendre avec moi la défense des Marocains. Sous divers prétextes, il a refusé tout net, le principal motif invoqué étant son âge. Il était pourtant encore vert et méchant, mais sans doute n'a-t-il pas cru à la cause que je lui apportais. Ce grand orateur était aussi une excellente plume, qu'il avait l'habitude de tremper dans le vitriol. Cet homme avait donc à peu près tous les talents, sauf peut-être celui d'émouvoir.

CAMILLE CHAUTEMPS

Dans *Singe*, j'ai traité Camille Chautemps de vieux plumeau gris, très exacte définition, sauf que c'était un plumeau déplumé, avec une moustache de contrebandier. Trois fois président du Conseil, quatre jours seulement du 21 au 25 février 1930, puis du 26 novembre 1933 au 27 janvier 1934 (il a dû démissionner à cause de l'affaire Stavisky), et du 29 juin 1937 au 14 janvier 1938, il avait été entre-temps vice-président du Conseil, ministre de la Justice, de l'Intérieur, des Beaux-Arts et des Travaux publics, dans les ministères de Painlevé, Édouard Herriot trois fois, Aristide Briand, Sarraut, Daladier et Pétain, ce qui lui valut quelques soucis. Radical socialiste, franc-maçon notoire, excellent nageur en eaux troubles, Léon Daudet disait de lui qu'il était le « chef d'une bande de voleurs et d'assassins ». Il se trouvait que ce grand homme avait épousé la sœur d'Henri Durand-Texte, l'un des meilleurs amis de mes parents, dont il avait eu une fille, Loulette. Quand ce beau monde put revenir d'Amérique où Camille avait été envoyé en mission par le maréchal Pétain, je fis sa connaissance à Orgeval dans la maison d'Henri Griset, beau-père d'Henri Durand-Texte. Pour distraire le vieux plumeau, Gérard Durand-Texte et moi lui faisions des démonstrations de judo sur la pelouse, pour lesquelles il n'éprouvait qu'un intérêt mitigé. Mon père, qui n'avait partagé aucune de ses idées, me poussait à lui poser des questions sur son passé et je m'y employais de mon mieux, mais il n'entendait pas se laisser entraîner sur ce terrain, de telle manière que mon père, qui avait été Croix-de-Feu et se sentait plus proche de Léon Daudet que de Camille Chautemps, dut rester sur sa faim.

JACQUES CHAZOT

Bouffon triste, comme tous les clowns, Jacques Chazot valait mieux que l'image qu'il donnait de lui, de fêtes en fêtes, en bals, en dîners, inaugurations et autres. Il s'étourdissait pour ne pas voir la vie en face et, comme il avait beaucoup d'esprit, il était éblouissant, bombardant les autres de mots, parfois cruels, car il ne savait pas résister à la tentation. C'est chez Mme Sagan que je l'ai connu, d'abord de loin, puis mieux à Cannes où je séjournais pour visiter ma grand-mère, Maman Toinon, qui y achevait paisiblement ses jours. Nous avons déjeuné ainsi plusieurs fois de suite tous les deux au restaurant de la plage sportive, plage un peu scandaleuse, où il était donc bon d'être vu. Alors Chazot n'était pas Chazot, il n'était pas en représentation, il était lui-même, inquiet, angoissé, soucieux des autres, excessivement affectueux parce qu'il avait lui-même besoin d'une affection, qu'il ne trouvait pas dans le monde. J'ai éprouvé les mêmes sensations avec Jacky Iskander et Marc Doelnitz, qui étaient les grands amuseurs publics de l'époque, tous deux d'un comique irrésistible, mais tragiques, affreusement seuls dans la vie. Chazot avait en plus une pudeur derrière laquelle il se retranchait physiquement et moralement.

Véritable coquille sous laquelle il cachait en permanence sa nature exquise.

COLETTE CHEDEVILLE-PLASSARD

Ma mère, Colette Chedeville-Plassard, devenue Colette Gibault le 17 novembre 1925, était parée de toutes les beautés. Très sportive, elle conduisait les automobiles, chassait comme un homme et jouait bien au tennis, de temps en temps même avec Jean Borotra, ami de mon grand-père. En 1917, Colette vivait assez modestement avec sa mère, divorcée de Charles Chedeville, sa sœur Simone et son frère Jean. Un jour, une voiture américaine, avec chauffeur, casquette et gants blancs, est venue les chercher pour les conduire, rue de Babylone, à l'hôtel particulier de Joseph Plassard, qui venait d'épouser leur mère, Jeanne Antoinette Mougel. Quand j'étais enfant, elle me racontait ce conte de fées et me disait combien elle aimait Joseph Plassard qui l'avait adoptée. Elle intervenait toujours auprès de mon père, qui était très ou trop sévère avec mes frères et avec moi, pour adoucir les punitions, pour expliquer, pour pardonner. Viscéralement française, elle s'est engagée en 1940 dans la Croix-Rouge française comme conductrice ambulancière et elle a effectué de nombreuses missions à la suite de bombardements puis, après la libération de Paris, avec les armées alliées qui libéraient le territoire. Elle était le fer de lance de ma famille et, au-delà, celui d'un groupe d'amis plus soucieux d'assurer leurs arrières que de faire front. Décédée en

1970, d'un cancer du cholédoque, peu après mon père, disparu la même année, elle est pour moi, qui l'aimais excessivement (si l'on peut aimer avec excès), un modèle absolu de ce qu'il faut faire et ne pas faire, penser et ne pas penser, au point que, s'il y a en moi quelque chose de bien ou de bon, c'est d'elle que je le tiens principalement.

CHIENS ET CHATS

Les livres me tiennent lieu de chat et de chien. Ce sont mes animaux de compagnie, lesquels, n'ayant ni intestins ni vessie, n'ont pas à être sortis et peuvent rester à la maison sans dommage. C'est aux livres que ma maison doit son côté nécropole. Les bibliothèques étant pleines, les derniers lus sont empilés de manière anonyme, un peu comme on entasse les dépouilles dans des fosses communes. Plus heureux sont ceux qui, sur ma table de nuit et tout alentour, attendent d'être lus, et piaffent en quelque sorte. Autre avantage des livres, ils vous parlent sans faire de bruit et très intelligemment, à la différence des chats et des chiens qui ne savent dire que *miaou* et *wouah wouah*.

ÉLIE CHOURAQUI

Il est très grand, beau et intelligent, plein de charme, avec sur la tête une abondante crinière de fauve. J'aime ce qu'il dit, sa manière de se comporter dans la vie et ce qu'il fait. Quand, en 1999, Élie Chouraqui a engagé Sacha Nikolic dans *Harrison's Flowers*, film dans lequel il avait envisagé, en plaisantant sans doute, mais avec lui c'est difficile à savoir, de me confier le rôle d'un vieux colonel, nous sommes allés, Alex Ursulet, Serge Telle et moi, assister au tournage à côté de Prague, dans une base militaire désaffectée, lieu sinistre parfaitement adapté aux scènes de guerre, avec des ruines et de la boue à profusion. La scène qu'Élie tournait ce jour-là était celle où Sacha meurt en héros de cette guerre yougoslave, dans les bras d'Andie MacDowell, dont il était amoureux. Cette belle et merveilleuse actrice fut charmante avec nous, autant que Marie Trintignant fut revêche et mal élevée, quittant la table à laquelle je l'avais conviée, parce que le service était trop lent ! *Harrison's Flowers* est un excellent film, mais j'ai encore mieux aimé *Ô Jérusalem* dans lequel Sacha Nikolic jouait également. Je tanne maintenant Élie pour qu'il adapte *Artiste du peuple* de Gang Peng, livre à partir duquel il y a un beau film à réaliser. Il n'a pas dit non, mais il n'a pas dit oui. Pas encore.

LE CIRQUE

Le cirque a toujours exercé sur moi une vraie fascination, et ce depuis que, pendant l'Exode, alors que ma famille était réfugiée à Gontaud, près de Marmande, dans le Lot-et-Garonne, ma grand-mère nous a emmenés dans un cirque ambulant assez miteux, mais j'avais été frappé par le numéro d'un petit acrobate en maillot qui avait fait des contorsions excitantes et c'est sans doute ce jour-là, j'avais huit ans, que m'est venue l'idée de faire pareil. Pendant l'Occupation, lorsque nous passions les étés à Poigny, Simone, la petite-fille du père Leyat, m'a appris à faire le grand écart et quelques acrobaties. J'y ai pris goût, je me suis exercé moi-même, puis avec des professionnels, Claude Vallot, Nil Hahoutoff, Guy Coudoux, Georgi Tashev, Pierre Antoine Dussouliez, Maxime Cravenne, des danseurs de l'Opéra, Serge, Daniel et Axel, des amis, Lucette Almansor, Filip et Sacha Nikolic, Adel Kachermi, Frank Delhaye, Gang Peng, mais c'est dans un gymnase de la rue Montorgueil, fréquenté essentiellement par des gens du cirque, que j'ai éprouvé mes délectations principales. Les cours étaient donnés par un vieil acrobate qui s'était rompu le cou au cours d'un numéro de trapèze volant. J'ai pris avec lui quelques cours, mais je n'avais pas les épaules assez puissantes et je n'ai jamais dépassé les passages d'un trapèze à un autre, que mes camarades agrémentaient de tours sur eux-mêmes et d'acrobaties diverses. En revanche, disposant d'un bon équilibre, j'étais devenu un bon fildeferiste, parvenant à réaliser pas mal de difficultés. Il régnait dans ce gymnase une ambiance magique, j'étais le doyen, tout le monde me tutoyait, m'aidait, me conseillait, j'étais comme un gamin, heureux, et je réalisais un rêve d'enfant.

JEAN CLAUSEL

Rue Léon-Maurice-Nordmann, la première maison à gauche dans le passage, vous n'êtes pas chez D'Annunzio, pas chez Hugo, pas chez Loti, chez Jean Clausel. Un petit hôtel particulier qui ne paie pas de mine mais, sitôt passé sa porte, vous êtes à Istanbul, à Bagdad, à Smyrne, ce sont les Mille et Une nuits. Le maître de maison, indéfinissable mais d'un raffinement exquis, évolue au milieu d'une quincaillerie orientale à couper le souffle, dont l'accumulation a fini par former un décor de toute beauté. Je pense tout particulièrement à la salle à manger qu'il vient de tapisser de cent mille coquillages de toutes les couleurs. Jean Clausel est aussi original que sa demeure. Écrivain, dessinateur, cuisinier, voyageur, cycliste, chevalier servant, adorateur de l'intelligence et de la beauté, il a tout vu, tout lu, et il est le roi d'une cour d'altesses d'un certain âge et de toutes nationalités, qui ne jurent que par lui. Sans en être absolument certain, je crois pouvoir dire qu'il a les pieds sur terre, mais j'ai parfois l'impression que sa tête est ailleurs, plus loin dans l'espace et surtout dans le temps. Sous la Régence, il aurait fait bonne figure, ou à la cour de Louis XV, encore que je le voie bien en muscadin ou chez la princesse Mathilde, ami de Reynaldo Hahn, de Max Jacob et de Marie-Laure. Il se contente d'être le mien et de cent mille autres, le mien depuis une petite cinquantaine d'années, quand il était l'ami de Suzanne Quoirez, avec laquelle il peignait, et de tous les autres membres de cette famille, y compris Françoise. Il est le mien, dis-je, depuis longtemps, et de plus en plus mais, en dépit du tourbillon mondain dans lequel nous vivons tous les deux, cet homme unique est seul. Seul comme était Proust.

COLLETTE

Je ne parle pas ici de Sidonie-Gabrielle Colette mais de Paul Collette, ancien camelot du roi et ancien Croix-de-Feu qui, le 27 août 1941, à l'âge de vingt-deux ans, a tiré avec un pistolet 6.35 sur Pierre Laval, chef du gouvernement, le blessant légèrement, manquant Doriot, Déat et Brinon. Condamné à mort par un tribunal d'exception, il a été gracié, le 1er octobre suivant, par le maréchal Pétain à la demande de Pierre Laval. Georges Clemenceau avait lui aussi demandé et obtenu la grâce d'Émile Cottin, jeune anarchiste de vingt-trois ans, condamné à mort en 1924 pour avoir tiré sur lui dix balles de revolver et pour l'avoir blessé sérieusement. Damiens n'a pas eu cette chance avec Louis le Bien-Aimé ni Bastien-Thiry avec le grand Charles. Clemenceau plus sensible et plus humain que le général, passe encore, mais Laval ?

ROBERT COMBAS

Je suis allé plusieurs fois dans l'atelier de Robert Combas que je tiens, dans son genre, pour un petit génie, inventeur d'un style. Un soir je lui téléphone pour lui demander de me faire un poisson. Une heure plus tard il m'invite à passer le prendre. À Victor Hugo on aurait demandé d'écrire un poème sur la mer ou sur la lune, sans doute l'aurait-il écrit à la seconde, mais c'était Victor Hugo ! Un autre jour, Rachid Dlimi ayant exprimé le souhait de le connaître, nous l'avons vu peindre quatre tableaux différents en même temps. Il appliqua d'abord les rouges sur le tableau le plus à gauche et fit de même pour les autres. Évidemment on n'y voyait rien. Puis il retourna au tableau de gauche pour peindre les bleus et l'on ne voyait pas plus où il voulait en venir. Il a peint ainsi les quatre tableaux, couleur par couleur, que nous avons vus sortir du néant. Il avait donc, dès le départ, dans la tête et dans l'œil les œuvres en gestation. Je ne connais aucun autre artiste qui travaille de cette manière, je veux dire capable de travailler comme ça.

LUCIEN COMBELLE

Lucien Combelle était un vieil anarchiste, mais je n'ai jamais su s'il était de gauche ou de droite. Du reste, pendant l'Occupation, et cela lui avait valu quelques ennuis à la Libération, il avait été rédacteur en chef de *Révolution nationale*, titre qui lui allait comme un gant car il était homme d'ordre autant que révolutionnaire. C'est Jacqueline Morand-Devillers qui me l'a fait rencontrer et c'est par lui que j'ai connu Pierre Assouline. Ancien camelot du roi, lisant *Libération* tous les matins, c'était un homme du peuple et un seigneur. Ami de Paul Léautaud et de Céline, secrétaire de Gide puis de Drieu la Rochelle, il avait été aussi l'amant de Mme Louis Renault et avait été emprisonné à Fresnes avec Brasillach qui, le 6 février 1945, en passant devant sa cellule, lui avait jeté : « Adieu, Lucien. » J'ai beaucoup aimé Lucien Combelle et nous avons parlé pendant des heures surtout que, expulsé de l'appartement qu'il occupait dans le Quartier latin, j'ai mis à sa disposition un studio, qui avait été celui de Pépita Zuéras, au troisième étage de notre maison. Le soir, souvent tard, ma voiture une fois garée dans la cour, si sa fenêtre était allumée, je montais passer un moment avec lui. Il était intarissable sur Gide qui avait, lui aussi, hanté cette maison, où il se rendait dans l'appartement qui est aujourd'hui le mien et qui était alors, et depuis les années trente, occupé par son amie Yvonne de Lestrange. Comme j'avais lu Gide très jeune et passionnément, le courant passait entre Combelle et moi surtout qu'il jetait sur son passé un regard critique très rare chez les anciens collaborateurs. Sans ambition, pauvre et désabusé, il a fini ses jours dans une maison de retraite à Rouen, son port d'origine. Il était évidemment tombé amoureux de son infirmière et traitait les autres pensionnaires de vieux cons.

LA CONFÉRENCE

Cercle étroit de ceux qui sont ou ont été ses secrétaires, la Conférence est un club très fermé, né sous Louis XVI, une sorte de phénix qui ne cesse de renaître de ses cendres et d'enfanter, tous les ans, douze jeunes-turcs plus talentueux les uns que les autres, qui se bousculent en riant aux portes de la vie. Trois d'entre nous ont été président de la République, Grévy, Poincaré et Millerand, et nous comptons treize présidents du Conseil, plus de soixante ministres, quarante-deux membres de l'Institut, dont quatorze de l'Académie française, un Prix Nobel et un cardinal, Mgr Gerlier, Primat des Gaules. Aussi le roi n'est-il pas notre cousin. Gardiens du temple, héritiers d'une très fameuse lignée, les secrétaires de la Conférence veillent au respect des traditions, à la défense de notre langue, de notre culture et de l'éloquence, art oublié qui se pratiquait jadis dans les églises et dans les enceintes politiques. Ils sont aussi les champions de la liberté.

CHARLES CONSIGNY

Pour moi, le poussin du jour c'est Charles Consigny, vingt-trois ans, bien de sa personne, il pense, écrit, publie, vole de ses jeunes ailes et je le vois voler loin. Ce volume est empli de morts et de gens vénérables, il me fallait réserver une petite place à ce poussin qui me paraît avoir un boulevard devant lui.

ALPHONSE CONSTANTIN

Après leur arrestation, tous les auteurs de l'attentat du Petit-Clamart ont désigné comme avocat Jean-Louis Tixier-Vignancour. Ne pouvant les défendre tous, il a organisé une défense composée d'hommes susceptibles d'avoir une influence sur la Cour militaire. Il lui fallait un ancien combattant de la Grande Guerre, il a pris Engrand, un franc-maçon, il a pris Richard Dupuy, un vichyste, il a pris un ancien préfet, un juif, deuxième motif pour prendre Richard Dupuy, des avocats de droite et de gauche et un ancien d'Algérie, et ce fut moi. Comme j'étais tout jeune avocat, il me chargea de la défense d'Alphonse Constantin, légionnaire déserteur, le moins chargé des conjurés puisque, malade le jour de l'attentat, atteint je crois d'une crise de paludisme contracté en Indochine, il n'avait pas pu y participer. Au cours des audiences, je m'efforçais de le faire oublier mais, chaque fois qu'il en avait l'occasion, il disait à la Cour qu'il regrettait d'avoir été souffrant et de n'avoir pas pu participer à l'action, sous-entendant que, s'il avait été là, ça ne se serait pas passé comme ça. Ce sont les seuls regrets qu'il exprima tout au cours des audiences, se privant de l'acquittement qu'il aurait pu obtenir s'il avait lâchement soutenu que, au dernier moment, il avait renoncé à faire partie du commando. Il compliquait ma tâche, mais son attitude était assez noble et, d'une certaine manière, je l'admirais. Tous ont été très courageux, aucun n'a tenté de se désolidariser du groupe et tous ont fait front commun face à l'accusation et à la Cour dont l'opinion était faite avant l'ouverture du procès et dont le verdict était connu d'avance. Condamné à sept années d'enfermement, Alphonse Constantin, une fois libéré, ne s'est jamais fixé nulle part, c'était un aventurier, fait pour la bagarre, un soldat-né, qui ne craignait pas la mort, laquelle exerçait même sur lui une sorte de fascination. J'ai appris qu'il était décédé après quelques années de solitude et de nostalgie, accablé par une liberté à laquelle il n'était pas accoutumé et dont il ne savait que faire.

DANIEL CORDIER

C'est Pierre Haas, héros de la France libre, qui m'a fait rencontrer Daniel Cordier, héros absolu de la Résistance, qui fut ensuite marchand d'art et celui de Jean Dubuffet, c'est dire si je brûlais de le connaître. L'homme est éblouissant de liberté, de générosité, il incarne à mes yeux le bonheur de vivre. C'est un torrent d'une limpidité absolue et, avec Clostermann, l'un des plus grands Français qu'il m'ait été donné de côtoyer.

JEAN CORTOT

Le fils d'Alfred n'est pas que le fils d'Alfred, il est Jean Cortot et constitue la démonstration du fait que l'on peut être fils d'un grand homme et grand homme soi-même. Au sein d'une société uniforme et terne, il brille de mille feux qui tiennent à son talent, à son esprit, à l'originalité de ses costumes et de ses pensées, à la beauté de ses maisons, à la présence à ses côtés de Bébé, mère de Jean-Michel Ribes, et de la crème de l'intelligentsia française. Peintre de très grand talent, dans l'œuvre duquel l'écriture est toujours présente, diamant aux multiples facettes, Jean Cortot a fait, lors de sa réception à l'Académie des beaux-arts, un des plus beaux discours qu'il m'ait été donné d'entendre sous la Coupole. Avant d'achever son propos, il nous a fait passer un enregistrement d'Alfred Cortot puis, dans un silence impressionnant, il a dit très lentement : *C'était mon père.*

COSMIC

Dans son excellent *Une question d'orgueil* et à propos de l'espion français Georges Pâques, Pierre Assouline cite les différents degrés d'habilitation au secret de l'armée française, pyramide au sommet de laquelle figure la très prestigieuse habilitation *Cosmic* dont bénéficiait son anti-héros. À le lire, on a un peu l'impression qu'on entre dans les services secrets français comme dans un moulin, alors qu'il n'en est rien, et que la République abuse au contraire de toute une gamme de qualificatifs, secret, secret confidentiel, secret défense, confidentiel défense, très secret, au point, comme quand on crie trop « au loup », de leur faire perdre toute signification. Vous êtes avisé par circulaire que, à l'occasion du départ en retraite de l'adjudant Martin, préposé aux cuisines, un pot sera donné la semaine suivante au mess des sous-officiers, ce précieux document porte au moins le tampon « secret ». Quand tout est secret, rien ne l'est plus. Après une carrière militaire en dents de scie (pour des raisons uniquement politiques), un passage à l'Institut des Hautes Études de Défense nationale et l'intégration au Service d'état-major, on s'est souvenu de moi et l'on s'est avisé de me faire sortir du placard où, comme tant d'autres, on m'avait placé après la guerre d'Algérie. Pour occuper le poste grand-guignolesque auquel on me destinait, il fallait parler bien anglais et avoir l'habilitation *Cosmic*, le niveau le plus élevé du secret, juste avant celui qui permet d'accéder aux secrets nucléaires. Mon frère Jean-Noël, auditeur, puis cadre à l'Institut des Hautes Études de Défense nationale, directeur des Affaires économiques de l'OTAN à Bruxelles, bénéficiait de cette haute habilitation, et j'en éprouvais quelque jalousie. La Sécurité militaire s'en est donc mêlée, on est venu interroger ma concierge pour s'assurer que je ne recevais pas d'espions soviétiques et j'ai ainsi décroché la très prestigieuse timbale qui m'a permis de devenir un des multiples « Dupond et Dupont » de l'armée française.

YOGI COUDOUX

Guy Coudoux, qui avait pas loin de deux mètres, pouvait entrer dans une petite boîte en plastique, comme on chiffonne un foulard ou un mouchoir. Je l'ai rencontré, il y a de nombreuses années, à Copenhague, où il se produisait avec son jeune frère, qui était moins doué que lui. Ensuite, comme j'avais besoin d'un coach et lui d'un avocat, nous nous sommes revus souvent. Il était le plus célèbre yogi du monde, lisait les lignes de la main et avait des dons pour deviner, guérir et prédire, beaucoup mieux que les cartomanciens et voyantes que je consultais alors régulièrement. Il m'a ainsi prédit la mort de Bob Westhoff deux ou trois ans avant qu'elle ne survienne et à une époque où il n'était pas encore malade. À partir de ce jour-là, j'ai cessé de le questionner sur mon avenir, mais je lui reconnais des dons de voyance extraordinaires et je le tiens pour un vrai sorcier. Quant aux séances d'entraînement auxquelles je me soumettais, elles tenaient aussi un peu de la magie, j'étais envoûté et mon corps, grâce à lui, voyageait dans un autre monde, avant de retomber sur ses deux pieds pour travailler, boire et manger, dormir.

ISABELLE COUTANT-PEYRE

Une taille de guêpe perchée sur deux allumettes, c'est comme ça que je vois Isabelle Coutant-Peyre et, quand je ne la vois pas, c'est comme cela que je l'imagine. Un corps d'oiseau, mais un tempérament de tigresse, prête à bouffer le monde entier, à commencer par les policiers et les magistrats, qu'elle goûte tout particulièrement. Épouse de Carlos — Jacques Vergès a convolé jadis avec une condamnée à mort —, c'est une pasionaria comme on n'en fait plus, une Rosa Luxemburg en pire. Moi, je l'ai toujours bien aimée et toujours défendue, même devant les tribunaux pour injures à fonctionnaires publics. Bien sûr, elle avait tort, mais elle avait raison puisque l'on a toujours un peu raison quand on a tort, c'est une loi vieille comme le monde, mais les juges font semblant de ne la connaître pas. Isabelle a défendu quelques dictateurs, mais cela n'est plus très bien vu aujourd'hui d'être dictateur, il y a comme ça des modes, Isabelle Coutant-Peyre est quant à elle définitivement indémodable.

LA CRAINTE

Beaucoup passent leur vie dans la crainte. Celle de l'enfer, de la maladie, de la prison, du « qu'en-dira-t-on », de la mort, du déshonneur, de la déconfiture, trouille castratrice, cancer permanent des gens trop bien élevés qui n'apprécient que l'eau tiède, les propos feutrés, qui ne vont jamais que dans le sens des poils et comme on le leur a appris à l'école républicaine. À force de craindre, l'homme s'affadit, se rétracte, dit toujours oui, ferme les yeux, s'enterre. À la crainte, je préfère les folles et téméraires entreprises, les paris insensés, les causes et les combats perdus. Autour de moi, je vois des gens qui, non contents de perdre leurs cheveux, leurs dents et leur mémoire, comme les vieux chiens leurs poils, les rois leur couronne, les peuples leur liberté, se tassent sur eux-mêmes, se résignent, sans même attendre que le ciel leur tombe sur la tête.

D

ANDRÉ DAMIEN

Dans *Un cheval, une alouette*, petit opuscule à ma façon qui n'est pas passé inaperçu en son temps, mais qui est aujourd'hui oublié, j'ai fait un portrait d'André Damien auquel, malgré plus de dix ans passés, je n'ai pas grand-chose à redire : « Mi-curé mi-libertin et poseur de bombes autant que gendarme, André Damien est face et pile, lard et cochon, tout et son contraire. Il hoche, opine, dodeline, contourne et ricane, il incarne, il saccage, il bénit, mange et boit, avec ses yeux de Chinois, son petit ventre et sa perruque poudrée. Ce vieux Voltaire de bénitier se démène comme un diable, avec la souplesse du serpent et du renard la ruse. Il nage, il rame, il caracole, il survole, il entre partout, s'installe, fait son trou, c'est l'homme des bois qui marche au soleil avec son sabre en bandoulière, son habit de toréador, ses cravates et ses grand-croix, mais il sort parfois la nuit en surplis pour lire son bréviaire au bord du Grand Canal et d'autres fois en tenue léopard avec le dernier modèle de kalachnikov. Langé de flanelle comme une momie, il n'a froid ni aux yeux ni aux fesses, avec sa petite bouche confite au coin de laquelle, après qu'il eut englouti pièces montées, profiteroles, crêpes suzette et parfaits glacés, il arbore les plus gros havanes. De sa bouche aussi coulent comme de source apophtegmes et palindromes, moult réminiscences préhistoriques et des leçons de théologie apprises dans l'intimité des papes, encore qu'il soit aussi au mieux avec Bouddha, Allah et Vishnu. Avec ses maniaqueries et ses mimiques inimitables de vieux singe, sortant peu de son confessionnal, il est au courant de tout, peut donner le numéro gagnant du Loto avant qu'il soit tiré, le nom du cheval qui remportera le Derby et le temps qu'il fera dimanche, c'est un oracle, un mélange de Mme Soleil et de curé d'Ars, un génie de la navigation à vue, avec un peu de Ravachol et beaucoup de Raspoutine. » C'est André Damien qui m'a présenté à Jean-Louis Tixier-Vignancour et m'a appelé dans ma première affaire politique, le procès Godot, Robin, Bernard, qui se plaidait à Vincennes devant la Cour militaire de justice et dans laquelle nous défendions le lieutenant Bernard, accusé d'avoir rejoint l'armée secrète avec les armes de son peloton. C'est à l'occasion de cette affaire, qui avait fait sensation, que j'ai donc rencontré Jean-Louis Tixier-Vignancour, qui m'a pris en amitié et m'a ouvert la porte à de nombreux autres procès politiques. André Damien m'a fait plaider tous ses procès d'assises, dont celui de la veuve Boubert, si digne, qui avait gazé son mari alcoolique et violent, celui du jeune Jacky Pietkewicz, qui avait tué Grenouille, l'assassin de son père, ouvrier chez Renault. C'est encore André Damien qui m'a présenté à Lucette Almansor, veuve de Louis-Ferdinand Céline, et qui donc, après l'avoir fait dans le monde judiciaire, m'a mis ainsi le pied à l'étrier en littérature. Il aurait bien voulu que je le rejoigne à l'Académie des sciences morales et politiques, devant laquelle il m'a invité à faire une communication, mais il y avait trop de vents contraires, sûrement à cause de Céline. J'ai été ensuite frappé par la limite d'âge, règle absurde que la Française a fait sienne quelques années plus tard, aussi absurdement. Il reste qu'André Damien, il y a cinquante ans de cela, m'a pris par la main, qu'il m'a appris mille trucs et tours de passe-passe, qu'il m'a poussé, boosté comme on dit maintenant, et que je lui en suis à jamais reconnaissant.

DJEBEL DAMOUS

Nul ne peut se faire une idée de la violence d'un combat par armes à feu. La vitesse des balles et des obus n'est pas imaginable, quand ils se fracassent sur un rocher, sur un arbre, quand ils se fichent dans une butte de terre, leur brutalité. Le départ des coups est bref et sec, des objets en acier sont lancés comme des bolides, pour tuer, qu'on ne voit pas et qu'on n'entend pas venir mais qui peuvent mettre fin à votre existence en une fraction de seconde, s'introduire dans votre corps, rompre vos artères et vos veines, vous vider de votre sang, tandis que vos pensées s'enténèbrent. En un instant, vous êtes un homme mort. Je n'ai vu cela qu'une fois en Algérie, dans le Djebel Damous, dans l'Est constantinois, le 27 novembre 1959. Ils étaient bien cent cinquante embusqués dans un terrain accidenté, bien équipés, prêts à mourir et à vendre chèrement leur peau. Ils ont été magnifiques et se sont battus, toute la journée, comme des lions, mais le soir, ceux qui n'avaient pas pu passer à travers les mailles de la nasse n'étaient plus qu'une poignée, les coups se sont espacés, la bataille donnait l'impression de s'essouffler. Le silence est tombé sur nous, entrecoupé de coups sporadiques, de loin en loin. J'étais vivant, mais beaucoup étaient morts dans les deux camps, surtout chez eux. Il me restait deux bonnes heures de route pour rentrer à Sidi Younes, notre campement, pour dîner avec le capitaine de Monclin, avec Pic-Paris, Jarno et Chandon-Moët, pour dormir et pour tenter d'oublier.

CHARLES DANTZIG

Il est avec moi de loin l'écrivain le plus mondain de Paris, les dames en raffolent, surtout celles d'un certain âge. « Ah ! Charles, comme cela me fait plaisir de vous voir ! » Charles Dantzig est donc l'écrivain le plus embrassé de la capitale, choyé, chouchouté, cocoté, il a souvent des traces de rouge à lèvres sur le front ou sur les joues, d'autant que ces dames en font un assez large usage. Elles rêvent toutes d'être dans l'un de ses dictionnaires, car il est fort pour les dictionnaires. Plus Larousse que Littré, il y lâche ses bombes comme les oiseaux leurs crottes, d'en haut, sans souci de la porcelaine ni des dégâts qu'elles peuvent causer. Il a descendu Céline en flammes, mais je ne lui en veux pas. Plus on attaque Louis-Ferdinand et plus on vend ses livres. Il a été de toutes les bagarres, et cela continue, c'est dans l'ordre des choses. Gide disait :

« On m'attaque, c'est bon signe, c'est que je ne suis pas mort ! » C'est pour ça que Céline est le plus vivant des écrivains français. Merci, Charles.

LE PROFESSEUR ROBERT DEBRÉ

Le professeur m'a reçu dans son très bel appartement, au rez-de-chaussée d'un hôtel du XVIIIe siècle, rue de l'Université, dont les fenêtres donnaient sur un jardin. Le vieil homme était assis dans un grand fauteuil à oreillettes et j'ai eu le droit de m'asseoir à côté de lui sur un siège plus modeste. L'homme était délicieux, une belle tête, couronnée d'une crinière blanche, des yeux perçants et une bouche un peu mince, d'où sortaient beaucoup d'amabilités. Il avait connu et aimé Céline, alors docteur Destouches, à l'hôpital Laennec, où il faisait un stage dans le service du professeur Léon Bernard, dont le docteur Debré était l'adjoint. Quand je lui ai révélé que Céline avait très injustement traité Léon Bernard de « gros rabbin médical parfaitement prétentieux et nul », Robert Debré, après avoir levé les yeux au ciel, a bien voulu en rire. Il m'a dit que Louis avait beaucoup et bien travaillé à Laennec, et que c'était un médecin qui avait le feu sacré. Il a été frappé aussi, quand Céline, alors au dispensaire de Clichy, venait le voir, accompagné parfois d'Elizabeth Craig, de constater combien il était accablé par tout ce qu'il y voyait, par la misère ouvrière et par les ravages de la tuberculose. En quittant le professeur Debré, j'ai eu le sentiment qu'il ne m'avait rien dit d'extraordinaire mais aussi celui, beaucoup plus rare, d'avoir rencontré un grand homme.

LÉON DEGRELLE

Comme tant d'autres déçus du communisme et de la démocratie, tels Pierre Laval, député d'Aubervilliers, Jacques Doriot, député de Saint-Denis, et Marcel Déat, Léon Degrelle a connu son plus grand succès électoral en mai 1936, avec des voix de gauche, quand 11 % des électeurs belges ont voté pour le Rexisme, qu'il présidait, décrochant vingt et un sièges à la Chambre des députés et douze au Sénat. En fait, Degrelle était un socialiste d'extrême droite, comme Mussolini et comme Hitler. Sa haine du bolchevisme l'a conduit sur le front russe où il commandait la 28e division SS Wallonie qu'il aurait voulu fédérer avec la division Charlemagne. De passage à Sigmaringen, il y a donné une conférence à laquelle Céline était présent avec son chat Bébert sur les genoux, à l'issue de laquelle les deux hommes ont eu un entretien. Désireux de recueillir son témoignage, j'ai dû montrer patte blanche pour le rencontrer, car il se cachait encore à Madrid, où il vivait sous son nom espagnol, Léon Ramirez Reina, dans un appartement forteresse où je fus reçu après avoir franchi plusieurs filtres. Degrelle ne regrettait que d'avoir perdu la guerre. Sur le front russe, certain de la défaite allemande, il disait avoir été le preux défenseur de l'Occident chrétien contre les hordes des héritiers de Gengis Khan et que son combat n'avait eu d'autre but que de retarder l'avance des troupes russes pour permettre aux Alliés de s'engager le plus possible en Allemagne, dont il savait que le partage se ferait en fonction de la position des armées le jour de la cessation des hostilités. À Sigmaringen, à quelques semaines de la défaite allemande, Céline, dont l'anticommunisme était viscéral, avait été d'accord avec lui sur cette vision des choses. Quand je l'ai rencontré, il m'a dit qu'il était pour l'Europe, mais pas pour celle qui se construisait. « Une nation, ça se forge dans le sang. L'Europe est en train de se construire dans le beurre et dans le fromage. » L'appartement de Léon Degrelle, très luxueux par ailleurs, était un musée, empli de drapeaux et de trophées de guerre avec une vitrine contenant ses décorations, dont sa croix de fer de première classe. Degrelle, qui était un conteur formidable, m'a raconté comment il s'était réservé un avion pour fuir en Espagne, le jour même de la cessation des hostilités. Il avait survolé l'Europe en liesse, se faisant un peu allumer par la DCA, mais sa crainte principale était de manquer d'essence. À peu près au-dessus de Bordeaux, le moteur a commencé à avoir des ratés et l'avion a perdu de l'altitude, mais il a franchi de justesse la frontière espagnole avant de s'écraser sur la plage de Saint-Sébastien. Blessé grièvement, Degrelle fut hospitalisé longtemps, ce qui lui sauva probablement la vie, car il avait été condamné à mort à Bruxelles dès le 29 décembre 1944. Franco excipa de son hospitalisation pour différer son extradition. Pierre Laval n'a pas eu la chance d'avoir un accident d'avion. Arrivé à Barcelone, le 2 mai 1945, extradé le 2 août, condamné à mort le 9 octobre dans les conditions scandaleuses que l'on sait, ne voulant pas tomber sous les balles françaises, il a absorbé une ampoule de cyanure le 15 octobre. Comme il était moribond, le docteur Paul a tenté de le réanimer. Intransportable, il fut fusillé le même jour, dans une cour de la prison de Fresnes, assis sur une chaise.

JACQUELINE DELUBAC

Il ne fallait pas lui parler de musique, elle n'aimait pas trop ça, de littérature, elle ne lisait pas beaucoup, mais de peinture. Alors, en quelques secondes, vous pouviez devenir son ami, et c'est ce qui m'est arrivé un soir, lors d'un dîner au centre Pompidou, auquel on m'avait placé à côté d'elle. Dès que Jacqueline Delubac a su que j'avais connu Jean Dubuffet et que je présidais sa Fondation, elle m'a invité à dîner chez elle une première fois, puis d'autres fois, toujours avec Claude Pompidou et un bel aréopage. Nous avions pris rendez-vous pour dîner tous les deux quand elle a été renversée, en sortant de chez son coiffeur, par un type sur une planche à roulettes, ce qui est une belle fin pour une des femmes les plus élégantes de Paris. Chez elle, quai d'Orsay, aucun souvenir de Sacha Guitry, mais les tableaux de sa propre collection, Picasso et Dubuffet en tête, admirablement accrochés et visiblement heureux. Dans un salon attenant, la collection de peintures impressionnistes de son dernier mari, un peu en pénitence, chefs-d'œuvre entassés à touche-touche. Tout est aujourd'hui au musée de Lyon, à la suite d'une donation, dont elle m'avait parlé, mal présenté, mal éclairé, sans esprit, et tous ces chefs-d'œuvre sont manifestement malheureux.

Ils pleurent leur maîtresse, la divine Jacqueline, qui les aimait tant et chez laquelle ils étaient si heureux.

MICHEL DÉON

Je tiens Michel Déon pour le plus grand écrivain français vivant et *Le jeune homme vert* pour l'un des meilleurs romans français du XXe siècle. Ses pages, qu'elles soient grecques ou françaises, sont un parfait régal, sans parler du reste ! L'homme se complaît dans son rôle d'ours, il est bourru quand on ne le connaît pas, mais il a du cœur à revendre. C'est un tendre qui se cache à la différence de ceux qui vous sautent au cou pour mieux vous poignarder. En plus, Michel n'est pas de ceux qui se renient. En un temps où tant d'hommes oublient ce qu'ils ont été, démentent ce qu'ils ont dit, cachent leur passé, il reste la tête haute, défend ses amis et ses idées. Toujours vêtu de probité candide et de lin blanc, Michel Déon il est, Michel Déon il reste.

AHMED DLIMI

En 1966, Ahmed Dlimi, alors directeur de la police à Rabat, faisait l'objet d'un mandat d'arrêt français dans l'affaire Ben Barka mais, tant qu'il restait au Maroc, il ne risquait rien puisque, en principe, les États n'extradent pas leurs nationaux. Le procès avait débuté le

5 septembre devant la cour d'assises de Paris et devait s'achever le 20 octobre par la plaidoirie de Jean-Louis Tixier-Vignancour pour Lopez, dit « la savonnette », agent des services secrets français. Le 18 octobre, débarquant de l'avion de nuit utilisé par les travailleurs marocains, dans lequel il avait voyagé sous un faux nom, vêtu d'une djellaba très ordinaire, Dlimi se présenta à mon cabinet et manifesta l'intention de se constituer prisonnier pour défendre son honneur. Alors qu'il était dans mon bureau, je reçus un appel du général Oufkir, ministre de l'Intérieur, m'annonçant le départ de Dlimi et le fait que le roi faisait diffuser sur les ondes un communiqué pour l'annoncer. Me sachant sur table d'écoute et craignant une intervention de la police, j'invitai Dlimi à quitter mon cabinet, ce qu'il fit aussitôt dans la voiture de l'ami qui l'avait accompagné, non sans convenir avec moi d'un rendez-vous le soir même dans un lieu secret dont il m'avait donné l'adresse. Moins d'une demi-heure après son départ, des voitures de police étaient devant chez moi. Après avoir pris l'accord de mon bâtonnier, Albert Brunois, je rencontrai Dlimi pendant la nuit à l'hôtel Pierre Ier de Serbie, alors en réfection, non sans avoir semé les policiers par un procédé que j'utiliserai le lendemain pour les semer à nouveau. Je laissai ma voiture sur les Champs-Élysées et gagnai à pied, par une des galeries pour piétons, la rue de Ponthieu. Le temps que les voitures de police fassent le tour du pâté de maisons, j'avais disparu. Le lendemain, juste avant l'audience, je rendis visite au président de la cour d'assises pour lui dire que j'allais lui amener Dlimi, ce qu'il savait car la nouvelle faisait la une de tous les journaux. Dans son bureau se trouvaient le procureur général,

le préfet de police et Tixier-Vignancour, qui proposa, en attendant Dlimi, de présenter une demande de mise en liberté pour Lopez, ce qui fut en effet décidé. Avant de quitter le bureau du président, je demandai au procureur général de ne pas faire exécuter le mandat d'arrêt contre Dlimi, puisqu'il était en France pour se livrer. Comme outragé par ma demande, et avec toute la hauteur dont il était capable, ce haut magistrat me dit qu'il n'en était pas question. J'allais, par ruse, contrarier ses projets car il voulait démontrer que Dlimi avait été arrêté, alors qu'il se rendait. Le Palais de Justice était à feu et à sang, un nombre impressionnant de journalistes, de policiers et de badauds arpentaient les couloirs à l'affût d'une information. Harcelé de questions quand je suis sorti du cabinet du président, j'ai dit aux policiers et aux journalistes que j'amènerais Dlimi en taxi et je leur ai demandé de ne pas me suivre. Évidemment pisté par une véritable meute, utilisant la même technique que la veille, j'ai quitté mon taxi devant l'Institut et j'ai tranquillement traversé la Seine à pied. C'est donc dans ma voiture que j'ai conduit Dlimi de l'hôtel Pierre Ier de Serbie au Palais. En chemin, à partir du boulevard Saint-Germain, il y avait quantité de barrages de police qui arrêtaient et fouillaient tous les taxis, dont ils faisaient même ouvrir les coffres. Chaque fois, je demandai à Dlimi de baisser la tête, et nous avons franchi sans difficulté tous les barrages, arrivant au boulevard Saint-Michel, que nous avons descendu jusqu'au Palais, dans la cour duquel j'ai pu rentrer ma voiture par la porte de gauche, alors réservée à la sortie, l'autre étant littéralement noire de policiers et de journalistes. Ainsi arrivés à l'intérieur même du Palais de Justice, nous avions gagné.

Dlimi et moi avons alors été conduits dans les locaux de la police judiciaire, accueillis par son directeur, Maurice Bouvier, qui connaissait évidemment Dlimi, le tutoyait même, et qui lui a offert un verre de champagne avant de lui notifier son mandat d'arrêt. Je montai alors à l'audience, surchauffée comme on peut l'imaginer, une véritable cage de fauves ! J'annonçai que Dlimi s'était livré et je plaidai sa mise en liberté, exposant que son geste était celui d'un seigneur, qu'en agissant de la sorte il rendait un formidable hommage à la justice française en laquelle il avait confiance et que la Cour s'honorerait en le mettant en liberté car Dlimi n'était pas venu à Paris pour s'échapper mais pour être jugé. Pendant que je plaidais, tous les avocats de la partie civile se sont levés pour quitter la salle en signe de protestation, sauf Michèle Beauvillard, ma vieille amie, avec laquelle j'avais plaidé pour Aït Ahmed à Alger en 1965. Quand, restée seule au banc de la partie civile, la parole lui fut donnée, elle s'est opposée à la mise en liberté tout en reconnaissant que le geste de Dlimi ne manquait pas de panache. Dès le lendemain, elle n'était plus l'avocat de la famille de Mehdi Ben Barka. Pour la petite histoire, le procès fut évidemment renvoyé pour un supplément d'information et les avocats de la partie civile, qui n'avaient cessé de demander la comparution d'Ahmed Dlimi, n'ont plus reparu à l'audience à compter du jour où il s'est volontairement présenté. Par arrêt prononcé le 5 juin 1967, après plus de sept mois de détention préventive et six semaines d'audience, Dlimi fut reconnu innocent de l'enlèvement de Mehdi Ben Barka et acquitté des crimes qui lui avaient été reprochés.

JEAN DUBUFFET

Dans *Un cheval, une alouette*, publié à La Table Ronde en 2000, j'ai hasardé un portrait de Jean Dubuffet, qui était mort le 12 mai 1985. Quinze ans s'étaient écoulés, mais je craignais les foudres de sa fille, Isalmina, qui avait hérité de son physique, de son écriture et de son caractère et n'appréciait pas ce genre d'exercice. Avant de le publier, je lui ai donc soumis mon texte, qu'elle a approuvé et applaudi verbalement et par écrit. Je m'autorise aujourd'hui à en reproduire ici quelques passages : « Quand on avait parlé quelques instants avec lui, on s'apercevait qu'il avait la tête la mieux faite qui soit et pleine, et un vrai génie d'expression verbale. Il parlait avec la bouche et les yeux un français mérovingien, ponctué de mots rares, de tournures étranges et de formules justes, et l'on ne savait jamais, quand il commençait à parler, ni où il voulait en venir, ni même quel était le sens de son propos. Pour le savoir, il fallait le suivre dans le dédale inouï de ses pensées et l'entendre jusqu'à sa chute, toujours inattendue. Il parlait sans geste et sans utiliser ses mains qu'il réservait à la peinture et à l'écriture et qu'il avait admirables. Son écriture était celle d'un enfant sage, d'un maniaque de l'exactitude et procédait d'une vraie phobie du désordre et de la bêtise [...] Ce qui frappe au premier chef, chez l'homme et dans l'œuvre, comme pour Céline, ce sont la solitude et la liberté. Il croyait disposer du droit de ne jamais faire comme tout le monde, de ne recevoir aucune leçon de quiconque et de marcher tout seul dans la vie, pour aller où bon lui semblait, d'un pas pressé mais tranquille, quand et comme il lui plaisait. Ni pluriel ni grégaire mais singulier et libre, c'était un seigneur qui vivait dans sa tanière, dégoûté par le monde et par les autres [...] Parfois, la conversation s'envolait dans les hauteurs, interrompue par la soupe, que l'on mangeait à heure fixe et qui clôturait la soirée. Moi, la tête farcie, avec mon cerveau mou, et mes jambes en caoutchouc, je rentrais dans ma coquille, où j'entendais longtemps les échos du spectacle, qui se mêlaient forcément au bruit lointain de l'océan, en attendant que le sommeil m'emporte vers d'autres rives. » Je racontais aussi que j'allais souvent chez lui le mercredi, avant le dîner, chercher Lucette Almansor, qui venait de passer l'après-midi avec Lili, sa femme, qui lui racontaient, toutes les deux et de manière extrêmement comique, leurs exploits, vrais ou inventés, dans les magasins, les pâtisseries et les salons de thé. La première fois que Jean Dubuffet est venu chez moi, ma secrétaire l'a fait entrer quelques instants dans mon salon où je l'ai trouvé debout devant les tableaux qui s'y trouvaient accrochés, l'air consterné. Il m'a dit que tout cela était sans intérêt, et il avait raison. Ensuite, petit à petit, il m'a conduit sur des chemins nouveaux, formant mon goût, m'extirpant en quelque sorte du milieu bourgeois dans lequel j'étais encore plongé et des modes de pensée du monde très étroit dans lequel j'avais vécu, aidé dans cette restructuration par mes nouveaux amis, Lucette Almansor, Bob Westhoff et Françoise Sagan. En bref, il a refait mon éducation, secondé par Louis-Ferdinand Céline dans l'univers duquel je commençais à vivre. Pour moi, ces deux génies français du XXe siècle sont inséparables, et il se trouve que, par miracle, je suis, comme avocat de Mme Céline et comme président de la Fondation Dubuffet, un peu l'héritier de l'un et de l'autre.

ROLAND DUMAS

On prête ce mot à François Mitterrand : « J'ai deux avocats, Robert Badinter pour le droit et Roland Dumas pour le tordu. » J'ai connu Roland Dumas à l'occasion d'un procès qui se plaidait devant la cour d'assises de Périgueux, où trois antiquaires véreux étaient poursuivis pour des cambriolages de châteaux qui s'étaient mal terminés. Philippe Lemaire, lui et moi défendions ces honnêtes commerçants qui ont été acquittés tous les trois. Je l'ai retrouvé en d'autres procédures, effectivement plus ou moins tordues, mais principalement dans le procès des assassins du prince de Broglie, dans lequel il défendait l'un des voyous, moi la princesse et ses trois fils. Nous avons ferraillé pendant deux mois devant la cour d'assises de Paris, excellente occasion pour nous lier d'amitié, surtout que Roland avait eu l'habileté de ménager la mémoire de l'assassiné, quelque peu malmenée par ailleurs. Le lendemain du procès, qu'il a perdu, il dînait chez moi avec le jeune duc et prince Victor-François de Broglie, Szpiner et Leborgne, qui avaient également participé à la défense des assassins. Je le voyais souvent à l'Opéra toujours très entouré aux entractes, du moins quand il était ministre des Affaires étrangères puis président du Conseil constitutionnel. Au moment de sa chute, je parle de l'affaire

Elf, dans laquelle sa maîtresse, Christine Deviers-Joncour, fut un temps ma cliente, il était seul aux entractes et l'on voyait ses amis de la veille faire de grands détours pour l'éviter. Je mettais un point d'honneur à marcher droit sur lui pour l'embrasser devant tout le monde et pour lui tenir compagnie. Relaxé après des mois de procédure, au grand dam d'Eva Joly, trop heureuse d'avoir ferré ce gros poisson, il a repris pied dans le monde. Son père a été assassiné par les Allemands, il a été un grand résistant et, pendant dix ans, un excellent ministre des Affaires étrangères. Il fut un grand avocat et demeure un témoin objectif de notre temps.

GÉRARD DURAND-TEXTE

Gérard Durand-Texte, mon plus vieil ami, était intelligent et drôle comme son père. Ensemble, nous avons fait les quatre cents coups, voyages, week-ends, bals chez les marquises, école Bossuet, tennis, bateau, ski et judo, nous partagions tout. C'est avec lui et avec sa femme, Dorothée Sergent, que nous sommes allés à Moscou par la route, en 1960, dans la Delahaye décapotable de son grand-père, Henri Griset, en circulation depuis les années 30, et dont nous avons dû changer cinq ou six fois le joint de culasse. Il y avait heureusement avec nous Georges Flouest, dont le père en fabriquait et qui nous en faisait envoyer par avion. Après mille incidents, nos visas expirés, les autorités soviétiques nous ont vus franchir la frontière tchécoslovaque avec soulagement et c'est très soulagés nous-mêmes que nous avons franchi la frontière française, avec une voiture qui n'avait plus de pot d'échappement et faisait du bruit comme un canon, ce qui n'a pas été du goût de la gendarmerie nationale. À l'adjudant qui l'interrogeait sur son état civil et lui demandait le prénom de son père, Gérard a répondu : « je ne sais pas, je l'appelle papa », ce qui a entraîné l'immobilisation du véhicule, lequel n'a été autorisé à repartir que sur intervention du procureur de Paris, Marie-Madeleine Postel de Belange, qui voyageait avec nous, alors « attachée au Parquet » (titre le plus étrange de la magistrature), et du ministre des Affaires étrangères, Dorothée Durand-Texte étant la nièce de Maurice Couve de Murville, qui occupait alors le bureau de Vergenne. Beaucoup de bruit pour rien, aurait dit Shakespeare ! Gérard était comme un frère pour moi. Très vite il a perdu le sien, Vincent, qui s'est fracassé la colonne vertébrale en plongeant dans une étendue d'eau peu profonde, puis j'ai perdu le plus jeune des miens, Jean-Noël, en 1985, pour avoir trop aimé la vie, et l'aîné, Jean-Claude, en 2009, d'une tumeur au cerveau. Survivant de cette fratrie de sang ou de cœur, je raconte un peu, par bribes, des pans de mon enfance avant qu'il ne soit trop tard parce que Jean-Noël, Jean-Claude et Gérard ont emporté tout cela avec eux en nous quittant.

HENRI DURAND-TEXTE

Ingénieur, chef d'entreprise, pianiste, organiste et compositeur, clown aussi, Henri Durand-Texte savait à peu près tout faire, sauf élever ses enfants qu'il a laissés pousser comme de la mauvaise herbe, mais qui étaient heureusement de bonnes natures et s'en sont bien sortis. L'appartement du boulevard Saint-Germain, où il vivait avec son épouse, Juliette Griset, ses cinq enfants et quelques bonnes, était plus un cirque qu'une maison de famille et l'on s'y amusait énormément surtout que sa porte était toujours ouverte de même que celles des autres étages de la maison où vivaient Henri Griset (Pépé Prout) et son épouse, ancienne championne de tennis (mamie Rof), et, au dernier étage, André (le frère de Juliette), Valentine et leurs enfants. Henri Durand-Texte, fils d'un professeur agrégé de latin et de grec (Pépé Durand), lui-même ancien élève de l'École centrale des Arts et Manufacture, avait une sorte de génie pour faire toutes sortes de clowneries, pas toujours du meilleur goût. En mai 1944, Gérard Durand-Texte et moi avons fait notre première communion solennelle à l'école Bossuet et, à cette occasion, nous avons reçu des cadeaux, souvent des stylos ou des montres dans des écrins plus beaux que ce qu'ils contenaient. Un dimanche, Henri Durand-Texte a réquisitionné tous nos écrins et il nous a demandé de descendre sur le boulevard et de lui rapporter autant de crottes de chien que possible. Chose faite, nous avons placé les étrons dans les écrins et nous les avons emballés dans de jolis papiers avec des ficelles dorées, avant de les mettre l'un après l'autre sur un banc qui était juste devant la maison. Ensuite, tous au balcon, nous avons vu des dames mettre subrepticement le paquet dans leur sac, un monsieur, après l'avoir ouvert, le refermer et aller se planquer un peu plus loin pour jouir du spectacle comme nous le faisions de notre balcon, d'autres encore s'indigner ou se tordre de rire, et certains peut-être ont porté le paquet, sans l'ouvrir, aux objets trouvés. Par économie — il était pourtant riche — ou par méfiance, Henri Durand-Texte avait décidé de s'implanter lui-même une fausse dent, fabriquée dans une brosse à dents qu'il avait fondue et sculptée. L'effet était magnifique, mais il écopa d'un abcès dont il a manqué mourir. Je pourrais raconter sur lui vingt autres anecdotes, sinon cent ! C'était un curieux éducateur, mais un très fascinant personnage, hors du commun, unique en son genre, comme on en rencontre peu dans la vie, et qui m'a marqué à jamais.

JULIETTE DURAND-TEXTE

Grande, blonde et fine, Juliette Durand-Texte, née Griset, était la meilleure amie de ma mère. Très vivante et très présente dans mes souvenirs, elle habitait 149 boulevard Saint-Germain, à deux pas de chez Lipp, elle avait cinq enfants, une confortable fortune, allait au théâtre et à l'Opéra et donnait chez elle des concerts où son mari, Henri Durand-Texte, jouait de l'orgue et où l'on interprétait le quatuor qu'il avait composé, au cours duquel mon père ne manquait pas de s'endormir. J'aimais me disputer avec elle parce qu'elle était pour la peine de mort et aimait Debussy, mais nous avions bien d'autres sujets de discorde, politiques ou littéraires, d'autant que Céline lui faisait horreur et qu'elle aimait la bagarre. Pour moi, elle reste l'archétype de la femme élégante, qui a des idées sur tout et mène sa barque comme une vedette rapide. Meilleur ami de son fils aîné, Gérard Durand-Texte, j'avais table ouverte chez elle, à Paris, à Orgeval et à Noirmoutier où, du fait des pique-assiettes, nous étions toujours très nombreux. On y mangeait très mal, mais on s'y s'amusait beaucoup.

E

RAYMOND EÏD

Mon parrain, Raymond Eïd, meilleur ami de mon père, était bey d'Égypte, titre de noblesse qui lui avait été conféré par le roi Farouk. Jouissant d'une fortune personnelle importante, immeubles de rapport et des hectares de coton, directeur de la Banque nationale du Commerce et de l'Industrie, il parlait je ne sais combien de langues et appartenait à la meilleure société du Caire. Il me couvrait de cadeaux somptueux, venait souvent à Paris, reçu chez mes parents et dans bien d'autres bonnes maisons. Puis vint Gamal Abdel Nasser et la dégringolade de mon parrain fut inéluctable, rapide et totale, nationalisation de tous ses biens, expulsion. Réfugié en Suisse, il y acheva ses jours dans une pension de famille, vivant d'une modeste retraite que lui servait la banque. N'ayant jamais imaginé vivre ailleurs que dans son pays, il avait été plus cigale que fourmi et, trop bon citoyen, il n'avait pas de compte à l'étranger. C'était cher payer sa naissance, son insouciance, sa fortune et son attachement à sa patrie. Ses employés, ses domestiques et ceux qui travaillaient dans ses champs de coton ne s'en sont pas mieux portés.

ÉMILE

Forgeron de son état, Émile avait travaillé toute sa vie, tandis que son épouse restait à la maison, pour la briquer et préparer les repas. Il avait travaillé jusqu'à presque quatre-vingts ans et continuait à bricoler dans le pavillon et dans le jardin. Comme il le faisait avant de prendre sa retraite, Émile se levait à 6 heures du matin et descendait à la cave, où se trouvait son atelier, pour prendre un premier verre de calvados. Elle se levait un peu plus tard, pour lui préparer son petit déjeuner. Entre eux, les disputes étaient fréquentes, pour ne pas dire quotidiennes, elle lui reprochait surtout son ivrognerie, mais elle avait d'autres griefs, pas toujours justes. Un matin, cette odieuse mégère est descendue dans l'atelier pour l'engueuler avant le petit déjeuner, des flots de reproches et d'injures auxquels il était habitué, mais ce jour-là, elle est allée trop loin, prononçant le mot de trop, celui qu'il ne fallait pas, l'offense suprême pour le bon travailleur qu'il avait été toute sa vie, elle le traita de fainéant. Alors, calmement, il prit un marteau et lui fracassa le crâne de dix-sept coups très violents, au point que la voûte de sa boîte crânienne était descendue au niveau de ses yeux. Sa tête ressemblait à un œuf à la coque prêt pour les mouillettes. Ensuite, très calmement, Émile se rendit à vélo à la gendarmerie pour déclarer l'accident. André Damien, qu'il avait désigné comme avocat, me demande de plaider l'affaire devant la cour d'assises de Versailles, car il n'aimait pas plaider devant cette juridiction. Nous allons voir Émile ensemble plusieurs fois à la prison et décidons de plaider à la fois la gravité de l'injure prononcée contre lui, attentatoire à son honneur, et sa sénilité, car il n'avait plus une dent, bafouillait plus qu'il ne parlait, était agité de tremblements et faisait, comme on dit, beaucoup plus que son âge. La veille de l'ouverture du procès, nous allons le voir pour préparer sa défense, et se présente à nous un homme rajeuni d'une bonne vingtaine d'années. Émile, sans nous consulter, s'était fait faire un râtelier pour l'audience, pour être plus beau face à la Cour et au jury, à l'avocat général, au public et à la presse. Il n'avait pas compris que cette coquetterie nous privait d'un moyen de défense et risquait d'alourdir sa peine. Damien et moi avons eu du mal à le convaincre de laisser le râtelier dans sa cellule. Le lendemain, dans le box des accusés, il avait cent ans et pas une dent. Le soir même, condamné avec sursis, il rentrait chez lui et put sourire de toutes ses dents blanches aux journalistes qui l'attendaient à la porte de la prison.

YVONNE ENJOLRAS

Yvonne Enjolras avait le teint terreux, les dents jaunes, le cheveux sec, des poches sous les yeux, elle était légèrement bossue et marchait de travers. Au temps de sa splendeur, pendant l'Occupation ou juste après la guerre, quand elle a connu ma grand-mère à l'occasion d'un bridge, elle habitait un vaste appartement avenue de Wagram avec une grande galerie, des portes vitrées, une salle à manger avec une cheminée Renaissance, un salon où l'on n'allait pas et un petit bureau qu'elle appelait sa rustique, où l'on s'entassait après les repas pour le café, les cigares et les liqueurs. Quand elle dut renoncer à l'appartement de l'avenue de Wagram, elle s'installa rue de Babylone, chez ma grand-mère, qu'elle appelait Toinon et qui l'appelait Vonvon. Ensemble, elles tapaient le carton, buvaient sec et mangeaient copieusement. Yvonne, qui a fini par faire complètement partie de notre famille, suivait ma grand-mère à Riva Bella où elles s'étaient aménagé un grenier dans l'une des deux maisons qu'elle y avait encore, et elles sillonnaient l'Europe en autocar, d'hôtel en hôtel et de restaurant en restaurant, délaissant pour ces derniers les châteaux, les musées et les cathédrales. Vonvon était aux petits soins pour Toinon son aînée, qu'elle bichonnait, pomponnait, chouchoutait, et qui la dominait du poids de son corps, de son intelligence et de sa fortune. Elle la suivait partout, éperdue, béate, confite, l'imitant, pour ne pas dire qu'elle la singeait. Elle était sa bonne, son homme, son souffre-douleur, son esclave, elle portait les bagages, fumait comme un sapeur, et se faisait engueuler à longueur de journée. Un matin, ma grand-mère, dont elle avait fait son héritière, l'a trouvée morte dans son lit, laissant une mallette en cuir, bourrée de papiers, avec une étiquette : « À brûler à mon décès, sans l'ouvrir. » Ma grand-mère n'a que partiellement respecté ce vœu, en conservant cette sacoche, mais sans l'ouvrir. Quand elle est elle-même décédée, à près de cent ans, après m'avoir demandé mon avis, mon frère Jean-Claude a tout détruit. Nous n'aurions pas dû. C'était à coup sûr une correspondance amoureuse, un chef-d'œuvre peut-être, perdu à jamais.

ENLÈVEMENT

L'enlèvement de la vie, d'un être cher, d'un organe malade, d'une fonction ou de la liberté, est une dépossession par la force qui vous prive de faire la même chose librement. Celui que l'on tue ne peut plus donner sa vie, celui que l'on dépossède est privé du plaisir de donner son argent, celui que l'on emprisonne, du droit de faire bon usage de sa vie. J'ai eu à défendre deux hommes convaincus d'enlèvement, Jacques Prévost et Jacques Hyver. Le premier avait été condamné à mort pour avoir participé à l'attentat du Petit-Clamart contre le général de Gaulle, défendu par Jacques Isorni, qui avait écopé, à cause de lui, de trois ans de suspension. Gracié par le général en même temps que Bougrenet de la Tocnaye, Prévost, ancien sergent parachutiste à Diên Biên Phu, baroudeur incorrigible, mit sur pied l'enlèvement de Louis Hazan, P-DG de Phonogram, qui eut lieu le 31 décembre 1975 en plein conseil d'administration. Arrêté sans avoir obtenu le règlement de la rançon, Prévost, dont la reconnaissance n'était pas la qualité principale, m'a désigné comme avocat au lieu de prendre à nouveau Isorni, et c'est sur l'insistance de celui-ci que j'ai accepté d'assurer sa défense. Louis Hazan, défendu par le bâtonnier Lussan, n'avait pas été maltraité, rien à voir avec le baron Empain à qui l'on avait coupé un petit doigt, et il s'était conduit de manière élégante à l'audience, aussi la cour d'assises se montra-t-elle compatissante et Prévost bénéficia-t-il de larges circonstances atténuantes.

Jacques Hyver, c'était tout autre chose, un écorché très sympathique et très beau, que j'ai défendu avec Françoise Davideau, d'abord devant la cour d'assises d'Angoulême puis, après cassation, devant celle de Bordeaux et encore devant celle de Pontoise pour un meurtre commis pendant sa cavale. Jacques, aidé de sa maîtresse du moment, avait enlevé, le 28 juin 1980, M. Michel Maury-Laribière, premier vice-président du patronat français, mais qu'il entoura de tels égards que sa victime avait fini par le prendre en sympathie, assurant littéralement sa défense quand il fut entendu comme témoin à la barre de cour d'assises. Jacques Hyver, qui avait du cœur, l'avait entouré de certaines attentions, allant par exemple, au risque de se faire prendre, lui acheter les médicaments dont il avait besoin. Il s'était créé, entre le séquestré et son geôlier, des liens très particuliers, que Michel Maury-Laribière a eu l'honnêteté de reconnaître. Libéré après avoir purgé ses peines, Jacques Hyver a disparu, probablement dans la nuit des temps.

ÉOLE

En 1971, mon frère Jean-Noël, brillant énarque, de quatre années mon cadet, était au cabinet de François-Xavier Ortoli, ministre de l'Industrie, après avoir été à celui de Michel Debré, ministre des Finances. La France s'apprêtait à lancer ÉOLE, premier satellite météorologique français, lancement qui eut lieu le 16 août à la base de Wallops Island, sur la côte Est de la Virginie, à l'aide d'un lanceur Scout de la Nasa. Comme je me trouvais alors aux États-Unis, mon frère m'a invité à me joindre à la délégation française et aux très nombreux journalistes venus assister à l'événement. L'accès au champ de tir a donné lieu à des contrôles inimaginables surtout que, venant de Washington, je voyageais seul. Muni de tous les badges nécessaires, je pensais ensuite me trouver à proximité de la fusée, pouvoir la toucher, la flatter, l'encourager, mais nous fûmes tous parqués dans une sorte de baraque en bois, avec une terrasse de laquelle, à l'horizon, nous pouvions apercevoir un petit zan noir, la fusée qui devait emporter ÉOLE dans la stratosphère. Il y avait heureusement des écrans de télévision qui nous permettaient de suivre l'événement d'un peu plus près, je veux dire comme nous aurions pu le faire à Paris. Il y a eu quelques incidents, quelques retards, comme si l'on voulait nous inspirer la surprise et la crainte, mais les dépanneurs sont intervenus, les tuyaux rebelles ont été débouchés, les contacts rétablis, et ÉOLE s'est envolée, rapidement cachée par les nuages. Nous n'avions rien vu, mais nous nous étions bien amusés, car la délégation comme les journalistes avaient pris tout cela à la rigolade, et puis l'on nous avait servi du café américain et de merveilleux sandwichs au *peanut butter*. Nous n'étions pas venus pour rien.

ÉPERNON

Les maisons de l'enfance sont toujours magnifiées et c'est pourquoi quand elles ont été vendues par les grands-mères, il ne faut jamais y retourner pour qu'elles restent comme elles sont dans la mémoire. Savonnières, la maison de mon grand-père à Épernon, avait dû être construite à la fin du XIXe siècle, ce n'était pas un château, mais c'était une belle demeure avec une terrasse, un vaste parc et une rivière. De l'autre côté de la rue, un verger montait jusqu'à la gare d'Épernon et il y avait, tout en haut du terrain, des bâtiments où logeait le personnel. Dans le parc, comme on faisait à l'époque, il y avait des folies pour passer l'après-midi, une copie de Trianon et une chaumière. Dans Trianon, il y avait un billard et des livres qui sentaient le moisi, et c'est là que nous remisions nos jeux, nos tentes, le croquet, nos raquettes de ping-pong et de tennis, nos vélos. La maison principale avait beaucoup de charme avec des parquets et un escalier en bois qui craquaient, des fenêtres qui donnaient dans toutes les directions et un je-ne-sais-quoi, mélange d'opulence, de calme et de simplicité. C'était une maison de famille d'où mon grand-père et ma mère s'échappaient pour chasser car Joseph Plassard possédait un vaste territoire de chasse d'où ses invités, dont Jean Borotra, revenaient avec des dizaines de perdreaux et de faisans qu'on étalait devant la maison pour une photographie. Très jeune — on a vendu la propriété quand j'avais sept ans —, je n'aimais pas l'étalage de ces oiseaux morts. J'ai le souvenir de mon grand-père sur un cheval, conduisant des automobiles et sautant pardessus plusieurs chaises, et de ma grand-mère, Maman Toinon, qui régentait la maison, houspillait le valet de chambre, la cuisinière et les bonnes, chassait les souris et faisait des confitures dans des chaudrons en cuivre grands comme des baignoires et qui embaumaient toute la maison. Depuis ces années très anciennes, je m'alimente de ces souvenirs enchantés, ils m'aident à vivre.

ÉQUEMAUVILLE

C'est un grand corps de bâtiment normand, entouré de pelouses et d'arbres centenaires, où l'on dit que Flaubert et Lucien Guitry ont habité, mais j'en doute pour le premier qui était gavé de campagne et dont le plus grand plaisir était d'aller passer quelques semaines ou quelques mois à Paris où il avait un appartement et un grand nombre d'amis. Mme Sagan recevait au manoir du Breuil où elle tenait table ouverte, entourée de Werther, son chien berger allemand, de Minou, son chat, de la chèvre Carmen et de Pinpin, son cheval, qui avait le droit d'entrer dans la maison. Mme Marc faisait la cuisine et chacun vivait comme il l'entendait surtout que les horaires de Madame étaient un peu décalés par rapport à ceux des gens ordinaires. Chien dans un jeu de quilles, j'étais, mais on ne m'en voulait pas, je faisais partie des meubles et, de temps à autre, on s'apercevait de ma présence, comme si j'avais passé plusieurs heures sous une table ou derrière le bahut de la salle à manger. Le soir, la maison avait tendance à se vider et venait le moment de siroter au coin du feu, de taper le carton, de faire mieux connaissance, d'être soi-même. C'était la maison de la tolérance et de la liberté, un havre où, temps suspendu, on pouvait oublier tout le reste. Mais ce que je n'oublie pas, c'est le soir du 24 septembre 2004, quand Denis Westhoff m'a téléphoné de venir vite, Françoise venait de mourir à l'hôpital de Honfleur. Je suis arrivé le lendemain matin, un samedi, la maison était comme morte, la barrière de la propriété était fermée, le corps de Françoise reposait dans sa chambre au rez-de-chaussée et nous avons vécu toute cette journée et le lendemain, Denis, une de ses amies et moi, sans autres visites que celles de Nicole Ameline, député du Calvados, alors ministre dans le gouvernement de Jean-Pierre Raffarin, et de Massimo Gargia, venu de Paris avec une gerbe de fleurs blanches. Il était loin le temps où les voitures de sport stationnaient dans le jardin, où l'on venait voir Françoise Sagan, gloire des lettres françaises. Oui, Denis, nous étions tous les deux à veiller ta mère, Ingrid qui venait aussi de perdre la sienne est juste passée. Dieu que cette maison était triste, moi qui l'ai connue si joyeuse.

ÉTOILES

Fou du corps humain dès mon plus jeune âge, comment n'aurais-je pas été fou de danse. Mon premier grand choc a été de voir danser Noureev aux Champs-Élysées, dans *La Belle au bois dormant*, puis je me suis abonné à l'Opéra, je suis entré, grâce à Jean-François Lemaire, au Cercle Carpeaux, dont j'ai été longtemps vice-président, inventeur du Prix du cercle, ami d'Hugues Gall, de Brigitte Lefèvre et de beaucoup de danseurs et de danseuses de cette admirable compagnie, j'ai été aussi pendant un temps l'avocat des étoiles du Ballet de l'Opéra de Paris, non seulement quand danseurs et danseuses avaient quelques ennuis personnels, mais tous les ans pour renégocier leur contrat et surtout pour leur obtenir quelques nouveaux avantages et augmentations de salaire. Avec Brigitte Lefèvre et Jean-Paul Cluzel tout se passait en famille, je poussais mes amis du mieux que je pouvais, il fallait surtout leur obtenir le droit de danser avec d'autres compagnies sans l'autorisation de l'administration, qui a toujours voulu tout régenter. Vieux champion de la liberté, je suis contre les cloisons, l'application stricte de règlements qui datent de Mathusalem, pour que chacun puisse exprimer son talent, son génie. Comme j'aurais aimé être avec eux sur la scène ! Je les ai tous connus et il y en a que j'ai beaucoup aimés, Manuel Legris, Jean-Yves Lormeau, Élisabeth Platel, Laurent Hilaire, Claude Bessy, Benjamin Pech, Cyril Atanassoff qui était chauffeur du général Gerthoffer pendant le procès du Petit-Clamart, et moi petit avocat mort de peur, sans oublier les moins grands, Serge, qui avait un cœur énorme, dont il est mort.

ÉVASION

Le prisonnier qui ne songe pas à s'évader n'est pas un homme. C'est comme le malade qui ne voudrait pas guérir, le boiteux marcher droit, le pauvre devenir riche. Le législateur a bien compris que c'est un mouvement naturel, au point que, en droit français, et c'est tout à son honneur, l'évasion n'est pas punissable, sauf si elle est accompagnée de violence, de tromperie, de bris de prison. Il faut s'évader de soi-même, de sa condition, de sa famille, de toutes ses obligations, de ses instincts, de ses bonnes et mauvaises habitudes, de ses vices et de ses vertus. J'ai passé ma vie à m'évader des bonnes manières, des convenances, des traditions et des bonnes mœurs, mais, comme l'enfant prodigue, j'y suis revenu souvent. Il n'y a pas de commune mesure entre la cage ouverte et celle qui est fermée. Je vis dans une cage, dont j'ai fracassé les barreaux et, si je m'y tiens, c'est librement.

ÉVIAN

À Évian, en 1962, autour de la table des négociations, il n'y avait que la France, piètrement représentée, et la rébellion, aucun des mouvements modérés, MNA et autres, aucun représentant des Algériens partisans de l'Algérie française. Les accords ont été bâclés, ne prévoyant aucune période de transition, obligeant près d'un million de pieds-noirs à quitter le pays en catastrophe, et livrant à la vengeance et à la sauvagerie du nouveau pouvoir les nombreux Algériens qui nous avaient été fidèles et qui s'étaient engagés à nos côtés, parfois même les armes à la main. L'Algérie ne pouvait être perdue par la France dans de pires conditions puisque, après une guerre militaire que nous avions gagnée, et une guerre civile, les Français établis en Algérie ont dû quitter le pays dans lequel beaucoup étaient nés de parents qui y étaient nés eux-mêmes, tandis que les populations pro-françaises étaient vouées à un massacre qui ne fut rien d'autre qu'un génocide.

F

EDGAR FAURE

Edgar zozotait, mais c'était l'un des plus grands orateurs de sa génération et plus encore quand il improvisait que quand il préparait ses plaidoiries et ses discours. Il se trouve que mon patron, Pierre July, avait été ministre des Affaires tunisiennes et marocaines dans l'un de ses gouvernements, qu'ils étaient restés très liés, et que leurs cabinets d'avocats, pour beaucoup de dossiers, marchaient de concert. Dans les affaires, comme en politique, il avait l'art d'ondoyer, c'était une feuille sensible au vent et il savait pagayer dans toutes les eaux. Il m'avait assez à la bonne, surtout quand je lui ai apporté, bien après avoir quitté Pierre July, et alors que je volais de mes propres ailes, une importante affaire dans laquelle il ne s'est pas très bien conduit. À ma demande, il est venu faire une conférence sur la Chine, à l'Institut des Hautes Études de Défense nationale, devant une salle comble, exposé au cours duquel il nous a dit que la plus importante de toutes les découvertes n'avait pas été celle de la roue mais celle du collier du cheval. Il faut dire que, d'un bout à l'autre, il a été éblouissant comme il le fut, en 1975, au banquet des anciens secrétaires de la Conférence qu'il organisa dans la salle des fêtes de l'hôtel de Lassay, alors qu'il était président de l'Assemblée nationale. Le thème principal de son propos avait été : « La Conférence, à quoi ça sert ? » Et, après mille circonvolutions plus brillantes les unes que les autres, il avait conclu : « Ça ne sert à rien. » Jamais je n'ai entendu un zozoteur aussi bien zozoter.

FLEURS

Il règne trop autour des fleurs une odeur de cimetière pour que je les aime éperdument. Je sais que, sans la mort, la vie ne serait pas aussi belle, et je ne la crains pas, mais l'idée que, demain, les fleurs d'aujourd'hui seront pourries me dérange. D'heure en heure, elles m'annoncent mon tragique destin et la fin du monde. Toutes les fêtes ont une triste fin, et c'est pourquoi je ne les aime pas. Je leur préfère le soleil qui se lève sur la vie, promesse d'un jour glorieux, avec des enfants qui vont naître sous toutes les latitudes, même si des vieux s'éteignent en même temps dans la paix.

RENÉ FLORIOT

Dans son bureau, il y avait d'énormes défenses d'éléphant, à vomir. Le bonhomme n'était pas facile ni vraiment confraternel et on ne l'aimait pas beaucoup au Palais, par jalousie sans doute. C'est l'un des meilleurs avocats qu'il m'ait été donné d'entendre, rival de Maurice Garçon et de Jean-Louis Tixier-Vignancour, sans leur panache et sans cœur, mais une belle voix, une parfaite connaissance des dossiers et un certain charme. Il n'aimait pas ses confrères qui le lui rendaient bien, mais nous avions des relations assez chaleureuses. À la réflexion, ma souplesse naturelle et le fait que je suis Gémeaux m'ont permis d'être bien avec les plus tenaces, qu'ils soient bâtonniers, ténors ou ratés. Avec Floriot, j'ai plaidé trois affaires dont le dossier Ben Barka dans lequel il était l'avocat des policiers Souchon et Voitot. Comme il ne pouvait pas détester tout le monde et n'aimer que ses collaborateurs, les ministres et les journalistes, il a fait quelques exceptions, dont je faisais partie, mais a-t-il vraiment jamais aimé quelqu'un ?

BERNARD FRANK

Bernard Frank avait trois ans de plus que moi, mais il était sans âge. Juif auvergnat, il avait été un peu le secrétaire de Sartre, dont il a fait, dans *Les rats*, un portrait qui lui a valu de se fâcher avec toute l'équipe des *Temps modernes*. C'était une sorte de parasite paresseux, incorrigible adolescent, qui était incapable de se prendre au sérieux, d'une rare culture et d'une intelligence exceptionnelle. Physiquement, et bien qu'il fût très soigné — il prenait je crois plusieurs bains par jour —, il avait toujours l'air de se réveiller, un verre à la main, d'une nuit dans une meule de foin. J'aimais beaucoup son côté provocateur, qui choquait Françoise Sagan, la manière dont il parlait de Céline, son admiration pour Lucien Rebatet, non seulement pour *Les deux étendards*, mais aussi pour *Les décombres*. Un jour, sur les planches à Deauville, alors que nous étions tous les quatre avec Bob et Jean-Edern Hallier, il m'a vivement reproché de n'avoir pas lu *Les décombres* et il m'a immédiatement donné, que j'ai toujours, l'exemplaire qu'il avait à la main, froissé comme l'est un livre que l'on a lu beaucoup et sans ménagement. Bernard était bohème et détaché de tout. Quand il n'habitait pas chez les autres, fait assez rare, il oubliait de payer son loyer, ce qui me valait le plaisir de sa visite. On pouvait lui saisir ses meubles et ses hardes, mais il ne fallait pas toucher à ses livres. Quand il avait de l'argent, d'une folle générosité, il s'empressait de le dépenser le plus futilement du monde, au restaurant par exemple, et j'ai le souvenir de quelques déjeuners tous les deux chez Calvet, restaurant de Saint-Germain-des-Prés, aujourd'hui disparu, qu'il affectionnait. Quand Françoise habitait rue de Lille, je me souviens aussi de dîners tous les trois où Bernard mettait un point d'honneur à préparer le repas et à nous le servir, mais il ne s'agissait que de réchauffer des quiches ou des croque-monsieur achetés chez le traiteur du coin. Françoise et moi l'entendions fourgonner dans la cuisine où il laissait tomber les ustensiles par terre, renversait les plats, car il était maladroit. Françoise Sagan avait pour lui une très grande admiration littéraire. Quand je lui ai demandé pourquoi elle ne réalisait pas avec lui le livre d'entretiens qu'elle devait faire avec Guillaume Durand, elle m'a dit qu'elle avait un tel complexe à son égard que la chose n'était pas envisageable, ajoutant que, pour la même raison, elle ne parlait jamais de littérature avec lui, ce qui n'était pas vrai. Dans ce petit monde autant ouvert que clos, il n'était pas toujours facile de démêler le vrai du faux, mais j'étais avocat, c'était mon pain quotidien.

FRÈRES

Frères nous étions, et comme trois doigts d'une même main, mais dépareillés. Nés en 1928, 1932 et 1936, années pendant lesquelles le vaisseau France a connu quelques voies d'eau, avant de couler en 1940, nous avons vécu l'avant-guerre, la guerre, l'occupation allemande, la Libération et, mon jeune frère et moi, la guerre d'Algérie. Jean-Claude, notre aîné, n'avait pas d'autre ambition que de faire le bonheur de sa femme et de ses enfants, tandis que le benjamin, Jean-Noël, qui eut beaucoup de femmes mais pas d'enfants, avait de grandes ambitions et voulait participer à la vie de son temps. Assis entre deux chaises, sans femme ni enfants, je partageais les ambitions de Jean-Noël, mais à plus petit feu et sans me brûler les ailes, avec des singularités que n'avaient ni l'un ni l'autre de mes frères, ascétisme, exhibitionnisme, masochisme. Le plus jeune est mort de ses excès, le 9 juin 1984, à quarante-huit ans, ancien élève de Sciences-Po et de l'ENA dans la promotion Stendhal (1965) qui était celle de Lionel Jospin, de Jacques Toubon, de Jean-Pierre Chevènement, d'Ernest-Antoine Seillière, de Josselin de Rohan et d'Henri Pigeat, auditeur, puis instructeur à l'Institut des Hautes Études de Défense nationale, directeur des affaires économiques de l'Otan. Jean-Claude, père de quatre enfants et sept fois grand-père, est mort d'une tumeur au cerveau, le 5 novembre 2009, à l'âge de quatre-vingts ans. Serein, j'attends mon heure.

FRESNES

J'ai connu la prison de Fresnes en 1960, après avoir satisfait à mes obligations militaires. Volontaire pour les commissions d'office, j'ai exprimé le souhait d'être désigné dans les affaires du FLN, qui battaient leur plein, avant que les affaires de l'OAS ne prennent le relais. Connaissant bien le problème algérien, je pensais être particulièrement compétent pour défendre des hommes contre lesquels j'avais combattu, me souvenant de Berryer fils, sans aucun doute le plus grand avocat français de tous les temps, légitimiste affirmé et engagé, qui a défendu des gens de son camp, mais avec la même foi des bonapartistes, des orléanistes et des républicains. J'ai constaté alors qu'il était matériellement presque impossible de défendre des gens du FLN si l'on n'appartenait pas au collectif d'avocats formé par Jacques Vergès, Mourad Oussedik, Michèle Beauvillard et quelques autres, d'autant que, pour éviter toute rébellion à l'intérieur de la prison, l'administration pénitentiaire avait consenti à ce que la division politique de Fresnes soit administrée par les détenus eux-mêmes. On n'a d'ailleurs jamais vu une division aussi bien tenue, où la discipline régnait et où jamais aucun incident n'est survenu ! Lorsqu'un détenu était arrêté et conduit à Fresnes, un avocat du collectif lui était immédiatement désigné. Si, par extraordinaire, il avait désigné, lors de sa comparution devant le juge d'instruction, un avocat n'appartenant pas au collectif, celui-ci était remplacé sans délai. Lorsqu'un avocat était commis d'office, il lui fallait, pour rester dans l'affaire, qu'il obtienne, pratiquement le jour même, un permis de communiquer et qu'il se rende vite à la prison, avant que le détenu ait eu le temps de désigner un autre avocat. Une fois cette première visite effectuée, et après avoir pris connaissance du dossier, l'avocat commis d'office était en droit d'obtenir un dédommagement que le collectif était bien souvent dans l'impossibilité de lui verser car il disposait de très peu d'argent, les avocats qui en faisaient partie étant eux-mêmes forfaitairement et très chichement honorés. J'ai ainsi pu garder deux dossiers importants, dont l'un concernait un assassinat, et j'ai défendu de mon mieux mes clients avec lesquels j'ai du reste entretenu des relations de grande confiance bien qu'ils aient été au courant de mon action dans l'armée française. Il en fut de même à l'intérieur de la première division de Fresnes où les détenus qui faisaient office de surveillants me recevaient toujours très poliment et même avec certains égards, pour ne pas dire un certain respect. Je n'ai pu plaider pour les deux hommes dont j'étais le conseil, et dans les deux dossiers que je viens d'évoquer, en raison des accords d'Évian, de l'amnistie intervenue et de la libération de tous les détenus du FLN. Si j'avais pu le faire, je les aurais défendus furieusement. Avec les décorations que je portais sur ma robe, j'aurais sans doute été tout aussi efficace et probablement plus que ceux de mes confrères qui appartenaient au « collectif ».

G

HUGUES GALL

Force tranquille qui rappelle beaucoup celle des empereurs romains, samouraï très sûr de lui, Hugues Gall est mon ami depuis des lustres, puisque nous l'étions avant même qu'il administre, et avec quel bonheur, l'Opéra de Paris. Impérial donc, sagace, le cœur sur la main, le mot juste aux lèvres et l'arme toujours au pied, Hugues ne s'est pas plus trompé dans le choix de ses maîtres que dans celui des opéras qu'il a montés à Genève et à Paris, je cite dans l'ordre : Edgar Faure, à l'Éducation nationale, Edmond Michelet, aux Affaires culturelles, Rolf Liebermann, à l'Opéra de Paris. Il ne pouvait mieux trouver.

SIMONE GALLIMARD

Le père de Simone Gallimard, André Cornu, avait eu les yeux plus gros que le ventre en se présentant à la présidence de la République, en 1953. Après treize tours de scrutin, c'est René Coty qui l'avait emporté. Simone, qui ne s'était en rien mêlée à la campagne électorale de son père, accueillit cet échec avec philosophie, beaucoup plus soucieuse d'obtenir des prix à ses auteurs car, depuis son divorce d'avec Claude Gallimard, elle dirigeait le Mercure de France, filiale à cent pour cent du géant de la rue Sébastien-Bottin. Les membres des grands jurys avaient table ouverte chez elle, d'abord rue de l'Université puis place Furstemberg, déjeuners et dîners auxquels Lucette Almansor et moi avons été très souvent conviés au milieu d'une pléiade d'académiciens, d'écrivains et de journalistes. Elle avait l'art de mettre en avant ses auteurs comme la fermière mène ses oies. Avec de très beaux résultats, Émile Ajar, prix Goncourt en 1975, pour *La vie devant soi*, qu'il avait déjà obtenu, sous le nom de Romain Gary, Andreï Makine, en 1995, pour *Le testament français*, mais elle avait quitté ce monde quelques semaines avant, atteinte d'un cancer qui la rongeait depuis des mois. Elle entretenait avec ses auteurs des relations amicales, on avait l'impression d'appartenir à une écurie à ses couleurs, et elle nous téléphonait régulièrement pour nous demander où nous en étions, nous pressant de lui apporter notre manuscrit. Je la voyais aussi très souvent à Meudon, chez Lucette Almansor, dont elle était une fidèle élève et chez laquelle ses filles avaient pris des leçons de danse et de barre au sol. À cette époque, malgré la disparition de Céline, les gens allaient encore route des Gardes, c'était chic. On ne le lisait pas mais, comme les mécréants qui vont à Lourdes, on faisait le pèlerinage.

MARIE-FRANCE GARAUD

J'ai connu Marie-France Garaud quand elle était aux affaires puis, comme les enfants jouent à cache-cache, je l'ai perdue de vue, retrouvée, reperdue, et je crois que, maintenant, ce petit jeu est terminé, la République peut exploser, nous serons toujours amis et plus ou moins du même bord sinon toujours du même avis. Car Mme Garaud a des opinions et des avis sur tout, qui ne coïncident pas forcément avec les opinions et les avis des autres. Nous sommes assez souvent d'accord, mais elle pense et parle sans modération, qualité que j'apprécie, qui me donne le droit de sortir de mes gonds et qui bouscule le jeu de quilles au milieu duquel beaucoup de gens de notre génération et de notre milieu ont l'habitude d'évoluer, sans en faire tomber. Après le passage de Marie-France, il n'y a plus une quille debout et, comme après celui d'Attila, l'herbe a du mal à repousser. Au bon sens campagnard, elle ajoute une exceptionnelle propension à l'indignation et un attachement profond à la République, dont elle a toujours défendu les valeurs. Cocardière, enfant de la patrie, elle agite notre sanglant étendard, prête à abreuver nos sillons de sang impur et à marcher, marcher pour défendre la ligne bleue des Vosges qu'elle voudrait repousser jusqu'à l'Oural.

JÉRÔME GARCIN

Il y a entre Jérôme Garcin et moi des fils très anciens, puisque son grand-père, le docteur Clément Launay, et Madeleine son épouse, tous deux gens hors du commun, qui s'aimaient au point de mourir le même jour, étaient amis de mes parents, et lui notre médecin de famille, ainsi que je le raconte à l'article que je lui consacre. Les Launay ont eu trois filles, dont Françoise, mère de Jérôme. Il était en culottes courtes, il y a plus de trente ans, comme il le raconte dans *Olivier*, récit consacré à son frère jumeau tragiquement disparu, quand je lui ai fait rencontrer Lucette Almansor. Bob Westhoff, elle et moi passions quelques jours à Noirmoutier, dans le bois de la Chaize, chez mon frère Jean-Claude et sa femme Rosine. Lucette a bien voulu transformer la conversation en interview et c'est je crois la première qu'ait réalisée ce grand journaliste en herbe. Il y a aussi, entre lui et moi, le cheval, encore qu'il soit plus grand cavalier que je ne l'ai jamais été. Dans *Écuyers du Cadre Noir de Saumur*, publié chez Flammarion en 2005, avec Maurice Druon, Edmonde Charles-Roux, Jean Favier, Jean Rochefort, François Nourissier et Michel Tournier, entre autres, préfacé par Jacques Chirac, nous avons écrit notre amour du cheval, et lui merveilleusement : « Pour percer le secret de l'entente immémoriale entre des cavaliers d'exception et des chevaux d'orgueil, pour découvrir que la modestie des premiers peut travailler sans relâche à la gloire des seconds, pour tenter de comprendre ce qui ne s'explique pas, et surtout pour croire à un monde meilleur, fondé sur l'harmonie, l'équilibre, la persévérance, et toujours récompensé par la beauté, c'est à Saumur qu'il faut aller. »

MAURICE GARÇON

En bagarre avec Jeanne Loviton, alias Jean Voilier, héritière de Robert Denoël, Céline avait envisagé de demander conseil à Maurice Garçon, mais Jean Paulhan l'en avait dissuadé et n'eut pas de mal à le convaincre : « Vous avez mille fois raison — Garçon me semble guère possible, d'abord il ne m'aime pas, prétentieux des lettres [...] c'est un fat de la race Mondor... Des bêtes académiques comme on est faisan ou pintade ! » J'ai connu cet oiseau par mon père, qui m'emmena une fois chez lui, du côté de la rue Dauphine, et chez lequel nous nous sommes arrêtés, mes parents, mon frère Jean-Noël et moi, sur la route d'Espagne, dans sa propriété de Ligugé. Mon frère et moi avions reçu des consignes très strictes, pas de doigt dans le nez pendant le déjeuner, pas de graveleuses plaisanteries, ni rots, ni prouts, nous étions chez un académicien. Quand je me suis inscrit au barreau, je me suis présenté à lui maintes fois dans le Palais, reçu sans chaleur par des « Ah oui » et des « Très bien » glacés. Pierre July, mon patron, devait plaider avec lui à Chartres à la suite d'un accident d'avion de tourisme et c'est moi qui ai préparé le dossier dans lequel July et Garçon défendaient différentes victimes. Empêché au dernier moment d'aller à Chartres, Pierre July m'a demandé de plaider l'affaire, qui était importante, posait de multiples problèmes de droit et intéressait les journalistes, venus nombreux à l'audience. J'ai plaidé du mieux que j'ai pu et, sans vantardise, j'ai bien plaidé. Se levant après moi, Maurice Garçon a été ignoble, commençant sa plaidoirie par « mon jeune confrère Griveau a fait de son mieux, je pense qu'il est temps maintenant de reprendre sérieusement point par point cette affaire ». Et, tout au cours de sa plaidoirie, quand il était obligé de me citer puisqu'il plaidait la même chose que moi, il m'a toujours appelé Griveau pour être certain que mon nom véritable ne serait pas dans les journaux. Je l'ai entendu plaider une fois aux assises, contre Floriot, et je dois à la vérité de dire qu'il plaidait à la perfection. Je dois dire aussi que son journal des années d'Occupation, inédit à ce jour et pour la publication duquel je me bats, est un chef-d'œuvre. Ainsi, sans rancune, je suis bêtement objectif.

GÉDÉON

En se promenant dans le parc de la propriété de mon oncle Yves Suppot-Réveilhac, maître de forge à Montreuil-sur-Blaise, mon cousin Michel a surpris un tout jeune marcassin qu'il a capturé et nourri au biberon, baptisé Gédéon. Ce petit cochon sauvage est devenu un énorme sanglier, très sympathique et reconnaissant, que nous sortions de son enclos pour de grandes balades dans le parc où il nous suivait comme un chien. Son grand jeu était de foncer sur nous puis, au dernier moment, de faire un écart pour nous éviter. Il aimait aussi qu'on lui gratte le dos avec une fourche car, du fait de l'épaisseur de sa couenne et de son poil, il était insensible aux caresses ordinaires. Dans *Singe*, j'ai écrit ne pas savoir comment il avait fini, me doutant bien qu'il n'était pas mort dans son lit. Michel Suppot-Réveilhac m'a révélé très récemment que son père l'avait conduit à Paris, dans une remorque attachée à sa Chrysler, pour le vendre à un restaurant. Il aurait étranglé ma tante, mangé de la chair humaine, violé un enfant de chœur, dévalisé une banque ou une vieille dame, que je n'en serais pas plus horrifié.

GEN PAUL

Rapin alcoolique, Iago, un peu Vidocq, Gen Paul était un grand acteur, toujours parfait dans son propre rôle de manipulateur averti et de grand séducteur. Lucette Almansor, qu'il appelait « la pipe », m'a rapidement conduit chez lui avenue Junot, à Montmartre, en face du Moulin de la Galette, de la maison qu'avait habitée Céline et de celle où demeurait Marcel Aymé. C'était Méphisto, avec ses belles mains fines et sa jambe de bois, qui riait entre ses dents jaunes de ses propres méchancetés. Sachant que j'écrivais une biographie de Céline, qui avait été son meilleur ami, il était miel avec moi pour que je ne dise pas trop de mal de lui, surtout que Céline ne l'avait pas ménagé, qu'il en avait fait Gologolo, cul-de-jatte, et s'était plaint de ce qu'il l'avait débiné à la Libération alors qu'il avait vendu des tableaux aux Allemands, mais pas plus que beaucoup d'autres peintres, et gagné moins que les millionnaires du mur de l'Atlantique et du marché noir. À ma demande, il s'est grimé en Hitler, avec une fausse moustache, comme il l'avait fait un soir avec Louis-Ferdinand, pour Otto Abetz, à l'ambassade d'Allemagne, et c'est vrai qu'avec sa mèche toujours sur le devant du front il lui ressemblait à s'y méprendre. Très intéressé par tout ce qui touchait au crime et dans l'idée de faire des croquis d'audience, il est venu m'entendre plaider devant la cour d'assises de Versailles pour une malheureuse qui, après avoir couché avec son oncle, qui était fort beau garçon, et pour se racheter auprès de son mari, qui ne l'était pas, avait tué son amant d'un coup de fusil. Gen Paul, qui avait un peu bu, était pour l'acquittement et, pendant ma plaidoirie, je l'entendais m'approuver bruyamment. J'avais heureusement prévenu le président de sa présence dans la salle et tout s'est bien passé et bien terminé pour ma malheureuse cliente. De temps en temps passent en vente publique des croquis de ces audiences, faits par Gen Paul, sur lesquels on me voit plaider, ma cliente dans le dos, très digne, un peu comme Marie-Antoinette devant le tribunal révolutionnaire.

GÉRALDINE REINE D'ALBANIE

Quand elle entrait quelque part, elle n'avait pas besoin d'une couronne sur la tête, on voyait bien qu'elle était reine, ce qui n'était pas le cas du prince héritier, Leka, qui avait l'air d'un marchand de marrons. Géraldine Apponyi, veuve du roi Zog d'Albanie, était somptueuse. Mes parents la connaissaient par sa sœur, Virginia Blackburn, leur voisine dans l'Eure, à Oulins. Mon père, ami de très longue date de Lilli Vlora, sœur de mon parrain, épouse du prince Mubarak Vlora, descendant d'un des derniers grands vizirs de la Porte, et qui avait été chassé d'Albanie par Zog, devait ruser pour éviter tout incident diplomatique ! Quand, en 1960, Géraldine a appris que, avec quelques amis, j'allais me rendre à Moscou par la route, en rentrant par l'Ukraine, la Tchécoslovaquie et la Hongrie, sa sœur et elle m'ont demandé de visiter la propriété où elles avaient été élevées, située à l'origine en Hongrie et alors en Tchécoslovaquie, et d'aller voir un de leurs parents à Budapest. Arrivés au château, quand nous avons dit être envoyés par Géraldine, les gens sont sortis des maisons pour nous entourer et pour nous montrer des photos de l'ancien temps sur lesquelles on les voyait avec deux jeunes filles ravissantes, Géraldine et Virginia. Un ancien garde-chasse a mis son uniforme aux armes des Apponyi et nous a fait visiter le château, devenu une école, dans le grenier duquel étaient entassés des tableaux de famille, des meubles et des malles contenant des papiers, des livres, des photos, mais le gardien de l'école était là, avec une tête absolument communiste, qui ne voyait pas d'un bon œil cette évocation de l'ancien régime. Quand nous sommes repartis, le vieux garde-chasse, qui avait appris à monter à cheval aux deux jeunes filles, pleurait. Nous avons été chargés de mille messages pour elles et acclamés comme des libérateurs. À Budapest, nous sommes allés voir la cousine de Géraldine, une comtesse dont j'ai oublié le nom, qui vivait dans un studio dépendant d'un immeuble misérable, studio dans lequel étaient empilés des meubles anciens et ses tableaux de famille, car elle avait eu le droit de les garder. Nous lui avons donné des petits cadeaux minuscules, qui une chemise, qui une montre, un stylo, qu'elle a reçus avec émerveillement. Nous l'avons invitée à dîner le jour même et elle a choisi le restaurant dans lequel son mari était maître d'hôtel. Le soir, quand nous sommes venus la chercher, tous les gens de l'immeuble étaient à leurs fenêtres, et elle portait ce que ses voisines avaient de plus beau, le sac de la locataire du troisième, le chapeau de celle du rez-de-chaussée, les souliers de celle du sixième. Arrivés au restaurant, le patron nous installa à la table la plus en vue et le mari de la comtesse nous servit un dîner hongrois délicieux au son d'un orchestre tzigane. À la fin du dîner, le chef de cette petite formation demanda le silence, puis il s'approcha de notre nouvelle amie et lui dit en un français impeccable : « Comtesse, vous ne pouvez pas vous souvenir, mais moi je me souviens bien, c'est moi qui dirigeais l'orchestre du bal donné pour votre mariage. » Et tout l'orchestre s'est réuni autour d'elle et autour de nous pour lui jouer des airs traditionnels hongrois. Tout le monde pleurait, et moi le premier, qui ne sais pourtant pas pleurer. Une fois rentrée dans son studio, elle a rendu son chapeau à la dame du rez-de-chaussée, son sac à celle du troisième étage, ses souliers à celle du sixième. Et nous avons repassé le rideau de fer, conscients de la chance inouïe de tous ceux qui, comme nous, vivaient à l'Ouest.

ANDRÉ GIBAULT

André Gibault formait avec ma mère un couple à l'ancienne. Mariés pour le meilleur et pour le pire, ils étaient parfaitement assortis l'un à l'autre, avaient les mêmes goûts, aimaient leurs trois fils qu'ils ont bien élevés, trop bien peut-être. Marqué à vie par son père, fils d'ouvrier, qui avait fait fortune à la force des poignets, ancien combattant de la Grande Guerre, dans l'infanterie au début de la bataille de Verdun, puis dans l'aérostation, André Gibault s'est retrouvé, comme « Gilles » et comme « Aurélien », presque malgré lui, dans la vie débridée des Années folles. Son ami Yves Suppot-Réveilhac lui présenta sa belle-sœur, Colette Chedeville-Plassard, qui devint sa femme le 17 novembre 1925, mariage à Saint-François-Xavier, suivi d'une réception dans la Pagode, il avait trente-cinq ans. Bel homme, la taille bien prise, parlant l'anglais comme le français, c'était un homme à la mode, qui avait pratiqué le chant avec Panzéra et la boxe française à l'Automobile Club de France. Aussi travailleur que spirituel, c'était un poids lourd léger et un père exemplaire. Je l'aimais.

AUGUSTE GIBAULT

Il a été mon ardent défenseur, peu avant de mourir, en 1936, j'avais trois ans, quand je me suis oublié sur un pouf en soie du petit salon de l'hôtel particulier de la rue Alexandre-Parodi, face à ma grand-mère furibarde. C'est lui le phénix de mon panthéon. Auguste Gibault, gamin parti de rien, concepteur de mon père qui m'a lui-même ensuite conçu. Né en 1838, sous Louis-Philippe, moi en 1932, sous Albert Lebrun, nous n'avions que quatre-vingt-quatorze ans d'écart, à peine un siècle ! Trop âgé pour être mobilisé en 1870, veuf après vingt ans de mariage, et sans enfant, il a épousé ma grand-mère, authentique dragon domestique, avec laquelle il a vécu cinquante ans et qui lui a donné une fille, ma tante Madeleine, et un fils, André, mon père né en 1892. Madeleine est morte de la fièvre typhoïde, à Arcachon, en 1907, à l'âge de dix-neuf ans. Fils d'un ouvrier de la manufacture d'armes de Châtellerault, Compagnon du tour de France, il était parti du domicile familial pour aller, de ville en ville, apprendre le métier de cordonnier, avant de s'établir à Paris où, à la force des poignets, il a fondé son entreprise, devenant président de la chambre syndicale de la Chaussure française. Je ne suis ni prince, ni duc, ni pair, mais je suis fier de descendre de ce chevalier des temps modernes.

LÉOPOLD GIBAULT

Le Petit Journal du vendredi 19 août 1887 annonçait une bien triste nouvelle : « Poitiers 16 août : ce soir, vers 6 heures, Monsieur Gibault, chef d'escadron au 33e d'artillerie, âgé de 53 ans, est mort subitement sur la place d'Armes, d'une apoplexie foudroyante. Le commandant Gibault était fort estimé à Poitiers et dans l'armée. » Cette annonce suivait celle du déraillement d'un train à Chantilly, le 17 août, au cours duquel dix-sept wagons avaient quitté la voie, et précédait celle du suicide d'un nommé Brunet, le 17 août à Épinal. Le Gibault dont il s'agit était mon grand-oncle Léopold, officier de la Légion d'honneur et du Nichan Iftikhar, qui s'était illustré à Sébastopol et au Mexique. Né en 1834, de quatre ans l'aîné de mon grand-père, Léopold était, dans notre famille, une sorte de héros surtout que, mais *Le Petit Journal* ne le disait pas, il était mort à cheval ce qui, même en temps de paix, était plus glorieux, pour un officier supérieur, que de mourir dans son lit.

ANDRÉ GIDE

J'avais à peu près quinze ans quand, en cachette de mes parents, j'ai lu *Les nourritures terrestres*, auxquelles je me suis immédiatement identifié, j'étais Nathanaël et c'est à mon intention que Gide aurait écrit le livre. La renommée internationale dont jouissait André Gide n'est pas imaginable et je rappelle que, lors des obsèques solennelles de Gorki, sur la place Rouge, le 20 juin 1936, devant une foule considérable, Staline et lui ont fait l'éloge de l'écrivain avant que son corps soit placé dans le mur du Kremlin. J'aurais pu le rencontrer vingt fois dans la maison de mes parents, où je suis né, au deuxième étage, parce qu'il venait dîner très souvent, chez son amie Yvonne de Lestrange qui habitait au premier, l'appartement qui est le mien depuis cinquante ans. En URSS, Gide voyageait en train spécial avec tapis rouge et plantes vertes pour faciliter son appréciation des grandioses réalisations de la dictature du prolétariat et pour qu'il soit bien persuadé que le peuple y était heureux et pour qu'il le fasse savoir. Céline, qui se rendit à Leningrad trois mois plus tard, à ses frais, ne bénéficia pas des mêmes égards. Il en revint dégoûté à jamais du collectivisme et dit ce qu'il en pensait dans son premier pamphlet, *Mea culpa*, encore que, à mes yeux, le premier de tous est *Voyage au bout de la nuit*. Céline n'aimait évidemment pas Gide, dont il a dit des horreurs, ainsi, le 22 janvier 1949, écrivant à Ernst Bendz : « Gide est un notaire — aucune transe chez lui si ce n'est à la vue des fesses du petit bédouin. »

GUY DE GIRARD DE CHARBONNIÈRES

Céline l'appelait « Charbougnat » ou « Monsieur de la Charoguière » et le disait mulâtre, inverti et vichyste. Paul Morand, qui l'avait connu à Londres en 1939, l'appelait « renégat de Vichy », et ne l'aimait pas non plus : « ... dont la tête Vélasquez — il n'a que ça du XVIIe — m'exaspérait déjà, nous faisait vomir ». Au mois de septembre 1945, Guy de Charbonnières avait été nommé par Georges Bidault ministre de France à Copenhague, poste absolument dénué d'intérêt. J'ai rencontré le « renégat de Vichy » à Paris, à l'hôtel Bristol, vêtu d'une pelisse ornée d'un col de fourrure à poil long. De peau blanche, il n'était donc pas mulâtre, au bras d'une assez jolie femme, ce qui ne voulait pas dire qu'il n'était pas inverti, et je n'ai pas osé lui demander s'il avait été vichyste. Il est certain que la demande d'extradition de Céline et son arrestation à Copenhague, le 17 décembre 1945, ont été sa grande affaire, dans laquelle il a fait beaucoup de zèle, ce dont il se défendait. La convention d'extradition franco-danoise du 28 mars 1877 prévoyait heureusement : « Il est expressément stipulé que l'étranger dont l'extradition aura été accordée ne pourra en aucun cas être poursuivi ou puni pour aucun délit politique antérieur à l'extradition ni pour aucun fait connexe à un semblable délit. » On peut s'étonner, à la lecture de ce texte, que le gouvernement danois ait détenu Céline pendant dix-huit mois, avant de le mettre en liberté le 24 juin 1947, sur parole, car il avait signé, en anglais, l'engagement suivant : « Je soussigné Louis Ferdinand Destouches déclare sur l'honneur ne pas quitter le Danemark sans le consentement des autorités danoises. » Il n'a pu rentrer en France, sans risque d'arrestation, qu'après avoir été condamné en 1950 à un an de prison — il en avait fait dix-huit mois — et avoir bénéficié d'une amnistie en 1951, comme ancien combattant, blessé de guerre et titulaire de la médaille militaire, et ce grâce à un coup de génie de Jean-Louis Tixier-Vignancour et au fait que le président du tribunal militaire, Jean Roynard, ignorait que Céline s'appelait Destouches !

FLORENCE GOULD

Florence Gould recevait à l'hôtel Meurice comme une souveraine en son château, habillée de bleu tendre et de rose pâle, dans le goût de la reine d'Angleterre. De nationalité américaine, elle avait vécu en France pendant toute l'occupation allemande sans être aucunement inquiétée, recevant il est vrai tous les écrivains de la collaboration et quelques occupants lettrés. Céline la voyait agent double écrivant en 1946, à son avocat danois, Thorvald Mikkelsen : « Elle s'est énormément compromise avec la Luftwaffe — où elle comptait au moins 3 jeunes amants, elle était aussi chez elle à la Kommandantur — mais bien entendu elle travaillait pour le "Secret Service"... » Comme elle avait connu Céline, je suis allé recueillir son témoignage dont l'intérêt principal résidait dans l'évocation de la vie mondaine sous l'occupation allemande, comme il y en eut sous la Terreur et en toutes les périodes troublées de notre histoire. Très liée avec Marie Bell, elles sont allées voir un jour Céline à Montmartre en fiacre, un peu éméchées toutes les deux, au point que Florence se serait cassé la jambe dans l'escalier. Ces dames, toutes les deux très élégantes, dénotaient dans le milieu volontairement sinon faussement populaire qui gravitait autour de Céline et du peintre Gen Paul. Florence était affublée un jour d'un somptueux manteau de zibeline qui fut aussitôt baptisé peau de lapin, ce qu'elle trouva charmant, car elle était bonne fille et aimait s'acoquiner, faire peuple. Après l'occupation allemande, Florence Gould reçut aussi Jean Dubuffet, qui commença par la trouver divine, avant de la considérer comme une sorte de femme savante ou de précieuse ridicule. À Jean Paulhan, le 26 octobre 1945 : « Les réunions chez Florence sont vraiment extraordinaires.../... J'y prends un extrême plaisir [...] On recommence jeudi prochain. Il me tarde. » Le 9 juillet 1948, les choses commencent à se gâter et voici comment il qualifie les habitués du jeudi : « Tantes à la mine langoureuse, de toutes les sortes de flagorneurs et faux-jetons les plus insipides, douceâtres maîtresses d'école pincées à la voix chantante et enfin tous les gens qu'on s'applique à éviter et qu'elle s'applique à réunir. » Le 27 septembre 1948 : « C'est incroyable ce que je peux m'ennuyer à ces déjeuners chez Florence. Je trouve toutes les conversations qui s'y tiennent remarquablement imbéciles et déprimantes. » Le 12 novembre 1952, la rupture est consommée : « Quelle monnaie de grimaces, ces compagnies chez Florence Gould, quel air oxydé ! Quel temps perdu et sans attrait [...] Pas de danger que j'aille jamais refourrer mon nez dans un pareil bain crétinisant ! »

GRENOUILLE

Jacky Pietkewicz a tué Grenouille, qui avait assassiné son père, et, à sa place, j'aurais fait de même. Un soir de 1972, après sa journée de travail, Pietkewicz, immigré polonais, ouvrier chez Renault, rentre chez lui à vélo. Deux jeunes cons qui s'étaient planqués sur le bas-côté de la route se lèvent et tirent sur lui. Le malheureux s'effondre, tué sur le coup. Quand on arrête le meurtrier, il explique froidement qu'il ne connaissait pas sa victime, et qu'il avait eu seulement l'envie de tuer quelqu'un, gratuitement, comme Lafcadio. Quelques mois plus tard, Jacky circule sur la même route, voit des gendarmes, un attroupement, c'est le juge d'instruction qui procède à la reconstitution du crime, sans avoir du reste convoqué la famille de la victime, ce qui à soi seul est scandaleux. Jacky s'approche et voit Grenouille souriant, apparemment content de lui.

Alors il rentre chez lui, prend un couteau dans la cuisine, revient sur les lieux, s'approche sans que les gendarmes s'en inquiètent, et plante le couteau dans le cœur de l'assassin de son père. Une information judiciaire est ouverte, et le juge d'instruction qui en est chargé place Jacky Pietkewicz en détention, exactement comme s'il avait été un voyou ordinaire, qui risquait de récidiver, et non un ange exterminateur, un justicier envoyé par le ciel. Le garçon nous désigne comme avocats, André Damien et moi, qui n'obtenons pas sa remise en liberté. À l'unanimité, tous les syndicats de Renault lancent un préavis de grève, l'opinion publique s'émeut et le juge d'instruction remet Jacky en liberté. Au cours du procès qui eut lieu en 1974, j'ai plaidé l'acquittement de ce chevalier du ciel, qui avait agi par amour de son père et pour que justice lui soit rendue. Il suffisait aux jurés de dire non à la question relative à la culpabilité. Personne, selon la loi française, ne pouvait leur demander les raisons de leur vote, elle leur faisait pour seule obligation de se prononcer selon leur conscience et leur intime conviction. Comme elle aurait été belle la justice qui aurait acquitté Jacky Pietkewicz. Lâches et mous, la Cour et le jury l'ont condamné à deux ans d'emprisonnement avec sursis. Trente ans plus tard, je ressens cet arrêt comme l'un des échecs les plus cuisants de ma carrière.

BÂTONNIER MARCEL GRENTE

Cousin du cardinal archevêque d'Angers, Marcel Grente était fait pour être bâtonnier comme moi avaleur de sabre ou coureur cycliste. Il était rond et laid, les mains déformées par les rhumatismes, avec la voix rocailleuse d'un paysan, mais il était riche, habitait un bel hôtel rue des Saints-Pères et avait épousé l'héritière des Mutuelles du Mans. Il fut mon bâtonnier de Conférence, d'une folle générosité, littéralement fastueux comme si, pour n'avoir pas été secrétaire, il avait quelque chose à se reprocher. Il nous invitait à déjeuner tous les jeudis, jour de Conférence, chez Lapérouse. Il nous emmena en wagon Pullman à Bruxelles, où il nous logea à l'Excelsior, et nous invita pour un week-end à Belle-Île dans la si belle maison qu'il y possédait, qui avait été celle de Sarah Bernhardt, avec une vue imprenable sur la mer et une plage privée. Comme il était non seulement fin gourmet mais excellent cuisinier, il nous a régalés de homards et des meilleurs poissons de l'océan. À notre dernier dîner, il avait invité Arletty, sa voisine, que j'ai bien connue plus tard par Lucette Almansor. Marcel Grente détestait de Gaulle au point de refuser la cravate de la Légion d'honneur qui lui avait été proposée et qu'il ne voulait pas tenir de lui. Lors du procès du Petit-Clamart, en 1962, quand Jacques Isorni fit l'objet d'une procédure disciplinaire pour avoir insulté le conseiller Reboul, il vint à Vincennes, avec les anciens bâtonniers et tout son conseil de l'Ordre, pour rappeler à la Cour militaire les droits sacrés de la défense. Marcel Grente se retira ensuite avec son conseil de l'Ordre. Puis Jacques Isorni, malgré l'admirable plaidoirie de Jean-Louis Tixier-

Vignancour (pressenti avant lui, François Mitterrand avait décliné cette mission), fut condamné à trois ans de suspension, avec exécution immédiate et sans possibilité d'aucune voie de recours. Jacques Isorni rassembla son dossier en silence et se retira dignement pendant que nous entonnions : « Ce n'est qu'un au revoir. » Marcel Grente avait une double vie, ce qui paraît incroyable quand on connaissait ce vieux monsieur qui n'avait rien d'un séducteur. Non seulement Mme Grente était trompée mais, à un âge avancé, le bâtonnier eut des enfants qu'il n'avait jamais pu avoir avec elle. La campagne pour le bâtonnat, à coups de fastueux banquets, le bâtonnat lui-même, la rentrée de la Conférence, que le bâtonnier finançait alors de sa poche, et les deux familles à entretenir eurent raison de la fortune de Mme Grente. Il fallut vendre la rue des Saints-Pères et la maison de Belle-Île, licencier le personnel et s'installer, plus modestement, très modestement même, dans le XVIIIe arrondissement. Quand je me suis présenté au conseil de l'Ordre, j'ai demandé, selon l'usage, à lui rendre visite et c'est dans son petit logement qu'il m'a reçu, tenant tête à l'adversité avec un courage qui a forcé mon admiration. Quand il m'a ouvert sa porte, il m'a dit : « Excusez-moi, mon cher Gibault, c'est moi qui vous ouvre, c'est aujourd'hui samedi, mon valet ne travaille pas. » Et, quand il s'est assis derrière la table en bois blanc qui nous séparait : « Mon bureau Louis XVI, que vous avez vu rue des Saints-Pères, est en réparation. » Marcel Grente était un homme formidable et que j'aimais beaucoup, nul doute que Dieu l'a fait entrer d'office au Panthéon des avocats.

GRIGNOU

Grignou est la plus sale bête qu'il m'ait été donné de rencontrer. C'était le gros chat noir d'Alice Gout, notre concierge, rue Monsieur, pendant toute l'Occupation et pendant les années qui ont suivi. Alors que, au premier étage, ma mère se mettait en quatre pour que notre table ne soit pas trop maigre, Monsieur mangeait du foie de veau qu'Alice lui achetait au marché noir. Non content de manger à sa faim, il nous agressait dans l'escalier, mon frère Jean-Claude et moi, quand nous rentrions de l'école Bossuet, la gueule ouverte, les crocs dehors, comme un dragon. Il faut dire que mon frère ne le ménageait pas et prenait plaisir à lui lancer son cartable. Je ne doute pas que ce monstre soit en enfer. Qu'il y reste.

H

NIL HAHOUTOFF

À l'âge de quarante ans, j'ai commencé à pratiquer le yoga avec Claude Vallot, rue de Rome. Merveilleux professeur, *bender* autant que *posturer*, il exécutait lui-même les asanas devant nous, à la perfection, puis c'était à nous de prendre les postures, et il nous accompagnait, nous conseillait, en douceur. Le cours passait si vite avec lui que j'en repartais toujours avec regret. Il m'a appris à respirer et toutes les techniques du nauli que je pratiquais déjà, mais de manière instinctive. Avec Nil Hahoutoff, c'était tout autre chose. Deux ou trois séances par semaine avec Claude Vallot ne me suffisant plus, je me suis inscrit aux cours que Nil donnait rue du Bac, dans des studios de danse un peu décrépis et dans la pénombre. Je ne pense pas que ce professeur de génie ait jamais su faire un seul des mouvements qu'il enseignait mais je sais que, du fond de la salle, il nous donnait des ordres comme un adjudant. À touche-touche sur nos tapis — et la salle était comble —, nous faisions ce qu'il disait et il nous aurait demandé de nous jeter par la fenêtre que nous l'aurions fait sans hésitation. C'était un authentique gourou. De temps à autre, il demandait à un élève de montrer un asana qu'il réussissait particulièrement bien et, quand je l'entendais me demander de prendre, devant tous les autres, telle ou telle posture, mon cœur bondissait de fierté et je réalisais de véritables prodiges. Il faut dire que j'avais des dons particuliers, une souplesse naturelle incessamment entretenue depuis des années et de forts penchants exhibitionnistes. Il régnait entre nous, durant ces cours, une atmosphère quasi religieuse, que je n'ai ressentie dans aucune autre école de yoga, et je suis allé dans un très grand nombre, tant en France qu'à l'étranger, y compris en Inde. Le matin du 14 novembre 1974, la tête lourde d'une soirée qui s'était achevée très tard, grâce au yoga, pour être maître de moi, j'ai décidé de cesser de fumer et de boire. Depuis ce jour béni, soit depuis près de quarante ans, je n'ai pas fumé une cigarette et pas bu un whisky, un verre de vin, une bière.

JEAN-EDERN HALLIER

Toute société démocratique a besoin d'agitateurs, évidemment excessifs et injustes ou carrément fous, peu importe. La Ve République française avait le sien en la personne de Jean-Edern Hallier, lequel, depuis son décès sans gloire, le 12 janvier 1997, à Deauville à bicyclette, nous fait gravement défaut. C'est Bernard Frank qui me l'a présenté, justement sur les planches à Deauville, il y a une bonne quarantaine d'années. Sitôt qu'il a su qui j'étais, il n'a eu de cesse que je l'autorise à publier des pamphlets de Céline. À la divine époque de *L'Idiot international*, poursuivi vingt fois en diffamation, il est venu frapper à la porte de mon cabinet comme il avait frappé à la porte de ceux de Jacques Vergès et de Jean-Marc Varaut, trop tard pour certaines procédures, car il avait déjà été définitivement condamné à verser des indemnités excessives à Christian Bourgois, Jack Lang, Georges Kiejman, Bernard Tapie et quelques autres. Dans le procès dont j'ai eu la charge, Jean-Edern était poursuivi par Josyane Savigneau, alors papesse des pages littéraires du *Monde*, qu'il avait accusée de favoritisme au profit de Philippe Sollers et de Gallimard, mais en termes abondamment diffamatoires, avec des détails intimes que la bienséance m'interdit de reproduire ici. Jean-Marc ayant déclaré forfait, Vergès et moi avons plaidé cette affaire très parisienne devant la 1re chambre du tribunal de grande instance de Paris, présidée par l'excellente Mme Cochard. La salle, évidemment comble, était partagée en deux, la partie gauche très chic, avec force académiciens et gens du monde et des lettres venus soutenir Josyane et son avocat, Jean-Denis Bredin, membre de l'Académie française, à droite tous les voyous de plume de Paris, Marc-Édouard Nabe en tête, tous prêts à chahuter et à s'amuser. Plaidant le premier, j'ai rappelé la querelle Sartre-Céline et la manière dont Céline, plutôt que de traîner Sartre devant les tribunaux, l'avait ridiculisé dans *À l'agité du bocal.* Vergès, quant à lui, avait décidé d'écorcher le nom de la victime tout au long de sa plaidoirie, et ainsi devint-elle Mme Savignon, Mme Sauvignat, Mme Savignou. Je la voyais s'agiter, se trémousser sur son banc jusqu'au moment où elle se leva d'un bond et hurla : « Je m'appelle Savigneau », ce qui n'interdit évidemment pas à Jacques de récidiver. Jean-

Edern Hallier a ensuite pris la parole en s'avançant vers le tribunal. Mme Cochard le lui interdit, puis les trois juges s'enfuirent lui laissant le terrain libre pour un discours délirant sur le génie et le simple talent. Josyane se récriait, l'injuriait, les deux camps étaient prêts à en venir aux mains. J'ai ensuite plaidé pour lui quelques autres affaires pour tenter d'endiguer la marée montante de ses créanciers et il m'avait constitué dans l'affaire des écoutes de l'Élysée. Comme il se réveillait à 5 heures du matin, il m'appelait vers 6 ou 7 heures, se félicitant d'avoir attendu et respecté mon sommeil, pour me poser toujours un peu les mêmes questions : « Suis-je aussi grand que Victor Hugo ? [...] Vais-je marquer le XXe siècle aussi profondément que Céline ? » Nous dînions assez souvent tous les deux chez Lipp où il a fini par être interdit de séjour après une bagarre. Il était aveugle mais repérait très bien les gens qu'il interpellait. Sa cécité ne l'empêchait pas non plus de faire du vélo et de peindre. J'ai dans ma salle de bains à Paris deux gouaches de lui : *Gens pressés sur un trottoir du soir*, et : *La caravane des distraits*, qui ne sont pas des chefs-d'œuvre mais que j'aime bien. Ses livres n'en sont pas non plus mais ses chroniques en première page de *L'Idiot* étaient des monuments d'insolence et de liberté, encore que l'on dise que Patrick Besson y mettait la main. J'ai été le collaborateur très fugitif de *L'Idiot international* en y publiant un article sur le voile à une époque où le législateur se posait la question de savoir s'il fallait ou non l'interdire sur la voie publique. Sans suivre jamais Jean-Edern Hallier sur les terrains où il voulait m'emmener, car il pouvait brûler les ailes de ses meilleurs amis, j'aimais l'entendre dévoiler ses secrets, dont il avait les poches pleines, vrais ou faux, et qu'il révélait dans le numéro suivant de *L'Idiot*, déclenchant des cascades de procédures. L'homme était courageux et intelligent, il savait trahir, c'était un prince de la Renaissance avec un côté voyou qui m'enchantait.

HASSAN II

À l'article du présent dictionnaire consacré au général Oufkir, je relate les conditions dans lesquelles j'ai rencontré pour la première fois feu le roi Hassan II, à Casablanca au mois d'août 1966, peu avant l'ouverture du procès Ben Barka, prévue pour le 6 septembre. Je devais le revoir ensuite très souvent pendant le dernier trimestre de l'année 1966 et l'année suivante. Il m'a reçu dans ses palais de Rabat, Casablanca, Agadir, Fez, Skirat et Ifrane. À vrai dire, il m'intimidait terriblement d'autant que je l'avais entendu engueuler un jour, au cours d'un déjeuner à la campagne, près d'Agadir, un officier, comme je n'ai jamais vu engueuler personne avec des « tu n'aimes pas ton roi » qui constituaient sans doute la plus grande humiliation pour un militaire de haut rang. Nous déjeunions dans une propriété royale qui avait été coupée par un mur en toile. D'un côté les hommes et de l'autre les femmes, le roi changeant de côté à chaque plat. Quand les femmes ont repris la route pour rentrer à Agadir, l'épouse dans une limousine et les concubines dans un autocar aux vitres fumées, alors que nous regagnions nos voitures, nous avons tous dû tourner le dos au cortège. C'est en juillet 1967, après le procès de Ben Barka, où j'avais obtenu l'acquittement du colonel Dlimi, que je l'ai vu le plus intimement. Invité à suivre le voyage officiel qu'il faisait à Agadir et dans la région, j'étais toujours avec Dlimi dans la voiture qui suivait celle du monarque, entourée de motocyclistes au milieu d'une foule en délire. Le médecin français du roi, Henri Dubois-Roquebert, et moi partions souvent en avion pour visiter une ville, accueillis par le gouverneur de la province, avec les honneurs militaires à notre descente d'avion, escortes et somptueuses réceptions avec toutes les autorités locales et orchestres traditionnels. Fin politique, ce descendant du Prophète parlait l'arabe classique mieux que personne et connaissait les textes à la perfection, qu'il commentait à la télévision pendant le Ramadan, plus précisément le jour de l'Aïd et à l'occasion des autres fêtes religieuses. Alors il n'y avait plus personne dans les rues, les Marocains étaient tous devant leurs écrans. Craint autant que vénéré, il est le père du Maroc moderne. Il aimait son pays et son peuple.

STEPHEN HECQUET

Né le 27 juillet 1919, décédé le 5 mai 1960 à quarante ans, auteur entre autres de *Faut-il réduire les femmes en esclavage*, et *Les guimbardes de Bordeaux*, par allusion aux taxis de la Marne, premier secrétaire de la Conférence en 1947 et 1948, Stephen Hecquet n'aimait ni les femmes ni les magistrats. Il a manifesté sa misogynie en maintes occasions : « Toute femme a dans son cœur un bourreau qui sommeille », mais c'est avec ses confrères de sexe féminin qu'il a eu la dent la plus dure, écrivant à leur sujet qu'il les voyait dans les couloirs du Palais « ... comme des pingouines se rendant à leur bain rituel », ce qui lui valut de comparaître devant le conseil de l'Ordre. Il était plus sévère encore pour la justice : « Cette forme endimanchée de la vengeance », et pour ceux qui la rendent, écrivant à leur sujet : « Juges de tous âges, de toutes les nations, magistrats blanchis sous l'hermine et sous l'obéissance, procureurs empourprés de crimes et de honte, jurés gris et tristes, pris dans vos gilets de laine et dans vos élans de haine, venez voir vos victimes bien portantes, car voilà votre vérité, ceux que vous avez tués ne sont pas morts. Vous les avez déshonorés, ils sont l'avenir du monde. » Excessif dans ses propos et dans ses écrits, il fut ami de Michel Déon, de Jean-Denis Bredin, de Roland Laudenbach, de Kléber Haedens, d'Antoine Blondin et de Roger Nimier, qui lui a fait connaître Céline. Se sachant atteint d'une malformation cardiaque, il a vécu au galop, dans le constant souci de provoquer et de déplaire. Ce n'est pas pour tout ça qu'il me paraît avoir sa place dans l'Histoire, mais pour avoir écrit : « Les règles étant générales et publiques n'ont ni la force ni la séduction des exceptions », sentence qui mériterait de figurer aux frontons de tous nos bâtiments publics.

En 1990, peu avant l'ouverture du Festival de Bayreuth, Werner Herzog, célèbre auteur d'*Aguirre, la colère de Dieu*, de *Fitzcarraldo* et de *Nosferatu*, me demanda mon appui pour un film qu'il souhaitait réaliser en Centrafrique au sujet de Bokassa. Il fallait obtenir non seulement l'accord de l'empereur, encore détenu au camp de Roux à Bangui, mais aussi celui des autorités centrafricaines, et c'est bien volontiers que je me suis entremis et avec succès. Au cours de l'entretien que nous avons eu à mon cabinet, il me dit partir le lendemain pour Bayreuth où il mettait en scène *Lohengrin*, information qui n'est pas tombée dans l'oreille d'un sourd. Il m'obtint en effet pour Bob Westhoff et moi des places pour cet admirable *Lohengrin* et pour *Parsifal*, et ce fut pour Bob parmi ses dernières émotions artistiques puisque, après un voyage en Russie, que je relate par ailleurs, il devait s'éteindre le 23 décembre 1990. Toutes autorisations obtenues grâce à l'intervention du colonel Jean-Claude Mantion, officier français très particulier et remarquablement efficace, qui était alors aux côtés du général Kolingba, président de la République, Herzog me demanda de l'accompagner. Toute son équipe, lui et moi logions dans la même maison et je conserve un souvenir enchanteur de ce séjour à Bangui, d'autant que nous avons été reçus à bras ouverts tant par Mantion que par le ministre de la Culture, que je connaissais pour avoir, au moment de l'affaire Bokassa, fréquenté quotidiennement le gymnase dans lequel il donnait des cours. Je figure parmi les acteurs de ce film, comme Francis Szpiner, qui fut entendu dans la cour des Invalides, sous la statue de Napoléon, idole de Bokassa Ier. Je dus alors rentrer à Paris, mais j'avais promis de revenir pour la séquence avec Bokassa, que j'avais revu avec plaisir. C'est alors que les ennuis ont commencé pour Werner Herzog, interdiction de filmer, perquisition, expulsion. Le film *Écho d'un sombre empire* a tout de même vu le jour, présenté au festival de Venise où je suis allé le voir avec Lucette Almansor et Bob Westhoff, mais sans l'acteur principal, et je regrette la confrontation avortée entre Herzog et Bokassa, qui s'y connaissaient l'un et l'autre en mégalomanie.

HITLER JUNIOR

Né le 25 mars 1918, dans les Flandres françaises, de Charlotte Lobjoie, Jean-Marie Loret se prétendait fils d'Adolf Hitler, et tout donne à penser qu'il disait vrai. Son aspect physique, le fait qu'Hitler a souvent séjourné, entre 1914 et 1918, dans des villages français occupés par l'armée allemande où vivait sa mère, le témoignage de cette dernière, les aides qui lui ont été miraculeusement apportées, l'expertise de l'Institut d'anthropologie et de génétique de l'Université de Heildelberg, tout démontre que Jean-Marie Loret était bien le fils d'Adolf Hitler, sans compter le portrait de sa mère retrouvé dans un grenier, manifestement de la main du caporal. Quand j'ai reçu la visite de cet homme désemparé, autant en quête de certitude qu'affolé à l'idée d'être le fils d'un monstre, je n'étais pas seulement son avocat, mais son conseil au sens le plus large du terme. C'était à la fois l'héritier des droits d'auteur de *Mein Kampf* et des trésors cachés d'Hitler qui m'implorait, mais un homme à la recherche d'une identité qui lui faisait horreur. Il était fort d'une certitude mais il espérait des raisons de pouvoir encore douter, auxquelles il s'accrochait vainement. En 1981, il m'a envoyé le livre qu'il a écrit avec René Mathot, membre de l'Association belge pour l'histoire contemporaine : *Ton père s'appelait... Adolf Hitler*, en me remerciant pour l'aide que je lui avais apportée lors des entretiens que nous avons eus dans mon cabinet, converti pour l'occasion en confessionnal.

I

LA PRINCESSE IBRAHIM

La princesse Ibrahim, fille unique du prince Muhammad Ali Ibrahim Beyefendi d'Égypte, était la meilleure amie de Lilli Eïd, sœur de mon parrain, épouse du prince Mubarak Vlora, expulsé d'Albanie par le roi Zog, descendant d'un des derniers vizirs de la Porte. On était en plein Mille et Une nuits sauf que personne n'avait plus de palais et que tout le monde tirait un peu, un peu seulement, le diable par la queue. Pour ne parler que de la princesse Ibrahim, c'était une grande, élégante et belle personne, que je rencontrais chez les Vlora, presque tous les dimanches. Son principal titre de gloire était d'avoir été fiancée au roi Fayçal d'Irak. Après avoir rompu ses fiançailles avec la princesse Kiymet Hanim, et demandé en vain la main de la princesse Shahnaz Pahlavi, fille du chah d'Iran, il s'était rabattu sur cette princesse égyptienne, mais son triste sort voulait qu'il mourût célibataire, sauvagement assassiné en famille, comme les Romanov à Iekaterinbourg, le 14 juillet 1958, avec sa mère, sa tante, le prince héritier et son épouse, tous alignés le long d'un mur et fusillés en même temps. Veuve sans l'être, la princesse avait échappé au massacre. Elle n'a pas eu droit aux bijoux de la couronne, mais elle portait des boucles d'oreilles en diamant de toute beauté et des rangs de perles qui n'étaient pas mal non plus. Elle n'avait donc pas seulement sauvé sa vie mais, comme on dit vulgairement, elle avait aussi sauvé les meubles.

IDIOTS

Combien d'idiotes distinguées et cultivées m'ont dit, au cours de dîners mondains : « Cher Maître, comment pouvez-vous défendre des assassins, des violeurs, des pédophiles, tant de voyous qui commettent tant de crimes et de délits au préjudice d'innocentes victimes ? » C'est aussi bête que de demander à un médecin pourquoi il apporte ses soins à un malade en phase terminale, à un condamné à mort la veille de son exécution, à un kamikaze grièvement blessé par l'explosion de la bombe qu'il portait. C'est la fonction sociale du médecin de sauver les vies sans se poser la question de savoir ce qu'a pu faire son malade ni qui il est. Des médecins militaires français n'ont-ils pas apporté leurs soins à des blessés allemands ramassés sur les champs de bataille, tandis que les médecins militaires de l'autre camp faisaient de même ? C'est un mal français que de faire de la morale en toutes occasions et de se battre la coulpe. C'est la fonction sociale de l'avocat de défendre les hommes face à la société qui les accuse, et plus ils sont de grands et d'odieux criminels et plus s'impose à leurs côtés la présence d'un avocat, ce qui ne nous interdit pas de défendre aussi, et avec la même conviction, les voleurs de poules, les victimes et les duchesses en procès avec leurs métayers.

L'IMAGINATION

L'homme du XXIe siècle est accablé d'images dont on le bombarde jusque chez lui, par la poste, sur ses étranges lucarnes, sur son téléphone portable et son ordinateur. Même celui qui ferme ses portes et ses volets ne coupe pas à cette agression qui le dispense d'imaginer, comme les calculatrices le dispensent de compter et le GPS de lire un plan. Flaubert s'est opposé à toute édition illustrée de ses œuvres, partant du principe que c'est à l'écrivain de décrire et au lecteur de voir, en toute liberté, ce qu'il lit. S'il y a, en marge d'un texte, des images nées de l'imagination d'un autre, le lecteur n'a plus à se figurer le salon dans lequel l'action se déroule, le visage de l'héroïne, la robe qu'elle porte, puisqu'un autre l'a fait pour lui. Françoise Sagan se méfiait autant de la mémoire que de l'imagination : « La mémoire est aussi menteuse que l'imagination et bien plus dangereuse avec ses petits airs studieux. » Céline quant à lui a dit que le jazz avait tué la valse lente, c'est vrai pour les taxis et les fiacres, c'est vrai pareillement pour le cinéma et le roman. Aujourd'hui le roman est en grande décadence, parce que l'image a tué l'imagination.

JACQUES ISORNI

Jacques Isorni marchait dans les couloirs du Palais avec l'air de traîner son ennui et de se foutre énormément de la suite des événements, mais c'était un passionné, resté très enfant, et qui se révoltait pour des riens, un homme tabassé dans un commissariat, un innocent condamné, l'état de nos prisons et de nos universités. Il avait défendu Robert Brasillach et le maréchal Pétain, et tous ceux qui ont entendu sa plaidoirie pour le Maréchal, même Madeleine Jacob, disaient n'avoir jamais rien entendu de plus beau. J'étais au procès du Petit-Clamart quand il a été suspendu pendant trois ans pour injures à magistrat, j'avais même signé ses conclusions écrites, mais l'avocat général Gerthoffer, plus général qu'avocat, a oublié de me poursuivre. Isorni était très amusant, dans sa vie privée comme dans sa manière de traiter les dossiers, qu'il prenait tous. À son décès, quand on les a distribués à divers avocats qu'il avait connus et appréciés, j'ai hérité de quelques affaires très particulières, dossiers que j'ai refermés aussi vite que je les avais ouverts, après avoir vu défiler chez moi des fous et des folles, des paranoïaques surtout, qu'Isorni avait reçus avec enthousiasme et pour lesquels il avait porté plainte contre des ministres, des procureurs généraux, des préfets et des premiers présidents de cours d'appel. Jacques Isorni a été poursuivi devant le tribunal correctionnel pour avoir fait passer un encart d'une page entière dans *Le Monde* du 13 juillet 1984 intitulé « Français, vous avez la mémoire courte », article dans lequel il avait fait l'éloge du maréchal Pétain, pourtant condamné à mort pour intelligence avec l'ennemi et haute trahison. C'était le procès Zola recommencé, et celui de tous les avocats qui engagent des procès en révision ou en réhabilitation pour des clients condamnés pour crimes. Sur les bancs de la correctionnelle se trouvait François Lehideux, dernier ministre vivant du maréchal Pétain, président de l'Association pour défendre la mémoire du Maréchal, dont Isorni m'a demandé d'assurer la défense, qui avait cosigné l'article du *Monde*. Ils ont été relaxés par le tribunal correctionnel sur des réquisitions conformes de Philippe Bilger, mais après diverses péripéties devant la cour d'appel, la chambre criminelle de la Cour de cassation a estimé, le 16 décembre 1993, que : « en présentant comme digne d'éloges une personne condamnée pour intelligence avec l'ennemi, l'écrit a magnifié son crime et a ainsi fait l'apologie dudit crime ». Cet arrêt a été heureusement censuré par la Cour européenne des Droits de l'homme qui a considéré, le 23 septembre 1998, que condamner une personne ayant présenté sous un jour favorable les actions du maréchal Pétain constituait une violation du droit à la liberté d'expression. La France était condamnée à verser à Jacques Isorni, décédé entre-temps le 8 mai 1995, une somme de 100 000 francs à titre de dommages et intérêts. Et vive la tolérance !

GEORGES IZARD

J'ai connu Georges Izard en 1966, avant qu'il n'entre à l'Académie française, en 1971, au fauteuil d'Henri Massis. Ancien cinquième secrétaire de la Conférence, ce qui n'est pas rien puisque je le suis également, allié aux Daniélou, ancien député qui n'avait pas voté les pleins pouvoirs au maréchal Pétain, ancien résistant, fondateur avec Emmanuel Mounier de la revue *Esprit*, avocat de Kravchenko, de Paul Claudel, des Rothschild, du bey de Tunis et du roi du Maroc, de François Mitterrand et de *L'Express*, c'était un personnage considérable, doté de l'impressionnant physique de ses emplois, taille haute, grand nez d'aigle, regard sans illusion. Quand le général Oufkir et le commandant Dlimi m'ont désigné dans l'affaire Ben Barka, le roi Hassan II, qui m'avait reçu à Casablanca, pour voir au moins la tête que j'avais, a posé à Georges Izard la question de savoir ce qu'il pensait de moi et j'ai donc été convoqué à son très cossu cabinet du boulevard Saint-Germain. Dire que nous sommes devenus amis serait mentir, mais les choses se sont très bien passées, je l'ai revu ensuite au cours du procès et plus souvent au Maroc où il se rendait régulièrement, reçu avec les honneurs dus à son rang. Le général Moulay Hafid, chef du protocole, qui m'avait à la bonne, donnait pour lui des dîners somptueux au cours desquels Izard très détendu et moi moins coincé avons passé de très bons moments, car il avait une culture immense, une rare intelligence et un humour à froid qui me convenait bien. À ses obsèques, dans sa propriété de Morsang-sur-Orge, c'est son beau-frère, le cardinal Daniélou, qui officia, Maurice Druon prononça son éloge en présence de François Mitterrand, Edgar Faure et Jacques Chaban-Delmas. Le roi du Maroc avait envoyé un détachement de sa garde personnelle. Izard, qui le méritait bien, ne pouvait pas rêver plus chics obsèques.

J

KAREN MARIE JENSEN

Peut-être pour avoir beaucoup vécu en Espagne, la danseuse Karen Marie Jensen avait des yeux de velours. Elle avait été surtout la maîtresse de Céline, amante de consolation après qu'il eut perdu Elizabeth Craig. Il l'a sans doute aimée un peu et même demandée en mariage, mais il avait fait le coup à d'autres car c'était un solitaire qui ne pouvait pas vivre seul ! Danoise, Karen Marie avait été très belle et, d'une certaine façon, malgré une taille arrondie, elle l'était encore lorsque je l'ai rencontrée, il y a plus de trente ans, à Paris, à Madrid et à Copenhague. Toutes les anciennes maîtresses de Céline en étaient encore amoureuses et toutes jalouses les unes des autres et plus encore de Lucette Almansor, à la différence de sa première épouse, Édith Follet, avec laquelle elle entretenait des relations affectueuses. Il me semble à moi qu'avoir aimé le même homme devrait créer des liens, mais ce n'était pas le point de vue de Karen Marie Jensen, d'Évelyne Pollet et de la pianiste Lucienne Delforge, les trois seules que j'aie rencontrées, lesquelles, toutes les trois, se prétendaient la seule qu'il ait jamais aimée. Karen Marie

Jensen avait été certainement une très bonne danseuse mais elle était aussi intelligente et de bonne éducation. Céline avait confiance en elle au point que, en mars 1942, à Berlin, où elle se produisait dans une revue, il lui remit la clé du coffre qu'il avait dans une banque au Danemark pour qu'elle planque les lingots qui s'y trouvaient dans un lieu plus sûr, ce qu'elle fit en les enterrant dans son jardin, où Céline les trouva en arrivant à Copenhague en mars 1945. Karen, qui était bonne fille, prêta aussi à Céline et à sa femme un appartement qu'elle possédait à Copenhague, dans lequel ils se sont cachés jusqu'à l'arrestation de Louis, le 17 décembre 1944. Pendant toute sa détention, qui dura jusqu'au 24 juin 1947, Karen et sa sœur, aidées de l'avocat Mikkelsen, procédèrent à des ventes d'or, dont elles remettaient le produit à Lucette au fur et à mesure de ses besoins. Dépensait-elle trop, ce qui était un peu dans sa nature ? Karen et sa sœur ont-elles trafiqué les comptes et pioché dans la caisse ? Céline opina d'abord pour la première hypothèse, écrivant des lettres atroces à sa femme : « En m'enfermant on a libéré ta folie, ton romantisme épileptique de dépense [...] tu passerais sur un agonique pour un panier de fraises », puis pour la seconde : « Les Thénardières sont des mouches bleues sur nos plaies, elles sucent, pompent, trifouillent. Il faut les écraser. C'est tout. On ne discute pas avec les mouches », et Céline n'a plus jamais revu Karen Marie Jensen.

EVA JOLY

Eva Joly est jolie, elle a des yeux superbes, du charme et de l'entregent, mais malheur à qui tombe dans ses filets. Et, pour tisser des filets, elle est reine. Je l'ai connue juge d'instruction, dans l'affaire ELF où elle se régalait d'informations dont elle disposait dans un dossier qui venait de Suisse et auquel nous n'avions pas accès, mais qui devait être joint plus tard au dossier principal. La pauvre Christine Deviers-Joncour, maîtresse de Roland Dumas quand il était ministre des Affaires étrangères, avait accepté des rémunérations du groupe pétrolier pour tenter d'influer sur la politique du gouvernement, argent sur lequel elle avait acheté à son amant des chaussures Berluti ! C'était une affaire d'État, autant que celle du collier de la reine, le suicide du conseiller prince, l'enlèvement de Mehdi Ben Barka ! Et il fallait voir l'éclat malicieux des yeux d'Eva Joly quand elle prenait en flagrant délit de mensonge la personne qu'elle interrogeait, comme elle s'en régalait. Et, le lendemain, tout était dans *Le Monde*.

JAMES JONES

James Jones, auteur de *Tant qu'il y aura des hommes*, ressemblait à Hemingway et, comme lui, buvait sec. Héros de la Seconde Guerre mondiale et, comme journaliste, de la guerre américaine du Vietnam, il a vécu en France avec sa femme, Gloria, qui buvait sec aussi, et leurs deux enfants adoptifs, un garçon et une fille, auxquels ils s'efforçaient de donner la plus mauvaise éducation possible. Je les ai connus chez Françoise Sagan à Paris et beaucoup mieux à Équemauville au cours d'un week-end avec Bob Westhoff et Lucette Almansor. James était, comme Henry Miller, un grand admirateur de Céline, dont il parlait admirablement. Pendant ces deux ou trois jours passés beaucoup devant une cheminée, car c'était l'hiver, nous avons conversé interminablement. L'homme était désabusé, il ne croyait en rien, il se détruisait lentement et sa barque prenait eau de toute part. Parler librement lui permettait de garder la tête hors de l'eau. Il aimait Bob, comme lui ancien combattant, qui avait participé à la guerre française d'Indochine, qui se détruisait lui aussi lentement, et il aima Lucette qui, comme eux, avait traversé beaucoup d'orages. Gloria était merveilleuse, pulpeuse, affectueuse, hors du temps, une vraie femme américaine, mère de tous les hommes, de tous les enfants et de tous les animaux du monde.

JOSEPH JOSEPH

J'ai connu Joseph le 10 juillet 2003, vers minuit, rue du Roi-de-Sicile, conduit à lui par Alex Ursulet qui l'y avait rencontré quelques jours plus tôt et lui avait déjà acheté plusieurs tableaux. Nous nous sommes assis côte à côte sur le trottoir, c'était son domicile et son atelier. L'homme, intelligent, manipulateur, plein de charme et doué d'un réel talent, a paru impressionné par mon crâne chauve, ma cravate noire, ma rosette rouge, la cylindrée de ma

BMW et ma qualité de président de la Fondation Dubuffet. Autour de nous, des curieux se sont un peu attroupés, des gens du quartier qui le connaissaient, des passants, des touristes. Il n'avait qu'un tableau à vendre, sur lequel il avait collé sa veste en velours noir qu'il avait ensuite barbouillée de peinture, d'un effet saisissant, et qui se trouve, depuis ce soir-là, accrochée dans ma salle de bains. Je suis revenu le lendemain et les jours suivants pour bavarder avec ce vieil ami, si distingué, si plein d'humour et de jugement. Alex nous rejoignait parfois avec Stanislas Merhar qui s'était pris, lui aussi, d'affection pour Joseph, et nous avons formé, pendant quelques mois, un trio inséparable. Au mois d'août, alors que je rentrais de quelques jours de vacances, Alex m'apprend qu'il a fait hospitaliser Joseph à Saint-Antoine où l'on a décelé un cancer du poumon et des métastases en divers autres organes essentiels. Certains de son génie, le sachant perdu, Alex, Stanislas et moi avons décidé de l'aider à vivre et de le lancer en convoquant à son chevet des quantités de journalistes de la presse écrite, radiophonique et télévisée, français et étrangers, qui sont venus l'interviewer à l'hôpital avec la complicité du professeur Lebeau, qui l'autorisait à peindre dans sa chambre sur des cartons de médicaments que lui fournissaient ses infirmières. En quelques jours, les principaux quotidiens et hebdomadaires français (quatre pages dans *Paris Match*) se sont intéressés à cet homme qu'ils présentaient comme le Basquiat français, et plusieurs équipes de télévisions françaises et étrangères sont venues l'interviewer. Le professeur Lebeau fermait les yeux sur certaines dispositions du règlement et il avait même autorisé Joseph à venir chez moi un dimanche, quelques jours avant sa mort, survenue le 26 octobre 2003. Au crématorium du Père-Lachaise, il y avait une foule impressionnante et des monceaux de fleurs. Stanislas, Alex et moi avons pris la parole avant que le cercueil ne disparaisse dans l'horrible four. Sa famille, car il avait une famille, qui s'était réveillée, assistait aux obsèques, avec tous ses amis dont Waddal, qui avait peint avec lui dans la rue, lui aussi belle figure de peintre maudit.

MARCEL JOUHANDEAU

J'ai lu Marcel Jouhandeau comme tout le monde, mais sans y jamais trouver ce que j'en attendais. L'homme est pour moi sans séduction, non pour avoir écrit *Le péril juif* ni pour avoir accepté l'invitation de Goebbels à Weimar, mais à cause d'un mélange de vice et de bondieuseries ou de momeries qui le rend si séduisant pour beaucoup d'autres. Et puis je n'aime pas son style, son beau style, si affecté, si recherché. Jouhandeau pour moi écrit trop bien, c'est ampoulé, sur-écrit, précieux, empapaouté, pas souvent direct, pas assez naturel, ce sont des écrits d'alcôve pour vieilles filles sentimentales, messieurs incertains de leur sexe, voyeurs, faux prêtres et vraies bigotes.

PIERRE JULY

Pierre July avait dix enfants et une femme qui descendait de Danton en ligne directe. Elle avait au demeurant sa tête à s'y méprendre et ça faisait drôle de voir, cent cinquante ans après sa décapitation, la tête de Danton recollée sur le tronc de Mme July ! J'ai connu July en plaidant contre lui à Chartres, pour mon patron d'alors, Bernard Margo, en juin ou juillet 1961. Comme sa voiture était en panne, je lui ai proposé de le ramener à Paris. En arrivant, j'étais son collaborateur. À Chartres, c'était un demi-dieu, on lui donnait du M. le Ministre et, dans la rue, les chapeaux se levaient sur son passage. Officier de la Légion d'honneur, croix de guerre 39-45, médaille de la résistance et médaille des évadés, il avait été secrétaire d'État à la présidence du Conseil sous Joseph Laniel et ministre des Affaires tunisiennes et marocaines dans le dernier cabinet d'Edgar Faure. Si Laniel avait été président de la République, et il s'en fallut de peu, il aurait été président du Conseil. Après une année passée au cabinet de Bernard Margo, où l'on plaidait à tour de bras, mais principalement devant les tribunaux d'instance, et devant le tribunal correctionnel, j'entrais, chez Pierre July, dans un autre monde. Le cabinet, dont j'étais le seul collaborateur, situé avenue Frédéric-Le-Play, dans l'immeuble où devait mourir François Mitterrand, avec lequel July était très bien, ne traitait que des affaires considérables, plus ou moins liées à la politique, et nous étions en liaison constante avec celui d'Edgar Faure. July avait conservé les meilleures relations avec Habib Bourguiba et avec Hassan II, il se rendait souvent à Rabat et à Tunis, où il avait une maison, et beaucoup de dossiers lui venaient de ses deux pays où il était considéré comme l'un des pères de l'indépendance. Quand Pierre July avait une affaire devant la cour d'assises, ce qui est arrivé deux fois, à Chartres, il me demandait de plaider avec lui et, quand Aït Ahmed fut arrêté et jugé à Alger, il lui demanda de me désigner car, ancien avoué, il n'était pas trop à l'aise dans les affaires politico-criminelles, dont j'avais une certaine habitude pour avoir plaidé de nombreuses affaires de l'OAS. Pour un tout jeune avocat, plaider dans un tel dossier était un honneur et une chance inouïe, encore que, avec le procès du Petit-Clamart, j'avais déjà commencé à faire un peu parler de moi. Pierre July me catapulta dans une affaire encore plus extraordinaire en 1966, quand le général Oufkir, inculpé dans l'affaire Ben Barka, lui demanda de s'occuper de lui. July, alors candidat aux élections législatives — il m'emmenait d'ailleurs à des réunions électorales dans des petits villages d'Eure-et-Loir où je m'amusais beaucoup —, a pensé que, si son nom apparaissait dans l'affaire Ben Barka, et pour Oufkir, il serait battu à coup sûr. Il déclina donc l'offre du général mais lui promit de l'aider en coulisses et lui proposa de me désigner comme avocat, ce qui fut fait, ainsi que je le raconte par ailleurs. De cela, bien entendu, je lui suis toujours reconnaissant. J'ai été aussi son avocat, dans une affaire qui touche un peu, elle aussi, à l'Histoire. Pierre July a publié, en 1974, *Une République pour un roi*, livre dans lequel il égratignait l'un des assassins de Lemaigre-Dubreuil, lequel s'est empressé de l'attaquer en diffamation, affaire qui se termina, comme tant d'autres, en eau de boudin, mais qui me permit d'entrer dans un dossier explosif, qui n'a jamais vraiment été élucidé. Atteint d'un cancer de la gorge, Pierre July devait mourir en août 1982 après des semaines de souffrances atroces, physiques autant que morales. Il espérait depuis longtemps être nommé commandeur de la Légion d'honneur. Edgar Faure s'était fait fort de lui obtenir cette cravate rouge, mais je doute qu'il ait jamais levé le petit doigt pour ça, car il avait suffisamment d'entregent pour la lui décrocher. Je connaissais alors deux proches de François Mitterrand, Roland Dumas et Jacques Ribs, qui ont accepté l'un et l'autre d'intervenir auprès du président et, dans la promotion du 14 juillet 1982, Pierre July fut nommé commandeur de la Légion d'honneur. Je lui ai porté sa cravate rouge à l'hôpital, qu'il a placée sur sa table de nuit, et ses yeux s'illuminaient quand il la regardait. Quelques jours plus tard, le 7 août, sans que les insignes aient pu lui être remis officiellement, il était emporté par son cancer. Je suis heureux d'avoir pu faire en sorte que cet ultime hommage soit rendu à un grand Français à qui je dois énormément et que j'ai beaucoup aimé.

ERNST JÜNGER

Sur les conseils de mon frère Jean-Noël, j'ai lu Ernst Jünger, *Sur les falaises de marbre*, le *Journal*, mais c'est *Orages d'acier* qui m'a le plus impressionné. Céline et lui, c'était le jour et la nuit, l'un avait horreur de la guerre, l'autre la glorifiait, et les deux écrivains, qui avaient fait la même guerre dans les camps ennemis, en ont donné des versions totalement opposées, l'un dans *Voyage au bout de la nuit*, l'autre dans *Orages d'acier*. Il faut dire aussi qu'il n'y avait rien de commun entre les deux hommes, entre le petit gradé français issu du peuple et l'officier allemand rigide, hobereau dans l'âme. Le choc entre ces deux fortes personnalités, si différentes, est apparu lors de leurs rencontres à Paris pendant l'Occupation, aggravé par le fait que Jünger était « occupant » et que Céline l'« occupé » avait un fort penchant pour la provocation. On sait que, dans son Journal, Jünger a évoqué ces rencontres en prenant le soin, dans l'édition allemande, d'écrire Merline au lieu de Céline, pour ne pas l'accabler alors qu'il était au Danemark, sous le coup d'une demande d'extradition dont les conséquences auraient été pour lui dramatiques. L'éditeur français ne respecta pas cette volonté et il s'ensuivit un procès très parisien dans lequel Jean-Louis Tixier-Vignancour vit une bonne occasion de faire parler de lui. Lorsque je décidai d'écrire une biographie de Céline, je pris contact avec Jünger, mais il refusa de me recevoir, ce dont il s'ouvrit dans son Journal. Je conserve deux lettres de lui, l'une du 28 janvier 1978 : « Je ne crois pas que je puisse vous être de quelconque utilité pour votre travail sur Céline. Pas seulement lui, mais moi aussi, nous avons traversé de rudes épreuves, et je crois qu'un "quieta non movere" est maintenant à observer. » Le 3 mars 1978, il m'écrivait de nouveau après avoir reçu *Le temps des espérances*, me remerciant pour ce « précieux enrichissement » de sa bibliothèque et pour mon « travail complet et fondamental sur Céline », et il ajoutait à son sujet : « Je compte parmi les premiers lecteurs de Céline. Dès sa parution j'ai dévoré *Voyage au bout de la nuit*, qu'un de mes amis m'avait décrit comme un "super Zola". Mon admiration restait toutefois chargée de réserves. Bien que je tienne Céline pour un des meilleurs connaisseurs de l'infamie moderne (dont l'étude critique avait sans doute déjà commencé avec *Bouvard et Pécuchet* de Flaubert), je pense qu'il n'a pas conservé la distance qui s'impose vis-à-vis de cette infamie. Ceci n'enlève rien à son œuvre, et même la rend encore plus intense, mais apporte une certaine gêne à la lecture — tout comme dans l'œuvre de Léon Bloy, que j'admire également. » Jünger me recommanda de voir son ancien secrétaire, Armin Mohler, qui résidait à Munich, et pourrait m'éclairer aussi bien que lui sur les événements qui m'intéressaient. Je me suis incliné devant son refus et je suis allé voir Armin Mohler à Munich avec Lucette Almansor et Bob Westhoff, reçus par lui à dîner, soirée que je raconte à l'article que je lui consacre dans le présent dictionnaire.

JUNGLE

Dans l'ancien temps, les puissants commandaient aux misérables, les forts aux faibles, les riches aux pauvres. Aujourd'hui, le piéton a toujours raison contre l'automobiliste, l'ouvrier contre son patron, l'enfant contre ses parents et contre ses maîtres. Il n'y a que l'État pour avoir conservé ses pouvoirs et les avoir même renforcés. Ses représentants font la loi dans la rue, dans les commissariats, dans les perceptions et dans les enceintes de justice. Le procureur est roi, et ses roitelets arrêtent les gens, les gardent à vue, les menottent, les avilissent, alors qu'il suffirait de les convoquer poliment pour qu'ils viennent dire librement ce qu'ils ont vu, ou cru voir, ce qu'ils ont entendu, les crimes qu'ils ont commis ou qu'ils projetaient de commettre, où se trouve l'argent qu'ils ont volé, le corps de la personne qu'ils ont assassinée, l'arme du crime et l'adresse de leurs complices. Il leur est désormais inutile de mentir, premier droit de l'homme. Plus n'est besoin en effet du sérum de vérité, ni de la baignoire, ils sont trahis par leur téléphone, leurs empreintes digitales, leurs cartes de crédit, leur ADN, leurs mails et leurs SMS, et c'est bien fait pour eux. Ils n'avaient qu'à payer en espèces, ne pas écrire, ne pas téléphoner, parler chinois, agir seul, changer d'identité, fermer leur mail, leur boîte vocale, se taire. Les hommes ont changé, pourris par les machines de leur invention et par leurs principes égalitaires, législatifs, moraux, mais le lion mange toujours la gazelle, le gros poisson le petit et le renard la poule. Moi, je me tapis sous ma couette et je bois de l'eau. Sans sortir de ma chambre, je commets des crimes épouvantables, que je couche dans mon journal intime. À l'aube, je brûle tout pour que des spadassins ne viennent pas s'en saisir, surtout qu'ils ne vous croient que quand vous avouez.

JURÉ

Dans le temps, tous les citoyens n'étaient pas sur les listes des jurés. Non contents d'en éliminer les repris de justice et les débiles mentaux, les maires avaient le droit d'en distraire leurs ennemis personnels, les citoyens réputés pour leur sévérité ou pour leur humanité et les avocats. Dans les années 70, plaidant souvent devant les cours d'assises, j'ai voulu connaître l'institution de l'intérieur et j'ai obtenu de son greffier en chef, M. Willemetz, qu'il m'ajoute à la liste qui faisait l'objet d'un premier tirage au sort au niveau de la cour d'appel. J'ai été ainsi très certainement, et dans trois sessions de cours d'assises, le premier avocat juré, sans être jamais récusé ni par le ministère public ni par mes confrères de la défense. J'ai donc pu, au cours de plusieurs délibérés, mesurer le poids du président, de ses assesseurs et du professionnel que j'étais. J'ai siégé avec les présidents Thomas et Diemer, tous deux remarquables d'objectivité et d'humanité, rien à voir avec Mme Drai, pourtant fille de son père ! Je ne peux donc dénoncer aucun scandale, aucune irrégularité, d'autant que le jury a toujours opiné comme moi, qui ai toujours emporté sa décision, parfois contre les magistrats. Ce qui m'a le plus frappé, c'est de voir à quel point, après seulement quelques heures d'audience, les jurés ont une parfaite connaissance du dossier. C'est même un juré qui nous a évité une erreur judiciaire à l'envers. Un homme, encore jeune, avait commis, avec d'autres malfrats, quelques vols à main armée, et son avocat, dont je ne citerai pas le nom, aujourd'hui disparu, nous a tous émus en racontant que cet homme avait été à jamais perturbé pour avoir, quand il était enfant, assisté à l'arrestation de son grand frère, qui avait été déporté et n'en était pas revenu. Pour ce seul motif, je m'apprêtais à aller très loin dans l'indulgence, quand un juré nous dit froidement que cet avocat avait tenté de nous tromper car son client était né en 1946, détail qui m'avait échappé, comme il avait échappé aux magistrats composant la Cour et aux autres jurés. Il a fallu que je me batte pour que ce malheureux accusé ne soit pas plus sanctionné pour la malhonnêteté de son avocat que pour la sienne propre.

LA JUSTICE

La justice, qui n'est pas dans la nature, est comme l'égalité, elle n'existe pas. Elle a ses palais, ses auxiliaires, des juges debout qui ne sont pas juges et des juges assis qui ne sont pas toujours justes. C'est un caravansérail formidable, un océan dans lequel il ne fait pas bon d'être petit poisson. La tâche des uns et des autres est compliquée par une diarrhée législative et règlementaire sans précédent, qui complique tout et retire toute liberté aux cours et aux tribunaux lesquels, il faut bien le dire, en usaient de moins en moins. Ce sont devenus des fonctionnaires de la justice, qui ne savent plus se rebeller et qui seront bientôt remplacés par des machines, moins coûteuses, moins prétentieuses, et moins sujettes à l'erreur. Avant, on demandait aux juges de connaître le droit mais d'avoir aussi du cœur et le sens de l'équité. Aujourd'hui, même la Cour de cassation ne casse plus, ou de moins en moins, elle est pourtant gardienne de nos droits et de nos libertés, payée pour ça ! Gardez-vous cependant des amalgames, on ne parle dans les journaux que des mauvais juges et la justice est comme les trains qui ne font parler d'eux que quand ils déraillent. Les bons juges, et ils sont légion, n'intéressent pas plus les Français que les trains qui arrivent à l'heure et que les paquebots qui ne font pas naufrage.

K

MOUAMMAR KADHAFI

Oui, j'ai été l'avocat du colonel Kadhafi, et j'ai gagné son procès. Oui, je l'ai rencontré, j'ai assisté à une revue militaire qu'il présidait, oui j'ai dîné avec lui dans le jardin de sa résidence éventrée par un bombardement américain, en présence de l'ambassadeur des États-Unis, dîner à l'issue duquel, de sa place, il s'est fait apporter des pistolets pour tirer en l'air des fusées éclairantes devant quatre ou cinq chefs d'État africains aussi surpris que nous. J'ai surtout défendu, en maintes circonstances, l'État dont il était le chef, c'est-à-dire le peuple libyen. L'homme, qui avait été si beau, était devenu très laid et ridicule, aveuglé par le pouvoir, mais il aimait sa terre et son peuple, et c'est en jurant vouloir faire son bien qu'il lui a fait tant de mal. Jamais pays si riche n'a été plus mal et plus sottement gouverné, mais c'était un État laïque, l'ordre y régnait comme à Varsovie, et nul n'y mourait de faim, encore qu'il y avait de quoi, au-delà de la poule au pot, les gaver tous de caviar et de foie gras. C'est un pays où le caviar était assez mal partagé, mais ce n'était pas le seul.

SEÏF EL-ISLAM KADHAFI

Seïf el-Islam Kadhafi, deuxième fils du Guide de la Révolution libyenne, est né avec une cuillère en or dans la bouche et, après une carrière sans faute, il a tout gâché à l'heure de la Révolution, refusant aux puissances occidentales de se réfugier à l'étranger et soutenant publiquement la ligne dure adoptée par son père. En quelques jours, l'idole est tombée par terre, confirmation de la proximité du Capitole et de la roche Tarpéienne. Fils du dictateur libyen, très beau de sa personne, anglophone et germaphone, élégant et distingué, diplômé d'architecture à Tripoli, MBA de l'université autrichienne IMADEC, docteur de la London School of Economics, il a réglé l'indemnisation des victimes des attentats de Lockerbie et du DC-10 d'UTA, il a trouvé une issue à l'affaire des infirmières bulgares et, dans des discours publics, il a pris ses distances avec son père : « Le système de gouvernance en Libye doit être revu en profondeur, c'est la priorité numéro un. » Tel il était quand je l'ai rencontré à Paris et à Tripoli, grand séducteur, allant même jusqu'à recevoir Mme Rudetzki, redoutable égérie des victimes de l'attentat du DC-10 d'UTA. Que s'est-il passé en 2011 et pourquoi Seïf el-Islam a-t-il évoqué devant les caméras de la télévision des « rivières de sang » ? Il craignait, il est vrai, une islamisation radicale de son pays : « Ce n'est pas la société civile qui se dresse en face de nous, mais des islamistes qui complotent depuis des mois avec Al-Qaïda », considérant les insurgés comme « ... des islamistes fanatiques et fondamentalistes, des terroristes soutenus par des étrangers, des mercenaires à la solde de Sarkozy ». Les historiens ont du pain sur la planche, mais j'espère qu'ils établiront que Seïf el-Islam a été un mauvais prophète et Bernard-Henri Lévy un bienfaiteur de l'humanité.

LES KATANGAIS

Les événements de Mai 68 n'ont connu qu'un seul mais très singulier épilogue judiciaire aujourd'hui complètement oublié. Quand les forces de l'ordre sont enfin parvenues à reprendre la Sorbonne et l'Odéon, une vingtaine de manifestants non étudiants, dits les « Katangais », ont décidé de poursuivre le mouvement et ont littéralement pris le maquis dans un bois près de Vernon. À la suite de dissensions internes entre partisans ou non d'actions violentes et peut-être aussi pour une affaire de cœur, ces hommes ont condamné l'un d'eux à mort, Jean-Claude Lemire, dit « Jimmy le Katangais », qui fut exécuté d'une balle dans la nuque. Huit hommes ont été arrêtés peu après. L'affaire, instruite par un homme de cœur, le juge Bertrand Cadi, fut renvoyée devant la cour d'assises d'Évreux, qui entendit des religieux venus au secours de ces soldats perdus, les abbés Rolland, Salmon-Legagneur, Seurre et Burin des Roziers, donnant à cette affaire une dimension exceptionnelle. Par arrêt du 6 juillet 1970, deux de ces hommes étaient condamnés à six années de réclusion criminelle, les autres étaient acquittés, dont mon jeune client, une sorte d'exalté très sympathique. Rejetés par les étudiants, sans véritable famille, sans emploi, ces tout jeunes hommes ont voulu continuer à se battre pour une société plus juste, plus libre, en pleine utopie, en plein délire, en plein rêve.

VÉNUS KHOURY-GHATA

Française de cœur, libanaise de naissance, citoyenne du monde, Vénus Khoury-Ghata est un grand poète, un écrivain francophone de talent, amoureuse de notre langue, et qui avait sa place à l'Académie, d'autant qu'elle sait aussi faire le taboulé, le curry d'agneau et les feuilles de vigne. Partout et nulle part, abeille et fourmi, elle n'entre dans aucun tiroir, elle ne fait partie d'aucune catégorie. À peine assise, elle se lève, d'une idée à l'autre, elle ne pleure jamais, ne se plaint pas, ne fait rien à moitié et, quand elle aime, c'est à la vie à la mort. C'est une Carmen, une Tosca qui tient aussi de Giselle et de Violetta. Comme aurait dit Voltaire, si Vénus n'existait pas, il faudrait l'inventer.

GEORGES KIEJMAN

Georges Kiejman est, avec Jean-Denis Bredin, Jacques Vergès, Thierry Lévy et Henri Leclerc, un des avocats les plus doués de sa génération. D'abord il est grand, avec une belle gueule et une voix précise, coupante, idéale pour débiter des méchancetés qu'il étaie sur une argumentation juridique en béton armé. C'est lui qui, avec Jean

Robert Bouyeure, a défendu Jean Dubuffet dans le procès fleuve qu'ils ont fini par gagner contre Renault. Après s'être battu pour contraindre le constructeur automobile à achever une sculpture monumentale, *Le salon d'été*, dont il avait interrompu l'édification, et avoir obtenu satisfaction, Dubuffet le lui a interdit, au motif que les œuvres d'art sont pour les gens qui les aiment. Tel il était alors qu'il aurait pu, comme je le lui avais conseillé, négocier avec Renault, prêt à lui verser une très forte indemnité. Georges Kiejman a plaidé pour moi lorsque les principales associations de Chinois de Paris m'ont attaqué lors de l'adaptation théâtrale d'*Interdit aux Chinois et aux chiens* par l'excellent Pierre Lefèvre, au théâtre des Déchargeurs puis au théâtre de Nesles. La salle était pleine de Chinois, venus en nombre à l'audience, et je crois que le tribunal, la greffière, Georges et moi étions les seuls à n'avoir pas les yeux bridés. Il va sans dire que Kiejman a brillamment gagné ma cause, mes adversaires, qui n'avaient rien compris à mes louables intentions, étant déboutés de toutes leurs demandes, jugement dont ils se sont bien gardés de faire appel. Kiejman, je le vois encore de temps en temps, il est très amical avec moi, mais il m'intimide.

GÉNÉRAL D'ARMÉE ANDRÉ KOLINGBA

Quand on le citait, il fallait dire : « Le général d'armée André Kolingba, président de la République centrafricaine », comme on dit « Sa Très Gracieuse Majesté » de la reine d'Angleterre. Comme beaucoup de chefs d'État africains, il avait pris le pouvoir par un coup de force, confirmé ensuite par des urnes bourrées de bulletins à son nom, mais il n'était pas plus mauvais qu'un autre et laissait faire le proconsul français de l'époque, le colonel Jean-Claude Mantion, ancien des services spéciaux, qui tenait le pays bien en main. Comparé au très charismatique Bokassa, Kolingba était une marionnette sans éclat et je crois qu'il le jalousait. Telle était du moins l'opinion du très grand sorcier qu'était Bokassa, lequel se vantait d'avoir des pouvoirs surnaturels. En Afrique, c'est monnaie courante, tout le monde y croit. Kolingba serait venu une nuit dans la prison de Bokassa, elle-même située dans le camp de Roux, pour tenter de lui arracher ses secrets en échange d'une grâce présidentielle, mais aucun pacte diabolique n'a été conclu et Faust est resté médiocre. Kolingba nous avait promis, à Szpiner et à moi, par l'intermédiaire de Mantion qui nous servait de messager, que Bokassa, qui ne pouvait échapper à la peine de mort, pour l'exemple, serait gracié s'il se tenait tranquille. Au cours de son procès, il a parlé toujours très respectueusement du général d'armée André Kolingba, président de la République centrafricaine, et les choses se sont passées comme prévu. Nous avons tout de même obtenu qu'il soit acquitté pour cannibalisme, car cela aurait terni l'image du pays, d'autant qu'on le soupçonnait de festins singuliers avec un chef d'État voisin et du vol des bijoux de la couronne, pour ne pas compromettre l'épouse d'un chef d'État très respecté qui les détenait. Arrivé quatrième aux élections présidentielles d'octobre 1993, largement battu par Ange-Félix Patassé, Kolingba a profité des quelques jours qui séparent l'élection de la passation de pouvoirs pour faire un cadeau empoisonné à son successeur en amnistiant Bokassa, lequel en a immédiatement profité pour se promener dans les quartiers populaires de Bangui, en grand uniforme de maréchal de Centrafrique, avec toutes ses décorations, dont la grand-croix de la Légion d'honneur, dans une voiture découverte.

L

LAÏCITÉ

Ce qui doit, de par la loi française, être laïque, c'est l'école publique et l'université publique. Pas les élèves, qui ont tous le droit d'exprimer leur foi, à la différence des maîtres qui enseignent dans des établissements dépendant de l'Éducation nationale. Rien n'interdit, au regard du principe de laïcité, aux élèves des lycées de porter un voile, une kippa, une croix, une étoile de David, une main de fatma, et de même dans la rue et dans tous les lieux publics. Quand j'étais étudiant, à la Sorbonne, à la faculté de droit et à Sciences-Po, étaient assis à côté de moi sur les bancs des amphithéâtres des prêtres en soutane et des bonnes sœurs en tenue, qui toutes avaient la tête voilée. Cela ne choquait personne. L'espace de nos libertés s'est réduit puisque, par un véritable détournement du principe de laïcité, on interdit à une musulmane de porter un voile à l'école et à l'université, je ne parle pas du voile intégral, mais d'un simple foulard sur ses cheveux. Cette législation imbécile a pour effet d'inciter les croyants à la provocation. Si j'étais étudiant, je porterais une tonsure, une robe de bure, des sandales, une croix sur la poitrine et un chapelet autour de la taille. Et, si l'on m'interdisait l'accès à l'université, je me défendrais devant les tribunaux, devant le Conseil constitutionnel, devant la Cour européenne des Droits de l'homme. Et je gagnerais mon procès.

GÉNÉRAL DE LARMINAT

Il est des héros français oubliés que je cite ici pour rafraîchir la mémoire de quelques-uns. Je n'ai pas connu le général de Larminat mais, en 1962, je devais plaider devant lui pour le lieutenant Bernard, traduit avec le lieutenant Godot et l'adjudant Robin devant la Cour militaire de justice qui n'avait alors jugé qu'une seule affaire, celle du lieutenant Degueldre, condamné à mort le 28 juin 1962, fusillé le 6 juillet. Les circonstances atténuantes accordées au général Salan par le Haut Tribunal militaire, qui lui permirent d'échapper ainsi à la peine de mort, n'ayant pas été de son goût, le général de Gaulle créa par ordonnance la Cour militaire de justice qui était composée d'hommes à lui et siégeait en dernier ressort, c'est-à-dire sans appel et sans possibilité de se pourvoir en cassation. Le général de Larminat, compagnon de la Libération, avait été désigné pour présider cette juridiction d'exception dont le rôle principal était de condamner à mort. Larminat s'était engagé comme simple soldat pendant la Grande Guerre, trois fois blessé, une fois au fort de Vaux et deux fois à Verdun, qu'il avait achevée à vingt-trois ans, capitaine, chevalier de la Légion d'honneur. Il rejoint la France libre dès 1940, jeté en prison, il s'évade, débarque en Provence, libère Bordeaux, La Rochelle, Saint-Nazaire et Lorient. Nommé, comme je viens de le dire, président de la Cour militaire de justice, il ne put, pour raison de santé, ce fut du moins le motif invoqué, présider les débats dans l'affaire Degueldre, remplacé par l'ineffable général Gardet. Le 1er juillet 1962, alors qu'il était hospitalisé au Val-de-Grâce, le général de Larminat fut reçu à l'Élysée par le général de Gaulle, entretien resté secret et dont nous ne connaissons donc pas la teneur. En sortant de l'Élysée, il dit à son chauffeur de le conduire chez lui plutôt qu'au Val-de-Grâce. Vers minuit, sa femme le retrouva dans son bureau où il venait de se tirer une balle dans la tête. Il avait laissé une lettre à l'intention du général de Gaulle : « Je n'ai pas pu physiquement, ni mentalement, accomplir le devoir qui m'était tracé. Je m'en inflige la peine, mais je tiens à ce qu'il soit su que c'est ma faiblesse et non votre force et votre lucidité qui en sont la cause. » Les termes de cet adieu étaient clairs « ... le devoir qui m'était tracé... », il avait donc reçu des consignes, et c'était de condamner à mort puisqu'il écrivait : « Je m'en inflige la peine. » Ce suicide romain honore le général de Larminat et déshonore celui qui a siégé à sa place et tous ceux qui composaient cette infâme juridiction. Le Conseil d'État qui n'avait pas le pouvoir de ressusciter le lieutenant Degueldre et le colonel Bastien-Thiry, tous deux condamnés à mort et exécutés, avait celui d'annuler cette Cour militaire de justice, ce qu'elle fit par arrêt prononcé en assemblée plénière : « L'ordonnance sus visée n° 62618 du 1er juin 1962 instituant une Cour militaire de justice est annulée. » En d'autres termes, prononcés par une juridiction illégale, les condamnations à mort suivies d'exécution de Degueldre et de Bastien-Thiry sont nulles et ils n'ont pas été jugés mais assassinés.

PAUL LAUBARD

Oncle de Françoise Sagan, Paul Laubard était le plus pompidolien des pompidoliens, il en parlait comme les grognards parlaient de l'empereur et se serait jeté de la tour Eiffel s'il le lui avait demandé. Paul avait de la jugeote et un brin de culture, il avait lu Drieu, Brasillach, Bernanos, Céline et certainement un peu Maurras mais, de celui-ci, il ne se vantait guère, car il était prudent comme la couleuvre et ne dévoilait qu'en famille ses opinions véritables. Marié à un très sympathique dragon qui montait à cheval comme un homme, pour nous « tante Lilian », Paul éprouva, pour Lucette Almansor, quand Bob Westhoff et moi la lui avons présentée, une véritable passion. Il faut dire qu'elle avait, à cette époque, à peine plus de cinquante ans, qu'elle était belle, alerte, très séduisante et amusante, qu'elle venait de vivre vingt-cinq ans avec un génie. Elle vénérait toujours Louis-Ferdinand, mais s'était vite émancipée, avait passé son permis de conduire, s'était acheté une voiture Karmann, et avait commencé à jeter un peu son argent par les fenêtres. Quand elle entrait dans le salon de Marie Quoirez, habillée parfois de façon « artiste », dans des tenues qu'elle se bricolait elle-même avec des carrés de soie qui avaient tendance à se détacher les uns des autres, elle faisait sensation, surtout qu'elle ne portait ni soutien-gorge ni culotte. Elle s'était du reste déjà retrouvée entièrement nue avec moi un soir au premier rang de balcon à l'Opéra, une autre fois dans la loge de Marcel Aymé, et l'on avait l'impression que Paul Laubard guettait une récidive. Extrêmement timide, Lucette peut, comme tous les timides et pour vaincre son mal, réaliser des prouesses inattendues et se mettre à parler pour dire n'importe quoi, comme Turenne se baladait sous les obus pour vaincre sa peur. C'est comme cela qu'elle était toujours chez Marie Quoirez, d'un naturel absolu, avec ses ensembles de soie qui ne demandaient qu'à glisser à ses pieds. En 1970, après le décès de mon père, Bob Westhoff et moi, qui avais besoin de changer d'air, l'avons emmenée chez les Laubard à Cajarc pour une soirée mémorable, grâce à un mainate qui se trouvait dans une pièce attenante à la salle à manger, et qui prit part à la conversation dans des conditions dont je ne suis pas encore revenu. Le Toto de Céline ne voyageait heureusement pas avec nous, il en serait mort de honte ou de jalousie.

JEAN-PHILIPPE LAUER

C'est évidemment en Égypte que j'ai rencontré Jean-Philippe Lauer, né en 1902, décédé en 2001 à l'âge de quatre-vingt-dix-neuf ans. Quand je suis allé en Égypte avec Lucette Almansor et Bob Westhoff, nous avons été reçus au Caire par mon parrain, Raymond Eïd, qui nous a emmenés visiter la pyramide de Saqqarah, dont le pape, depuis 1926, était Jean-Philippe Lauer. Les deux hommes étaient amis depuis très longtemps et nous avons été reçus à bras ouverts, mais il nous a fallu subir la visite du plus ancien monument en pierre de taille de l'humanité, guidés par celui qui lui avait consacré toute sa vie et qui l'avait sauvé. L'homme ressemblait à un égyptologue de *Tintin*, avec un chapeau de toile enfoncé jusqu'aux oreilles et peut-être même un mouchoir sur la nuque et une loupe à la main, en tout cas des lunettes sur le nez, le pas et le débit rapides. Il faut dire que nous n'avions qu'une journée et qu'il devait nous raconter près de cinq mille ans d'histoire, sans compter le déjeuner, à base de salades, dans son gourbi qui dominait le site. J'ai connu quelques archéologues, à commencer par Jean Leclant, que je vénérais, Jean-Yves Empereur, qui m'a fait visiter les fouilles de Nécropolis à Alexandrie, et André Laronde, celles de Cyrène, ils ont tous un côté fourmi, mais le roi des fourmis, c'était Lauer. Moi qui préfère les pyramides en pointe, plus franchement pyramidales que celles à degrés, je n'étais pas là pour émettre une opinion, ni pour faire des observations, j'étais là pour écouter, pour apprendre, pour admirer. Sinon, j'aurais dit que certaines reconstructions..., qu'une espèce d'auvent en béton..., mais vous pensez bien que j'ai gardé tout ça pour moi et que je conserve de cette journée un souvenir ébloui.

DOCTEUR CLÉMENT LAUNAY

Le docteur Clément Launay, grand-père de Jérôme Garcin, habitait boulevard Saint-Germain avec sa femme, qui aimait la poésie, et leurs trois filles. Ma mère lui amenait ses trois garçons qu'il traitait moins sur le plan médical — c'était le docteur Landold qui s'en chargeait — que sur le plan mental. Il fallait absolument que les enfants de la bonne bourgeoisie prennent, dès l'enfance, le droit chemin, pour devenir de bons bourgeois. Qu'ils n'aillent pas succomber au chant des sirènes, ou aux tentations de la pédérastie et voter à gauche. Jean-Claude, de trois ans et demi mon aîné, est celui des trois qui posait le moins de problèmes à mes parents, hormis ses consternants résultats scolaires, lesquels n'avaient d'égal que les miens et ceux de mon frère Jean-Noël, celui-ci de quatre ans et demi mon cadet. Jean-Claude a été élevé plus à la dure que moi, de santé fragile il est vrai, ce dont je jouais de façon magistrale. Dans la foulée, Jean-Noël a été élevé de manière encore plus libérale, un peu comme si mes parents avaient renoncé à avoir des enfants normaux. Ma mère me menait régulièrement chez Clément Launay dont la première démarche était de me faire mettre nu et la seconde de me faire effectuer toutes sortes de tests, toucher mon oreille droite avec ma main gauche, lever un pied puis l'autre, marcher à reculons, regarder en l'air, faire demi-tour, toutes manœuvres que j'effectuais sans difficulté mais dans la crainte qu'une érection vienne troubler ces exercices, événement qui ne manquait pas de survenir au plus mauvais moment, quand ma mère entrait dans le cabinet du docteur ou juste avant qu'elle en sorte. Ces visites me donnaient l'impression, plutôt agréable, que je n'étais pas comme les autres. Le docteur Launay n'a heureusement changé ni mes côtés normaux, ni les aspects de ma singularité que je n'échangerais pas contre tout l'or du monde.

JOSÉE LAVAL

Josée Laval n'était pas belle, pas particulièrement élégante, mais elle était la fille unique et adorée de Pierre Laval, et marquise de Chambrun. Comme sa mère n'aimait pas trop les mondanités, Josée accompagnait souvent son père dans les cérémonies officielles ou en voyage, et c'est ainsi qu'en 1935 elle le suivit à Moscou, pour rencontrer Staline. René de Chambrun, son mari, descendant de La Fayette, était de droit citoyen américain, ce qui permit à Josée, son épouse, de passer à travers les mailles de l'épuration. On ne pouvait d'ailleurs lui reprocher que d'être la fille de son père et, pendant l'Occupation, d'avoir reçu beaucoup de ses amis, parmi lesquels pas mal d'officiers allemands. Fortunée — Laval était riche et Chambrun plus encore —, elle était très généreuse, Arletty en savait quelque chose. Elle était toujours prête à secourir les amis dans le besoin, parmi lesquels des gens qui, pour avoir travaillé avec son père, avaient rencontré quelques difficultés à la Libération. Je voyais René et Josée de Chambrun à l'Opéra, où elle dormait pendant le premier acte et partait avant le second, non sans avoir serré quelques mains, dont la mienne et celle de Lucette Almansor. Comme elle avait connu Céline au début des années 40 — c'est même chez elle qu'il a rencontré Arletty pour la première fois —, j'ai tenu à l'interroger quand je préparais la biographie de l'écrivain, mais elle n'avait pas grand-chose à en dire, à moins qu'elle n'ait pas voulu me dire ce qu'elle en savait.

Je la voyais aussi chez Jean-François et Lucienne Lemaire qui aimaient réunir des gens qui n'étaient pas faits pour se rencontrer, ce qui donnait à leurs dîners une saveur particulière. On la disait peu intelligente mais, quand il s'agissait de son père, c'était une furie, une forcenée, une Agrippine, et j'aimais beaucoup ce côté lionne. Il fallait un certain courage, après la guerre, même étant sa fille, pour défendre Laval, cet homme de gauche qui était devenu un abominable épouvantail, coupable de tous les malheurs de la France. Chambrun, par ailleurs bien falot, que le maréchal Pétain avait connu enfant et qu'il appelait le « petit lapin », a participé à cette défense avec le même courage et avec la même détermination, vantant surtout son côté socialiste, mais ça lui était plus facile qu'à elle, grâce à La Fayette !

OLIVIER LECOURT

Olivier Lecourt, ancien avocat, ancien premier secrétaire de la Conférence, est mort le 10 décembre 2012, âgé de soixante-huit ans, vice-président du tribunal de grande instance de Créteil, à huit jours de sa retraite. C'était un canard très particulier, une pièce unique, chef-d'œuvre d'indépendance et d'originalité qui, je le crains, n'a pas toujours été très heureux, au point d'avoir sombré dans certains excès qui ont été pour lui autant de refuges. Son discours à la rentrée de la Conférence avait fait sensation, consacré à Georges Fourest, immortel auteur de *La Négresse blonde*. Un vent avait traversé la 1re chambre de la cour d'appel de Paris dans laquelle on avait vu frissonner les robes rouges des plus hauts magistrats de France. D'une prodigieuse culture littéraire, il n'aimait pas que Fourest mais aussi Rabelais, Céline et Boby Lapointe, et je me souviens de son émotion quand je l'ai conduit pour la première fois à Meudon pour dîner chez Lucette Almansor, dans la maison qui avait été celle de Louis-Ferdinand. Fondateur et gourou des Parrhésiens, académie, secte ou clique littéraire à laquelle j'appartenais, ainsi dénommée en raison du fait que la parrhésie est une figure de style consistant à dire ce que l'on a de plus intime, notion proche de la licence et du franc-parler, Olivier nous réunissait pour des confrontations, des lectures, des discours, des rencontres que nous achevions fort tard et pas toujours en bon état. Parmi les plus doués de sa génération, spécialisé en droit du travail, qu'il n'aimait pas, Olivier a quitté le barreau pour la magistrature où il s'est singularisé par son indépendance et sa manière très particulière de traiter ses affaires et de mener ses audiences. Présidant un tribunal correctionnel jugeant des personnes poursuivies pour conduite en état d'ivresse, il avait l'habitude de leur rappeler ce truisme « il faut boire ou conduire », ajoutant : « pour ma part, j'ai choisi, je bois », ce qui sous-entendait qu'il ne conduisait pas. Ses confrères magistrats l'aimaient bien, et plus encore mes confrères des barreaux des tribunaux dans lesquels il a servi. Mi-magistrat, mi-avocat, il n'a jamais très bien su qui ni où il était, il avait besoin qu'on le lui dise, qu'on le prenne par la main et qu'on l'aime.

FRANÇOIS LEHIDEUX

Né en janvier 1904, François Lehideux était, quand je l'ai connu en 1984, un vieux monsieur à poil gris, très confortablement installé devant un feu de cheminée, chez lui, avenue Gabriel. Sa route avait été semée de cahots et d'embûches, mais il en parlait comme s'il avait fait une honnête carrière de surnuméraire des Postes. Fils de banquier, beau-frère de Louis Renault, il a succédé à Pierre Pucheu dans le gouvernement de l'amiral Darlan, le 18 juillet 1941, fonction qu'il a exercée jusqu'au 18 avril 1942, quand Pierre Laval a constitué son deuxième gouvernement. Emprisonné à la Libération, il a bénéficié d'un non-lieu pour insuffisance de charges et faits de Résistance, puis il est devenu président de l'Association pour défendre la mémoire du maréchal Pétain dans laquelle Jacques Isorni l'avait embringué. En 1984, à la suite d'un encart paru dans *Le Monde* du 13 juillet, l'Association nationale des anciens combattants de la Résistance et la Fédération nationale des déportés ont porté plainte pour apologie de crime. Comme Zola, mais celui-ci pour injures à l'armée, Isorni et Lehideux ont fait l'objet de poursuites et il s'est trouvé un juge d'instruction, M. Grellier, pour les renvoyer devant le tribunal correctionnel malgré les réquisitions de non-lieu du procureur de la République, reprises à l'audience par le substitut Philippe Bilger, qui devait s'illustrer ensuite devant la cour d'assises et plus encore devant les médias. Je raconte un peu cet étrange procès dans l'article consacré à Jacques Isorni, et son dénouement en apothéose, le 23 septembre 1998, par un magnifique arrêt de la Cour européenne des Droits de l'homme qui a condamné la France pour atteinte à la liberté d'expression. Lehideux n'a pas assisté à ce triomphe, il était mort quelques mois plus tôt, le 21 juin 1998.

JEAN-MARIE LE PEN

La première fois que j'ai vu Jean-Marie Le Pen c'était en juillet 1962, à Vincennes, devant la Cour de justice militaire qui jugeait les lieutenants Godot et Bernard et l'adjudant Robin. Au banc de la défense, il y avait Jean-Louis Tixier-Vignancour, Le Coroller, André Damien et moi. J'avais trente ans, une très mince expérience professionnelle, et d'autant plus peur que la jurisprudence de cette juridiction d'exception était constante. Elle n'avait jugé qu'une personne, le lieutenant Degueldre, qu'elle avait condamné à mort et qui avait été exécuté. Parmi les témoins, nombreux et magnifiques, Jean-Marie Le Pen, éblouissant. Je l'ai vu une deuxième fois quand il voulait obtenir de Lucette Almansor l'autorisation de publier sur disques les interviews de Céline, mais elle voulait qu'aucun amalgame ne puisse être fait entre l'extrême droite et l'auteur de *Voyage au bout de la nuit*, entre Jean-Marie et Louis-Ferdinand. La troisième fois que je l'ai rencontré, c'est à Saint-Eustache, le 31 mai 2005, aux obsèques de Jean-Marc Varaut, au cours desquelles, à la demande de son fils Alexandre, j'ai prononcé son éloge, devant une église comble, où l'Institut, la Magistrature, le Barreau, Vergès en tête, et le monde politique étaient brillamment représentés. Jean-Marie Le Pen était au premier rang, à côté de Roland Dumas, de François Léotard, d'Arnaud Montebourg, de Philippe de Villiers et d'Alain Madelin, à deux pas de la princesse Napoléon, d'Hélène Carrère d'Encausse et de la fine fleur de ce qui se fait en matière de gratin parisien. Il paraît que je fus émouvant, sans omettre de mettre les pieds dans le plat en parlant de Maurice Papon, car j'avais le souvenir des scandaleuses obsèques de Jacques Isorni au cours desquelles personne n'avait osé prononcer le nom du maréchal Pétain. À gauche comme à droite on m'en fut gré et, à la sortie, Jean-Marie Le Pen me félicita avec une émotion qui n'était pas feinte. Aucune occasion ultérieure ne nous a réunis et il ne s'en trouvera probablement pas.

YVONNE DE LESTRANGE

La vicomtesse Yvonne de Lestrange, qui avait été un temps duchesse de Trévise, louait à ma grand-mère le premier étage de l'hôtel Saint-Simon, 3 rue Monsieur, appartement que j'habite depuis cinquante ans, situé en dessous de celui de mes parents où je suis né le 21 mai 1932. Bénévole à l'Institut Pasteur, la vicomtesse avait une voiture américaine, un maître d'hôtel, les châteaux de Chitré et d'Écharcon, une cuisinière et une dame de compagnie qui lui servait de secrétaire. Amie d'André Gide, cousine de Saint-Exupéry, qu'elle considérait comme un frère, maîtresse de Ramón Fernandez et de Marc Allégret qui n'avait dédaigné avant elle ni les faveurs de Gide ni celles de Cocteau, Yvonne de Lestrange représentait pour moi la quintessence de l'élégance, de la bonne éducation, de la culture et de la générosité. Son âme est encore ici, chez moi, et nul doute que tous ceux qui ont hanté sa maison y sont toujours présents, à commencer par Gide qui venait, en voisin de la rue Vaneau, dîner régulièrement avec elle, fantômes bienveillants qui veillent sur moi et sur les miens, marchent sans bruit sur mes parquets Versailles, s'insinuent dans mes petits appartements sinon dans mon lit, et me tiennent la main chaque fois que je fais entrer dans ce dictionnaire quelqu'un qu'ils ont connu, un événement qu'ils ont vécu, un sentiment qu'ils partagent.

LA LIBERTÉ

Oui, que de crimes on a commis en son nom, mais qu'elle est belle cette liberté et que je l'aime ! Je sais de quoi je parle, les avocats sont ses champions, ses amoureux, ils en vivent. Cousine de la Tolérance, proche parente de la Raison et de la Nature, il faut cependant craindre ses excès, comme il faut se méfier des séducteurs. Vous leur tendez la main, ils commencent par la caresser, puis ils vous la mangent, puis ils mangent votre bras et le reste, aussi faut-il toujours se garder de ce qui chatoie. La liberté absolue, c'est l'enfer, la loi du plus fort, celle de la jungle, le droit d'injurier, de diffamer, de tromper, de mentir et de mentir encore, celui d'inciter au crime, de calomnier, de dénoncer des innocents et de pratiquer la délation aussi naturellement que l'on boit son café le matin. Aussi faut-il des lois hélas, hélas ! Et des juges pour les appliquer, trois fois hélas ! Tant pis pour nous autres anarchistes, tant pis pour moi.

BRASSERIE LIPP

Harengs-pommes à l'huile, poireaux-vinaigrette ou salade de mâche-betterave, j'hésite toujours un peu. Ensuite, c'est entre les pieds de porc, la tête de veau, quand il y en a, et le bœuf gros sel que mon cœur balance. Pour le dessert, sans faim, j'opine assez volontiers pour la tarte tatin qui se laisse manger, inondée de crème fraîche et de sucre en poudre. L'important est d'y avoir une bonne table, pas avec les ploucs au fond, ni au premier étage avec des plus ploucs encore. Il ne faut pas non plus s'y rendre avec des gens ordinaires, pour ne pas brouiller les pistes, vous n'êtes pas n'importe qui, qu'on le sache et qu'on se le dise ! Depuis des lustres, j'ai mes habitudes chez Lipp où j'ai vu (le plus souvent à des tables voisines) la terre entière. Si je portais des chapeaux, j'en donnerais des coups à gauche et à droite, pour faire croire que je connais tout le monde mais, comme je ne porte pas plus de chapeaux que de cheveux, je salue d'un air entendu ministres intègres, académiciens qui n'ont pas voté pour moi, écrivains qui n'ont pas plus lu mes livres que moi les leurs, acteurs, actrices, demi-mondaines et parfois moins. On y est au spectacle, on y participe, on est heureux de s'y trouver en somme, et c'est pourquoi on y retourne. Dieu veuille que je meure avant Lipp, mais il n'y a aucun risque qu'il en soit autrement, cette brasserie est immortelle.

LIVE OAK

Dans *Une question d'orgueil* (page 201), Pierre Assouline mentionne l'existence de *Live Oak* comme d'une sorte de cabinet noir, à l'époque de la guerre froide, où se traitaient les affaires du monde et je ne sais quels complots entre les Américains, les Britanniques et les Français. C'est vrai qu'il fallait avoir l'habilitation *Cosmic* pour en faire partie, mais la porte n'en était pas infranchissable puisque je l'ai franchie. Dans *Un cheval, une alouette*, publié à La Table Ronde en 2000, j'ai brocardé cet état-major interallié, d'un caractère un peu particulier, enterré quelque part en Europe, censé préparer des ripostes aux crises à venir entre l'univers soviétique et l'Occident et où l'on ne se prenait pas pour ce que la décence m'interdit de citer nommément. Tenu au secret militaire, je ne peux en dire davantage mais, en lisant la version très romancée que j'en ai donnée dans *Un cheval, une alouette*, chacun comprendra que je ne m'y suis pas ennuyé : « Le meilleur moyen de se débarrasser des incapables étant de les promouvoir, on me nomma colonel et l'on m'affecta au Grand État-Major. Cette prestigieuse institution ne se réunissait que la nuit, aux chandelles, et sous terre [...] Le siège du Grand État-Major avait été creusé à même le sable et, poussé par le vent, il se déplaçait continûment, ce qui constituait une sécurité supplémentaire et ajoutait au secret de ses délibérations [...] Entre nous, on se parlait en clair, mais les procès-verbaux étant transcrits en langage codé et le code aussitôt détruit, tandis que l'on calcinait les procès-verbaux eux-mêmes dès qu'ils étaient établis pour éviter les indiscrétions et pour être certain qu'il ne restait aucune trace écrite des arguments avancés non plus que des décisions arrêtées en commun […] Les commandants des différentes armes n'étaient jamais informés des décisions prises, pas plus que le comité des ambassadeurs et non plus que le grand conseil. Pour mieux contrer les agents de l'étranger, les plans et les ordres du Grand État-Major n'étaient jamais transmis ni exécutés, ce qui leur conférait une confidentialité absolue et faisait de cette institution un modèle du genre […] Un jour le vent a soufflé plus fort que d'habitude, le sable s'est levé sur des milliers de kilomètres, rayant plusieurs villages de la carte et recouvrant toutes les entrées du blockhaus où siégeait le Grand État-Major. Malgré d'importantes recherches, il fut impossible d'en retrouver la moindre trace et, comme l'institution était secrète, personne n'osa signaler sa disparition. Ainsi meurent les ombres et les jours et les morts quand meurent les gens qui les ont aimés. »

LA LOI

Du fait de la diarrhée législative et règlementaire dont les Français sont accablés depuis quelques décennies, la règle « nul n'est censé ignorer la loi » n'a plus de sens puisque les professionnels eux-mêmes, magistrats et avocats compris, s'y perdent. Comme les lois sont mal faites, on ne peut les appliquer sans décrets d'application qui, eux-mêmes incomplets et mal rédigés, justifient que le garde des Sceaux publie des circulaires ministérielles pour dire comment il faut comprendre ces textes ou du moins comment il les comprend. C'est Montesquieu qui a écrit que les lois inutiles affaiblissent les nécessaires et je me demande ce qu'il penserait de la manière dont travaille aujourd'hui le législateur. Au lieu de définir de grands principes, laissant aux juges le soin de les interpréter, on légifère à outrance jusque dans les moindres détails, limitant ainsi la marge de manœuvre de la magistrature, laquelle sera bientôt inutile, remplacée par des ordinateurs. Ne parlons plus de l'équité, vertu éculée qui n'a plus de sens dans un monde réglementé dans ses moindres détails. Autre conséquence de cette situation, l'homme de terrain passe plus de temps à remplir des formulaires administratifs qu'à inventer, créer et à produire, et il faut multiplier le nombre des fonctionnaires pour appliquer la règlementation comme il faudrait multiplier les juridictions administratives pour juger les fonctionnaires qui l'ont mal comprise et mal appliquée, malheureuses juridictions qui sont accablées de recours et sont contraintes de remettre au lendemain sinon à l'année suivante l'examen des procédures dont les citoyens, excédés, les saisissent. L'État tout entier est empêtré dans une bouillabaisse administrative, laïque et républicaine, dont il n'est pas près de sortir, tandis qu'ailleurs on crée des entreprises en une minute, on embauche et on débauche librement, en bref, on travaille.

JEANNE LOVITON

Successivement épouse de Pierre Frondaie, auteur de *L'homme à l'Hispano*, maîtresse de Jean Giraudoux, de Saint-John Perse, de Curzio Malaparte, d'Émile Henriot, de Paul Valéry, de Robert Denoël et très probablement de Suzanne Bidault, Jean Voilier, de son vrai nom Jeanne Loviton, était un personnage hors du commun. Céline, qui la soupçonnait d'avoir assassiné son éditeur, Robert Denoël, et qui n'aimait pas traiter avec les femmes, écrivait du Danemark à Albert Paraz, le 15 novembre 1948 : « J'aime pas les jupons en affaire — Et puis d'où me tombe-t-elle cette pétasse ? Toute cette vermine du cercueil à Denoël qui lui-même ne valait pas tripette. » Travaillant au troisième tome de la biographie de Céline, *Cavalier de l'apocalypse*, j'ai été reçu par Mme Loviton en son appartement de l'avenue Montaigne, introduit dans cette bonbonnière par un maître d'hôtel en livrée. L'appartement avait tout le charme d'une suite du Ritz. Madame vivait comme à l'hôtel, mais c'était un hôtel de luxe, mobilier Louis XVI, porcelaines de la Chine, tableaux anciens, tapis d'Orient. Jeanne Loviton, qui était une vraie professionnelle, me reçut comme si, entre Céline et elle, il n'y avait jamais eu l'ombre d'un nuage. Elle me dit n'avoir conservé aucune lettre de lui, alors que je savais par Jean Clausel qu'elles étaient dans son coffre ! Elle admirait l'écrivain, n'était pour rien dans l'assassinat de Robert Denoël, disait des horreurs de Cécile Robert Denoël, dont j'avais recueilli le témoignage, évidemment contraire au sien, qui avait tout fait pour l'envoyer en prison et qu'elle considérait comme une épouvantable mégère. Elle feignait aussi de connaître à peine l'épouse de Georges Bidault, dont l'horrible Peyrefitte a fait Crapote. J'eus droit à une tasse de thé dans un service en porcelaine de Sèvres, la conversation fut animée, Madame était de bonne humeur, convaincue de m'avoir roulé dans la farine, embobiné comme elle avait embobiné tant d'autres, mis dans sa poche, anesthésié.

FABRICE LUCHINI

Quand il parle en public autant qu'en privé, il a l'air d'un possédé, animé par un feu interne, il s'entortille dans son verbe, ensorcelé par ce qu'il dit et qu'il écoute, en état second sinon en transe, presque sous drogue. Ce doit être pénible pour lui d'être toujours sur scène, surtout qu'il doit en rêver aussi la nuit. Il est comme le fou qui n'aurait aucun moment de lucidité, le marathonien qui continuerait à courir après l'arrivée, l'avocat qui n'arrêterait pas de plaider malgré la fin de l'audience. Il a une âme intérieure qui lui tient lieu de squelette et beaucoup besoin qu'on l'admire et qu'on l'aime, presque autant que l'auteur de ces lignes. Lui et moi on communie, on s'embrasse et on adhère, on se grise avec des mots de Louis-Ferdinand Céline qu'il enfile comme des perles. Il a fini par lui ressembler, à parler comme lui dans la vie, comme les dames qui ressemblent à leur chien, les chaisières à sainte Thérèse. Frère Fabrice nous a beaucoup aidé à sortir Céline du purgatoire dans lequel il est chaque jour un peu moins, mais il nous reste du pain sur la planche !

ANDRÉ LWOFF

Je n'ai connu que trois Prix Nobel, René Cassin, François Jacob et André Lwoff. Quand, le 26 juillet 1976, il y aura bientôt quarante ans, Jean-Pierre Dauphin, Philippe Alméras, Antoine Gallimard, Henri Godard et moi avons constitué la Société d'Études céliniennes, il nous fallait un porte-drapeau, surtout qu'à l'époque s'intéresser à Céline était encore suspect. Philippe Alméras assura la première présidence, puis Lwoff accepta avec enthousiasme d'être notre chef et il le resta pendant plusieurs années. Un Nobel à notre tête, membre de l'Académie des sciences et de la Française, grand-croix de la Légion d'honneur, nous avions de quoi clouer quelques becs. Lwoff avait connu Céline au cours de l'été 1920 à la station biologique de Roscoff où le jeune Louis Destouches, alors étudiant en médecine, après s'être intéressé à la « prolongation de la vie chez les *Galleria mellonella* », entreprenait des recherches sur la physiologie des *Convoluta*, vermicule qui héberge des algues symbiotiques, dont il éprouvait la résistance à l'urée, le plus souvent en urinant dans des bacs où il les retenait prisonniers, travaux qui n'ont pas bouleversé la science. La Société d'Études céliniennes, société littéraire en herbe, n'était pas ce qu'elle est aujourd'hui. André Lwoff réunissait le conseil d'administration dans son appartement de l'avenue de Suffren, réunions amicales au cours desquelles chacun apportait sa pierre à l'édifice en construction. C'est le recteur Gérald Antoine, spécialiste de Claudel, aujourd'hui membre de l'Académie des sciences morales et politiques, qui a pris sa suite, avant de me passer le flambeau en 1987. André Lwoff comme François Jacob, que j'ai connu chez sa cousine Micheline Maus, étaient des hommes d'une exquise courtoisie, avec des idées simples et justes, et qui vous écoutaient, des exceptions dans le champ clos des grands hommes.

M

MAI 1968

Dans la mise en garde de l'auteur qui précède *Prospectus et tous écrits suivants*, publié chez Gallimard à la fin de l'année 1967, Jean Dubuffet écrivait : « Je suis pour les tables rases » et, au paragraphe suivant : « Un seul régime salubre à la création d'art : celui de la révolution permanente. » Dans *Asphyxiante culture*, livre publié par le même au début de l'année 1968, on peut lire : « ... la caste bourgeoise cherche à se convaincre et à convaincre les autres que sa prétendue culture (les oripeaux qu'elle pare de ce nom) légitime sa préservation, le monde occidental légitime aussi ses appétits impérialistes par l'urgence de faire connaître aux nègres Shakespeare et Molière. » Dans ce petit chef-d'œuvre prophétique, il assimilait les ministres de la Culture à des ministres de la Police de la culture, constatant que : « La culture tend à prendre la place qui fut naguère celle de la religion [...] Le seigneur prévaricateur pour se faire absoudre ne fonde plus une abbaye mais un musée. » Il reste que, pendant les journées de Mai 1968, le prophète n'a pas mis le nez hors de chez lui, par crainte sans doute de prendre une pierre sur la tête. L'anarchiste qu'il était avait une sainte horreur du désordre. Mon patron, Pierre July, ancien ministre, était quant à lui ravi de voir la vieille république vaciller et il allait se promener tous les soirs sur les barricades, tandis que ses dix enfants se planquaient chez eux, volets fermés. Pour ne pas risquer de mourir idiots, Lucette Almansor, Bob Westhoff et moi avons décidé d'aller un soir à la Sorbonne où, dans le grand amphithéâtre, nous avons entendu de prétentieux discours d'insupportables universitaires. Sortis très vite de ce chaudron nauséeux, sur les conseils d'étudiants, nous sommes allés à l'Odéon où les échanges étaient plus vifs et l'ambiance plus jeune et plus sympathique. Quand nous sommes entrés dans la salle de ce si beau théâtre, l'orateur s'est interrompu et la salle a hurlé : « Les bourgeois avec nous ! » Le service d'ordre a dégagé trois places au premier rang de l'orchestre et nous avons passé une soirée plaisante et instructive au cours de laquelle mille idées ont été lancées que, pour beaucoup, nous partagions. Après avoir raconté notre soirée à Françoise Sagan, elle exprima le désir de m'accompagner un soir à l'Odéon. Partis de chez elle dans sa petite Austin, moi au volant, nous avons éprouvé beaucoup de difficultés pour approcher du Quartier latin car c'était une soirée plus chaude que les autres, on entendait au loin l'éclatement des grenades lacrymogènes, on parlait de voitures brûlées. Alors que nous roulions au milieu d'un attroupement, des jeunes ont reconnu Françoise, et ont entouré notre voiture en la secouant, certains sont même montés sur le toit. Tout cela était plutôt sympathique mais, après que les agents eurent dégagé notre voiture, Françoise me demanda de faire demi-tour et d'aller chez Régine où nous avons fini la soirée. Elle était un peu comme Dubuffet, elle aimait bien les révolutions, mais pas devant sa porte. Comme Lucette Almansor était seule chez elle à Meudon, je lui téléphonais tous les soirs à minuit pour m'assurer que tout allait bien. Un soir, à la fin du mois de mai, alors que Bob Westhoff et moi nous trouvions justement chez Régine, sa ligne sonnait occupée. Après l'avoir rappelée vingt fois avec toujours le même résultat, Bob et moi avons décidé de nous rendre à Meudon où la route des Gardes était encombrée de voitures de pompiers, la maison de Céline achevait de se consumer. Le perroquet Toto était dans sa cage dans le jardin où les trois chiens erraient, le vieux Tom assez mal en point, Delphine et Cricri ravies de nous voir. Lucette était introuvable. Bob et moi avons alors pris avec nous les deux chiennes et, en arrivant rue Monsieur, nous avons téléphoné à tous les amis proches de Lucette et à ses voisins, et c'est l'un d'eux qui nous a dit l'avoir recueillie. Attentat, pas attentat, on n'a jamais su. L'époque était propice à ce genre d'incident, on a retrouvé une échelle au fond du jardin, mais nul n'a jamais pu déterminer les causes exactes de l'incendie. Le lendemain, Lucette s'est installée chez moi rue Monsieur, on a vidé mon salon de ses meubles et c'est là que Mme Almansor a donné ses cours de barre au sol et de danse. Jamais cabinet d'avocat n'a été aussi animé ni aussi joyeux.

Céline l'appelait « dur de mèche » et c'est vrai qu'il avait toujours des cheveux qui lui retombaient sur l'œil un peu comme Hitler à la fin de ses discours hystériques. C'était un agité qui donnait l'impression de tourner en rond, prisonnier de son univers personnel, dont il ne voulait surtout pas sortir. Je l'avais croisé à Verrières-le-Buisson quand Louise et André de Vilmorin recevaient dans leur jardin, le dimanche, au printemps, promenades suivies de tasses de thé dans le salon bleu. M. le Ministre faisait semblant de s'intéresser à la nature, comme il faisait semblant de vous saluer avec plaisir, car il était poli. Peu après la mort de Louise, alors qu'il vivait seul dans une partie du château, Andrée de Vilmorin organisait pour lui des dîners et je me souviens de l'un d'eux, très mémorable. Autour de la table, André et Andrée de Vilmorin, Malraux, Victoire de Montesquiou, Lucette Almansor et moi. Valéry Giscard d'Estaing, alors ministre des Finances, s'était décommandé, au dernier moment, mais il avait promis de venir pour le café. L'auteur de *La condition humaine* a monologué pendant tout le dîner, sans que personne ne puisse placer un mot, et je me souviens surtout qu'il nous a raconté par le menu la visite qu'il venait d'effectuer à Colombey-les-Deux-Églises, dont il ne nous a rapporté que les petits côtés, comment le Général nettoyait son assiette avec du pain, comment il se grattait le nez et les oreilles, comment il parlait à son chat, et les pires banalités qu'il avait pu dire au cours de cette entrevue historique. Je ne comprenais pas toujours bien ce que disait le génie, car il parlait entre ses dents et les phrases sortaient de sa bouche comme de brefs aboiements accompagnés de raclements de gorge. Sa prose était émaillée de références historiques que nous ne connaissions pas car il avait l'art de sortir des inconnus de leurs tombeaux et de leur donner une importance décisive dans l'histoire de l'humanité. Il va sans dire qu'il buvait pas mal et que son visage, agité de tics nerveux, était en constant mouvement. Peu après que nous fûmes passés dans le salon bleu, nous avons entendu crisser sur le gravier de la cour d'honneur les pneus de la DS ministérielle. Puis nous avons été témoins du choc entre Valéry et André, le premier manifestement intimidé par le second, comme un petit garçon face à l'écrivain qui ne paraissait pas l'apprécier et qui n'a cessé de le rembarrer jusqu'au départ de la Citroën ministérielle. Quand Giscard d'Estaing lui a demandé ce qu'il pensait de la guerre du Vietnam, il lui a répondu que ce qui n'avait pas cent ans ne l'intéressait pas et que personne n'interdirait à la Chine de reprendre ses anciennes frontières. M. le ministre des Finances s'est alors lancé dans une théorie que Malraux a interrompue pour s'adresser à son chat qui venait d'entrer dans le salon par une chatière pratiquée dans le bas d'une porte : « Excusez-moi, Monsieur le Ministre, j'ai deux mots à dire à cette personne. Vous, j'ai bien vu ce que vous avez fait cet après-midi, et je ne suis pas content, vous voudrez bien m'en rendre compte tout à l'heure dans ma chambre où je vous dirai ce que j'en pense. Continuez, Monsieur le Ministre. » Il va sans dire que le futur président de la République avait perdu le fil de sa pensée dont nous avons été privés. Malraux buvait whisky sur whisky et, à minuit passé, André de Vilmorin et moi l'avons pris chacun par un bras pour le remonter dans sa chambre où l'attendait sa chatte, mais leur entretien a eu lieu sans témoin, à huis clos en quelque sorte, et nul ne peut savoir aujourd'hui ce qu'ils se sont dit. Tant pis pour les férus d'histoire.

MAMAN TOINON

Personnage de vaudeville, mais combien attachante, ma grand-mère maternelle était une formidable locomotive. Après avoir épousé Charles Chedeville, rentier alcoolique qui lui fit tout de même trois enfants, Jeanne Antoinette Mougel, Maman Toinon pour ses petits-enfants, divorça, s'enfuit en Angleterre au début de la Grande Guerre, avant de revenir vivre en France dans des conditions difficiles. Après avoir été Cosette un peu, elle fut comme Cendrillon et Blanche-Neige, la femme la plus heureuse du monde, grâce à Joseph Plassard qui était amoureux d'elle, la combla, adopta et aima ses enfants. Ce fut le prince charmant de notre famille, qui dora son blason et fit sa fortune, son bonheur. Devenue veuve en 1937, Maman Toinon s'émancipa, s'affirma, devint de plus en plus ronde, de plus en plus drôle, de plus en plus comtesse de Ségur, avec des coups de folie en plus. Elle a voulu mourir comme Mireille au soleil. Et c'est à Cannes, à deux pas de Villa Soligny, qui avait été le fief de Mme Boucicaut puis celui des Plassard, qu'elle s'est éteinte après avoir profité de la vie autant qu'il est possible d'en profiter et fait le bonheur des siens, ce qui lui vaut, j'en suis certain, une place de premier rang au Paradis.

GÉNÉRAL MANDABA

Le procès de Jean-Bedel Bokassa, qui s'est déroulé à Bangui, du 26 novembre 1986 au 12 juin 1987, n'était pas drôle en soi, mais il a été émaillé d'incidents comiques irrésistibles. Sa Majesté était accusée entre autres d'avoir fait assassiner un opposant politique, le général Mandaba, et d'avoir exigé de l'assassin qu'il prouve la réalité de son forfait en lui apportant son sexe. Un assez vaseux témoin est venu affirmer à la barre avoir été chargé de remettre à l'empereur, alors en son palais de Berengo, quelque chose enveloppé dans du papier journal, mais il n'avait pas ouvert le colis et ne pouvait affirmer qu'il contenait un sexe masculin. Bokassa s'est alors levé pour jurer qu'il n'avait jamais vu « la queue de Mandaba », provoquant l'indignation du président : « Pour un être humain, on ne dit pas la queue, c'est un vocable réservé aux animaux, on dit le sexe, la verge, la bite. » Et l'avocat général d'ajouter : « le pénis ». Tous les deux avaient oublié *le zob, la biroute, le braquemard* et *la quéquette* et *le zizi.* Szpiner et moi, qui l'avions remarqué, n'avons pas cru bon d'en faire l'observation.

NELSON MANDELA

Il y a une bonne dizaine d'années, dans le plus grand hôtel de Tripoli, je monte dans l'ascenseur et je me trouve seul, littéralement nez à nez, avec Nelson Mandela, encore que le sien dominait le mien car il était d'une stature impressionnante. Je savais qu'il était là pour voir son ami Moussa Koussa, dont j'étais le conseil, et j'en ai profité pour le lui dire. Avant d'arriver au rez-de-chaussée, nous avions entamé une conversation qui s'est poursuivie dans le hall de l'hôtel où il m'a expliqué que, pendant toute sa très longue détention, les Libyens ont subvenu aux besoins de sa famille, et c'était Moussa Koussa, quand il fut patron de la Mathaba, qui s'en chargeait. La Mathaba était une sorte d'école internationale de propagande, qui fut accusée de soutenir beaucoup de mouvements indépendantistes, irlandais, basque, corse, catalan et autres. Pour une fois qu'elle a aussi soutenu un saint homme, il fallait que je l'écrive. J'ai revu Mandela le lendemain à la réception de l'hôtel, mais il partait à l'aéroport et nous n'avons échangé que quelques mots. Je crois n'avoir jamais rencontré quelqu'un d'aussi charismatique, c'est-à-dire aussi manifestement inspiré par le Saint-Esprit.

FÉLICIEN MARCEAU

Félicien Marceau a passionnément aimé les femmes, et en premier la sienne, Balzac, qu'il ne trouvait pas assez méchant avec la société de son temps, l'Italie, surtout Capri, la langue française, l'Académie, lire, nager et Michel Déon. C'était un grand écrivain et un conteur intarissable qui savait se moquer de lui-même autant que des autres, un méchant pas méchant, fort en propos acidulés qui ont fait le succès de ses pièces, lesquelles sont autant d'échafaudages compliqués mobilisant un trop grand nombre de personnages pour être toutes montées à nouveau. La mode est à l'économie, on ne monte plus que des pièces à trois ou quatre personnages, et encore, le maître d'hôtel que l'on voit au premier acte fait-il souvent fonction de cuisinière au second. Le théâtre n'est pas mort mais il se meurt, tué par le cinéma lui-même tué par la télévision qu'Internet assassine tous les jours un peu plus. À la fin de sa vie, Félicien ne pouvait plus aller à l'Académie, partir en vacances, aller se promener à Bagatelle, dîner en ville, lire et surtout entendre. Il vivait confiné dans sa maison de l'avenue Perronet à Neuilly, qui avait besoin d'un coup de peinture et qu'on renouvelle les moquettes et les rideaux, entouré d'un personnel abondant et dévoué, qui le vénérait. J'y allais de temps en temps pour le rassurer, car il avait peur de la mort. Il était content de recevoir des visites, d'autant que nous n'étions plus très nombreux à faire le voyage, mais son regard était triste au moment des adieux, quand je l'abandonnais dans cette sinistre maison, meublée sans goût, comme un plateau de théâtre, un canapé, une lampe, un téléphone, deux fauteuils, trois chaises, quelques tableaux de lui au mur et des œufs partout, cadeaux de gens bien intentionnés qui ne savaient pas qu'à la suite du succès mondial de *L'œuf* les gens l'en avaient accablé de toutes les tailles et de toutes les couleurs. C'est bien d'avoir un passé, mais ça ne fait pas le bonheur. Il lui manquait de pouvoir écrire, de pouvoir lire, de voir mieux, d'entendre un peu, de recevoir plus d'affection. Mais quel écrivain, et quel ami !

LE MIME MARCEAU

J'ai connu le mime Marceau chez Georges et Marie-Josée Flouest, dans leur si belle maison de la rue Suger où ils donnaient des dîners et des fêtes à tout casser, comme s'il était urgent de profiter de la vie avant que la mort n'y mette un terme. Marie-Josée le pressentait. On y voyait Mac-Avoy, Arletty, Lucette Almansor et Bob Westhoff, Jean-Louis Tixier-Vignancour, Henri Leclerc, Jean-Denis Bredin, Bernard Murat, Philippe Sollers, Jean-Paul Dollé, frère de Marie-Josée, Bernard-Henri Lévy et beaucoup d'autres. À la ville, Marcel Marceau, comme pour se venger du silence qu'il s'imposait sur scène, était un bavard impénitent. Ça lui donnait un côté Lazare sortant du tombeau. Sa maison de campagne avait été cambriolée et le hasard avait voulu que je défende le cambrioleur, ce à quoi il n'avait vu aucun inconvénient, car j'avais eu la délicatesse de le lui demander. À la prison de la Santé, ce très sympathique malfrat, fin connaisseur en objets d'art et en mobilier ancien, me dit un jour : « Puisque vous connaissez le Mime, dites-lui que, si je n'ai pas emporté les deux fauteuils qui sont dans son entrée, c'est parce que l'un d'eux est faux ! » Quelques jours après, je transmis la commission à mon ami, très surpris, qui entreprit dès le lendemain les vérifications qui s'imposaient. Mon client n'avait pas menti.

ZEINEB MARCIE-RIVIÈRE

Mince comme un fil, habillée par Saint Laurent, toujours en noir, Zeineb Marcie-Rivière était une des femmes les plus élégantes de Paris. Aux murs de son hôtel de la rue de Varenne, la plus belle collection de Bonnard et de Vuillard qui se puisse imaginer, dont son mari a fait don au musée d'Orsay. Jean-Pierre Marcie-Rivière et Zeineb recevaient divinement, tant à Paris que dans leur maison de Sidi Bou Saïd, la plus belle sans doute de Tunisie. Elle avait connu ciel et terre, des artistes en nombre et des écrivains, sans compter Habib Bourguiba qu'elle avait aidé avant qu'il devienne président de la Tunisie. Notre temps broie lentement le monde de Zeineb, dont les richesses ont rejailli autour d'elle en pluies et dont les merveilles finiront dans nos musées, comme il tue le bon goût, le raffinement et un certain art de vivre à la française.

MARIE-ANTOINETTE

Conservateur et le contraire, c'est dans ma nature, pile et face. J'ai été pendant trente ans conservateur de musée, celui du Barreau de Paris, secondé par Yves Ozanam, qui faisait tout le travail, et moi de vagues interventions dans les cérémonies ou quand l'institution était menacée. Ce musée privé, administré désormais par Emmanuel Pierrat, est un rare bijou, installé dans des caves voûtées du XVIIe siècle, où sont exposés nos trésors, parmi lesquels notre collection de notes de plaidoiries, préparées par nos grands anciens dans des procès qui touchent à l'histoire de France. Celles de Berryer père pour le maréchal Ney, celles de Berryer fils pour Cambronne, de Labori pour Zola, de Gambetta pour des grévistes sous Napoléon III, de Poincaré, de Chauveau-Lagarde pour Marie-Antoinette, joyau de notre collection. C'est en 1989, année du bicentenaire de la Révolution française, que les héritiers de cet avocat ont mis en vente ce rare manuscrit, qui avait évidemment sa place dans notre musée. Philippe Lafarge, alors bâtonnier de notre Ordre, m'avait fixé une somme à ne pas dépasser. Après m'être assuré que ni les Archives nationales ni la Bibliothèque nationale n'exerceraient leur droit de préemption si c'était notre Ordre qui l'achetait, j'ai emporté l'enchère en doublant le plafond qui m'avait été fixé par mon bâtonnier. Comme le commissaire-priseur et l'expert me connaissaient, j'ai pu emporter le lot sans l'avoir payé et ce précieux dossier est revenu sous mon bras au Palais de Justice de Paris qu'il avait quitté, le 16 octobre 1793 à 4 h 30 du matin, sous celui de Chauveau-Lagarde. C'est le manuscrit le plus émouvant que j'ai jamais eu entre les mains. Chauveau-Lagarde commis d'office avec Tronson du Coudray, le 12 octobre 1793, alors que le procès devait s'ouvrir le 13, disposa de très peu de temps pour rencontrer la reine, prendre connaissance des pièces de son dossier et préparer sa défense. Aussi, les premières pages de ces notes sont-elles sagement écrites, puis l'on voit que le temps manque à l'avocat, l'écriture se fait de plus en plus précipitée et les dernières pages ne comportent que des mots jetés à la hâte, comme autant de pense-bêtes, pour tenter de sauver la reine, mais sa cause était perdue d'avance. Non contente d'avoir épousé Louis

Capet, elle était autrichienne, elle avait pas mal dilapidé les fonds publics et elle avait trahi la France en écrivant à sa mère des lettres indignes d'une reine de France.

GABRIEL MATZNEFF

À la piscine Deligny, monument historique qui a disparu de façon ridicule, surtout pour une piscine, en prenant feu et en coulant dans la Seine, Gabriel Matzneff était le roi de l'étrange faune que l'on y rencontrait dès le printemps et pendant tout l'été. Mince, élancé, le crâne rasé, la peau tannée par le soleil, avec son charme russe, il était le plus beau de la plage. Timide comme je suis, je n'ai jamais osé l'aborder, pourtant je l'avais lu, un peu dans *Combat* et plus en librairie, et je l'admirais en cachette, surtout qu'il avait dispersé à Rome, dans le Tibre et sur le Forum, les cendres de Montherlant. Il y avait de quoi me bluffer beaucoup ! C'est plus tard, je ne sais comment, bien après le naufrage de la piscine Deligny, que je me suis lié d'amitié avec l'auteur de *Maîtres et complices* et des discours à la librairie Mollat et à l'École normale supérieure, qui parle comme un livre, écrit le plus parfait français qui soit et dit fortement ce qu'il a à dire, sans aucun souci du « qu'en-dira-t-on », dont il se moque énormément. Ensemble nous dînons de temps en temps, souvent avec Maurizio Serra, je l'écoute, avec lui j'apprends, ils ne sont pas si nombreux les gens qui peuvent vous parler de Montherlant, Mitterrand, Mauriac, Cioran, Jean-Louis Bory, Louis Aragon, Hergé. Et quand il me dit ce qu'il pense de notre pauvre monde, je n'ai rien d'autre à dire que « tais-toi, François ».

CHARLES MAY

J'entends encore mon père dire à M. May, en 1940 : « Charles, partez en Amérique, rien ne vous attache ici, les Allemands sont partout, à la chasse aux Juifs, foutez le camp. » Au moment de la débâcle, il est parti à Nice avec Mme May, au soleil, à l'hôtel, avec ses complets coupés par son tailleur anglais, ses chemises sur mesure et ses cravates en soie, Mme May avec ses robes et ses bijoux, et ils ont attendu qu'en 1942 on vienne l'arrêter, qu'on le mette dans un wagon de marchandise pour Auschwitz, d'où il n'est pas revenu. Cette horreur a frappé mon enfance, j'avais dix ans quand il a été déporté, j'en avais treize quand il est apparu qu'il n'en reviendrait pas. On n'a jamais rien su des conditions dans lesquelles il est mort, aucun témoin, pas un mot. Quand, le cœur serré par la honte, je suis allé à Auschwitz et à Birkenau, il était avec moi. Ce sont des chrétiens qui l'ont assassiné, et qui en ont exterminé tant d'autres, des hommes à qui le Christ avait dit de s'aimer les uns les autres. Mais ce n'était pas des hommes, c'était des chiens.

STANISLAS MERHAR

Enfant de la balle et un peu enfant perdu, Stanislas Merhar a tous les dons, à fleur de peau, sauf peut-être celui d'être heureux, mais ce grand romantique est touchant d'angélisme. Il est aussi capable de compassion, je l'ai vu à l'œuvre au chevet de Joseph Joseph à l'hôpital Saint-Antoine. J'ai une véritable affection pour ce Chopin égaré dans un siècle qui n'est pas fait pour lui, observation d'autant plus juste qu'il est un merveilleux pianiste, ce qui ne l'empêche pas d'être aussi un comédien de grand talent.

1962

Il y a les *annus horribilis* et les autres, mais les autres ne sont pas toutes pareilles, c'est comme dans mon jardin, il y a autant de mauvaises herbes que de bonnes. Ainsi, pour moi, 1962 a été l'une des années les plus riches de mon existence terrestre. D'abord j'étais jeune avocat, secrétaire de la Conférence, je plaidais mes premiers procès politiques. En février, j'ai rencontré Bob Westhoff, en juin Lucette Almansor (Mme Louis-Ferdinand Céline), en juillet Françoise Sagan, en août Jean-Louis Tixier-Vignancour et en décembre Jean Dubuffet. Ces hommes et ces femmes, tous différents, allaient, d'une manière ou d'une autre, me marquer profondément et donner à ma vie, pour ne pas dire à mon destin, un tour nouveau. Le bouleversement a été complet, affectif autant que professionnel, littéraire et esthétique. Tous ces gens ont tué le bourgeois que j'étais et m'ont ouvert des portes et des portes, des boulevards.

ARTHUR MILLER

Arthur Miller est une des plus imposantes et impressionnantes personnes qu'il m'ait été donné de rencontrer. Je l'ai connu par sa femme, Inge Morath, ainsi que je le raconte à l'article que je lui consacre, dont j'avais fait la connaissance en Chine en 1979. Arthur ne venait pas très souvent à Paris, mais il assistait aux vernissages d'expositions de photographies de sa femme, toujours suivis d'un dîner, et à ceux de photos de Cartier-Bresson, notamment chez Claude Bernard. Nous avons aussi déjeuné ensemble à New York mais, bien qu'invité, je ne suis jamais allé chez lui en Nouvelle-Angleterre. L'homme était de grande taille et d'un physique peu avenant, encore qu'il faisait beaucoup d'efforts pour se mettre à votre portée et pour vous faire toutes sortes d'amabilités qui débutaient toujours par : « Cher François, ma femme vous aime beaucoup », mais il a commencé à me regarder d'un autre œil quand je lui ai montré mon exemplaire de la traduction française des *Sorcières de Salem*, à la première page duquel on peut lire : *à Lucette et Louis-Ferdinand Céline, amitiés Marcel Aymé*. Mais c'est le 11 septembre 2001 que les choses ont commencé à être sérieuses entre nous car il était à Paris ce jour-là, il se trouvait même dans l'avion au moment de l'attentat, et je devais donner le lendemain une grande réception en son honneur. Je lui ai évidemment proposé de tout décommander, comme l'avait fait Bernard Arnault pour le dîner prévu à la suite de l'inauguration, par Lionel Jospin, de la grande rétrospective pour le centenaire de Dubuffet au centre Pompidou. Après plusieurs entretiens, il décida de tout maintenir pour ne pas ajouter à la victoire des terroristes, pour montrer que l'Amérique ne capitulait pas, qu'elle gardait la tête haute, et que la vie était plus forte que la mort. Il resta longtemps chez moi, entouré d'une pléiade d'académiciens, d'écrivains, de diplomates et d'artistes, fêté comme le génie qu'il était. Inge était aux anges, non seulement parce qu'elle s'y lia d'amitié avec mon amie Nouha Alhegelan, alors ambassadrice d'Arabie saoudite, mais aussi parce que Arthur, quand il ne se plaisait pas quelque part, était capable de partir au bout de cinq minutes et en claquant la porte. Quelques mois plus tard, il m'invita à assister à Tokyo à la cérémonie au cours de laquelle l'empereur du Japon devait lui remettre l'équivalent du prix Nobel japonais de littérature. J'étais heureux de pouvoir être présenté au monarque, surtout que j'ai une affection particulière pour Tokyo où je ne suis allé pourtant que deux fois. Et puis Inge a été hospitalisée, atteinte d'un cancer qui devait l'emporter peu après, et la cérémonie au palais impérial a été annulée. Miller et moi, nous nous sommes écrit, puis j'ai appris qu'il vivait avec une autre femme, avant de mourir, lui aussi d'un cancer, en 2005. Avec lui, je n'ai pas bien su battre le fer, il était trop écrasant et moi trop ver de terre.

BERNARD MINORET

Bernard Minoret avait un physique de curé de campagne autant que de pape de la Renaissance, et il y avait chez lui autant de Charlus que de Mme Verdurin. Ce Médicis était un livre ouvert, un grand et fin lecteur et il fut le pygmalion de quantité de jeunes talents qui formaient sa cour. Il avait sa place dans les académies, le sort en a décidé autrement et il en est responsable, n'ayant jamais autrement vécu que comme il l'entendait, très paresseusement et singulièrement, entouré d'amis à sa dévotion, Jacques Fieschi, Claude Arnaud, Benoît Duteurtre, et de quelques célébrités féminines exceptionnelles, toutes comme lui disparues, Marie-Laure de Noailles, Liliane de Rothschild, Leonor Fini, Dora Maar, Zeineb Marcie-Rivière, Hélène Rochas. Avec Claude Arnaud, il a écrit *Les salons*, divine conversation entre Mme du Deffand et Julie de Lespinasse, qui fut jouée avec un immense succès, au théâtre du Rond-Point, par Madeleine Renaud et Nicole Courcel. Avec Danielle Vézolles, il a aussi donné *La fuite en Chine*, mise en scène par Alfredo Arias, au théâtre de Paris, et il a publié un roman chez Plon : *La Camarilla*. Ses autres chefs-d'œuvre sont restés dans sa tête, assez profondément enracinés. Il n'a jamais tenu de journal, on ne lui connaît pas de correspondances avec d'autres écrivains et, à part quelques poèmes de jeunesse, il n'y aurait rien dans ses cartons de publiable. Quel gâchis ! Je l'ai cent fois poussé à sortir de ses gonds et de son lit, mais, pas facile à secouer, il n'en a jamais fait qu'à sa tête. Comme aurait dit son ami Jean Cocteau, c'était un enfant terrible.

MIROIR

Pour Littré, le miroir, si cher à Narcisse, est du verre étamé ou du métal poli, qui réfléchit l'image des objets qu'on lui présente et dit la vérité sans ménagement. C'est surtout, pendant les jeunes années, un objet de vanité puis, pendant les suivantes et de plus en plus, un objet de désespérance. Il y a des miroirs pour les alouettes, d'autres pour des cochons qui les accrochent au plafond de leur chambre, et puis, pour les voyeurs, des miroirs sans tain qui sont mes préférés.

MISHIMA

Je n'ai connu qu'une personne qui ait rencontré Mishima, Inge Morath-Miller, qui ne s'en était pas remise. L'homme était d'une grande beauté et son œuvre est considérable, j'aimais ses côtés gladiateur masochiste, exhibitionniste et narcisse. De tous les hommes de l'histoire du monde, c'est, avec Alexandre et Voltaire, celui que j'aurais le plus aimé rencontrer. Je m'y serais sans doute brûlé les ailes, et peut-être serais-je mort avec lui, à Tokyo, en 1970, à l'âge de trente-huit ans, aujourd'hui parmi les dieux nippons pour l'éternité. La plupart des gens auxquels on pose la question de savoir qui ils auraient aimé rencontrer citent, ex aequo, Jésus et Napoléon. Chez les dames, arrivent en tête la Sainte Vierge, la Grande Catherine, Marie-Antoinette,

Mata Hari. J'aurais bien aimé connaître aussi Casanova, Louis II, Karl Marx, Léon Bloy, Raspoutine. Et Hitler pour l'égorger.

LES FUSÉES MISTRAL

Quand, en 1989, la France a vendu des fusées Mistral, fabriquées par Matra, au Congo en faillite, pays qui n'avait ni besoin de missiles sol-air, ni les moyens de les payer, avec évidemment toutes les autorisations administratives nécessaires et visas des commissions ad hoc, on n'a pas mal ri jaune dans les services du ministère de la Défense nationale. Tout aurait été comme sur des roulettes si Pierre Lethier, ancien de la DGSE, reconverti dans les ventes d'armes, avait été payé de sa commission. Pour se venger, il a craché dans la soupe et mis les pieds dans le plat en dénonçant l'affaire aux médias et au procureur, provoquant l'arrestation d'un de mes clients, honnête commerçant qui coucha le soir même à la Santé. C'était une affaire d'État dans laquelle personne n'était évidemment responsable sauf mon lampiste, que tous tenaient pour la cheville ouvrière de cette vente au Congo-Brazzaville alors que tout le monde savait que ces missiles ultra sophistiqués étaient destinés à l'Afrique du Sud, alors frappée d'embargo pour cause d'apartheid. Une fois mon client libéré, je demandai au juge d'ordonner toutes sortes d'enquêtes qu'il n'ordonna pas, se contentant de laisser le dossier pourrir lentement. Après de longs mois, mon client fut renvoyé seul devant le tribunal correctionnel mais, peu avant l'audience, j'obtins du gouvernement congolais, avec lequel j'avais quelques accointances, qu'il se désiste de sa constitution de partie civile et retire la plainte qu'il n'avait déposée que pour être du côté des honnêtes gens. À l'audience du tribunal correctionnel, le procureur de la République, privé de partie civile, requit la relaxe de mon client, à laquelle je ne me suis évidemment pas opposé. L'affaire s'acheva ainsi sans bruit, à la satisfaction du chef de l'État congolais, si ravi de mon action qu'il me convoqua à Brazzaville pour me consulter au sujet d'un important dossier. C'est ce qu'on appelait autrefois les tribunaux comiques.

PATRICK MODIANO

C'est chez les Marcie-Rivière, chez les Gallimard et par Hélène Rochas, que j'ai rencontré Patrick Modiano, qui est venu dîner un soir à Meudon chez Lucette Destouches. Né le 30 juillet 1945, comme Ernst von Salomon encore cadet en 1918, il a raté la guerre de peu. Il éprouve du reste une sorte de fascination, non seulement pour cette époque, mais pour les hommes qui l'ont connue, même enfants, comme moi. Il a aussi raté la guerre d'Algérie et Mai 68, les grands chocs de ces années. En Mai 68, il aurait pu descendre dans la rue, dresser des barricades, incendier des voitures, lancer des pavés contre le service d'ordre, mais ce n'est pas trop son genre. Cet homme a beaucoup souffert dans sa jeunesse et c'est sans doute pourquoi, balayant la timidité qu'il a monumentale, quand il me voyait, il parlait en toute liberté, comme avec le père qu'il n'a pas eu. Et nous recommencerons chaque fois que nous nous reverrons.

ARMIN MOHLER

Ancien secrétaire d'Ernst Jünger, Armin Mohler vivait avec sa femme à Munich, dans un très modeste appartement dont les murs étaient littéralement tapissés de livres, pour la plupart français. Physiquement, l'homme était épais, mais d'une grande finesse. Déçu par son temps, c'était un nostalgique, peut-être un peu de la glorieuse Germanie nationale-socialiste, mais plus encore de la vieille Europe, laquelle se fondait, malgré les frontières et les nationalismes, sur une élite intellectuelle, morte à jamais. Armin Mohler me confirma que Jünger n'était pour rien dans l'erreur, volontaire ou non, commise par Julliard et par le traducteur français de son journal, Henri Thomas, qui avait attribué à Céline, et non à Merline comme dans l'édition allemande, les violents propos antisémites rapportés par Jünger dans son journal des années d'Occupation. Tout le monde avait bien compris de quoi il s'agissait et il n'était ni utile ni nécessaire d'enfoncer Céline un peu plus alors qu'il était sur le point d'être jugé à Paris pour faits de collaboration. Mohler me révéla qu'il s'était rendu à Meudon, visite au cours de laquelle Céline s'était déchaîné contre Jünger : « Ce petit boche… cette espèce de flic… » Au moment des adieux, Céline lui dit : « Les Français ! Mais il n'y en a plus du tout ! Je suis le dernier Français… »

YANN MOIX

Yann Moix, très complice de Gang Peng, est à mes yeux l'un des plus brillants sujets de sa génération. Cet oiseau n'a pas que des amis, ce qui donne à son côté vipère autant d'occasions de se manifester. Le docteur Destouches, qui est avec Péguy l'un de ses modèles, pensait que la haine est bonne pour la santé, c'est sans doute pourquoi Yann se porte si bien, malgré son cœur d'or, ses excès de sentimentalisme et le sens de l'amitié qu'il a tenace. Travaillant à son film *Podium*, dans lequel Benoît Poelvoorde tenait le premier rôle, Yann Moix m'avait proposé celui du président du jury chargé de juger les faux Claude François. Le jour du casting, j'avais oublié le texte que je devais dire et j'ai été recalé, décision d'autant plus injuste que, dans le film, l'acteur qui joua mon rôle n'a pas dit un mot. Je déduis de cet événement que je suis plus doué pour le muet que pour le parlant, ce qui n'est pas une qualité pour un avocat.

CAPITAINE DE MONCLIN

Le capitaine Thiérion de Monclin n'était pas plus haut que Napoléon, dont il avait beaucoup les manières, les tics et les tocs. Ses ordres étaient clairs, brefs et secs, sans états d'âme, et ses quatre sous-lieutenants n'avaient plus qu'à les exécuter, Pierre Jarno, François Pic-Paris, Pierre-Gabriel Chandon-Moët et moi. Tourmenté par les événements du monde, qu'il aurait voulu différents de ce qu'ils étaient, il nous demandait notre avis sur tout, du moral des troupes à la qualité de la tambouille, de l'avenir de l'Algérie et du reste du monde, de nos officiers supérieurs et du général de Gaulle, qu'il n'aimait pas. Officier à l'ancienne autant que très moderne, il se posait la question de savoir ce qu'il faisait là, pourquoi il n'était pas moine quelque part dans un couvent, pourquoi la vie, pourquoi la mort ? Pour moi, c'était un chef idéal, d'autant qu'il avait lu et lisait beaucoup, qu'il me chargeait des missions que je n'osais lui demander de me confier, qu'il était plein d'humour et d'esprit et qu'il écoutait, avec l'air de s'y intéresser, ce qu'on lui disait. Le chef idéal en somme, sur mesure, avec lequel, comme dit vulgairement ma concierge, j'étais cul et chemise.

GASTON MONNERVILLE

Septième secrétaire de la Conférence dans la promotion de René-William Thorp, Gaston Monnerville a été accessoirement président du Conseil de la République puis du Sénat. Ce natif de Cayenne avait réussi à se faire élire sénateur du Lot, belle leçon de tolérance et de démocratie. Né en 1932, lui en 1897, j'étais de trente-cinq ans son cadet, mais il voulait faire une donation au musée du Barreau, dont j'étais le conservateur, et j'avais à mon cabinet Alex Ursulet, lui aussi secrétaire de la Conférence, né à Fort-de-France, il n'y avait pas de meilleur sésame. Ensemble nous sommes allés sur la tombe de Victor Schœlcher, au Panthéon, entendre Alex discourir sur l'esclavage, et au cimetière du Montparnasse sur celle de l'abbé Grégoire. Ancien collaborateur de César Campinchi, secrétaire de la Conférence dans la promotion de Paul-Reynaud, qui fut ministre de la Marine, Monnerville était un livre ouvert, d'une culture politique époustouflante, et il détestait le général de Gaulle qui avait osé demander aux Français s'ils étaient pour la suppression du Sénat. Ils avaient dit non et Gaston avait vu Charles reprendre le chemin de Colombey, ce dont il se félicitait bruyamment.

MONTREUIL-SUR-BLAISE

Situé en Haute-Marne, dans le canton de Wassy, pas très loin de Saint-Dizier, la petite commune de Montreuil-sur-Blaise, qui compte moins de deux cents âmes, reste un des lieux enchantés de mon enfance. C'était un village d'un autre temps, construit autour de la forge, dont le maître était mon oncle, Yves Suppot-Réveilhac, dont la maison, voisine de l'usine, était le château. Pendant l'Occupation, nous allions en train y passer les vacances de Noël. Oncle Yves avait une Chrysler équipée d'un gazogène, que conduisait Collet, son chauffeur. On se promenait dans le parc, on allait patiner sur la digue, on se régalait du cochon qu'oncle Yves avait fait tuer pour l'occasion, on écoutait Radio Londres à tue-tête, il n'y avait personne alentour pour nous dénoncer. Le temps avait suspendu son vol.

INGE MORATH-MILLER

En 1979, à l'invitation du gouvernement chinois, je me suis rendu avec Bob Westhoff et Jacques Houyvet à Pékin, Tchongking, Wuhan, Guilin et Canton, d'où nous avons pris le train pour Hong Kong. Voyage mémorable au cours duquel nous sommes allés en avion de Pékin à Tchongking. Il n'y avait qu'un avion par semaine, dans lequel nous étions les seuls Occidentaux car cette région de la Chine était encore interdite aux étrangers. Le terrain d'aviation n'avait qu'une piste et le bâtiment où nous avons été accueillis ressemblait plus à une grange qu'à un aéroport, avec de gros fauteuils club en cuir qui paraissaient dater de Tchang Kaï-chek. Tchongking, admirablement située le long des méandres du Yang-Tsé-Kiang et entourée de collines, était une petite ville coloniale un peu endormie, dans une région magnifique de rizières en gradins, que nous avons parcourue, avec des buffles guidés par des hommes dans l'eau jusqu'à la taille. Ce sont parmi les plus beaux paysages qu'il m'ait été donné de voir, absolument conformes aux gravures que l'on voyait, du temps de mon enfance, dans les livres de géographie et, rue de Babylone, sur les murs de l'appartement de ma grand-mère. Nous habitions dans le plus grand hôtel de la ville, une sorte de caravansérail avec une salle à manger comme un hall de gare dans laquelle il n'y avait que nous trois, notre guide, jeune officier chinois, et, à une autre table, deux femmes qui parlaient anglais. Le gouvernement nous avait invités à descendre le Yang-Tsé sur un bateau réservé aux Chinois, mais à l'avant duquel six cabines étaient à l'usage exclusif des nobles étrangers. Les autres occupants de ce quartier réservé étaient, outre le président japonais de l'association Chine-Japon, Inge Morath épouse d'Arthur Miller, qui voyageait avec Helen Foster-Snow, veuve d'Edgar Snow, célèbre journaliste ami de Tchou En-lai et que nous avions vues toutes les deux dans la salle à manger de l'hôtel. Le fleuve, à travers les célèbres gorges, nous mena dans des régions littéralement moyenâgeuses, notre bateau était entouré de sampans, sur les rives, des haleurs remontaient le courant, sans parler des arrêts sur l'une et l'autre rive, qui donnaient lieu à des scènes pittoresques, car les Chinois descendaient et montaient du bateau avec des ballots sur la tête et des paniers contenant des poules et des canards quand ce n'était pas un petit cochon, le tout avec des bousculades et des criailleries. D'origine autrichienne, Inge, qui parlait huit langues, dont le russe et le chinois, membre de l'agence Magnum, est l'une des femmes les plus intelligentes et sympathiques qu'il m'ait été donné de rencontrer. Très vite, Bob et moi sommes devenus ses amis et elle ne venait jamais à Paris, où elle avait un appartement, sans nous faire signe. Elle parlait d'Arthur, dans le lit duquel, en 1962, elle avait succédé à Marilyn Monroe, un an après son divorce, avec une vénération touchante, et elle me le fit rencontrer à plusieurs reprises ainsi que je l'expose dans l'article que je lui consacre. Née en 1923, elle avait donc neuf ans de plus moi, Inge était amie de Cartier-Bresson, auquel elle m'a présenté, et de tout le Gotha de la photographie, dont elle était l'un des membres principaux. Bob et moi l'avons emmenée dans quelques « bonnes maisons », chez Françoise Sagan, chez les Beistegui à Groussay, chez Lucette Almansor et chez quelques autres. Partout elle faisait sensation. À Meudon, dans la maison de Céline, affalée avec nous sur des coussins, dans la salle de danse, entourés comme nous étions de chiens et de chats, elle a pris un série de photos qui doivent être conservées par la Fondation qui porte son nom. Elle m'en avait donné une, que j'ai perdue. C'est parce que je perds tout, et avant de perdre la mémoire, que j'enfourne tant de souvenirs dans ce dictionnaire.

MOULOUDJI

Pendant les dernières années de sa vie, Mouloudji a fréquenté assidûment la maison de Lucette Almansor à Meudon, où nous dînions avec lui tous les dimanches, souvent avec Filip et Sacha Nikolic pour lesquels il était comme un dieu. L'homme était adorable il faut dire, tout de charme et de simplicité. Parfois, il venait avec sa femme, qui était plus compliquée, mais il était généralement seul. Lucette l'aimait tendrement et c'était aussi le cas de tous les habitués du petit cercle. Immense vedette, très populaire, il était l'auteur de chansons qui lui ressemblaient, poétiques et simples, françaises. Puis l'homme a été emporté d'un coup, comme un arbre subitement couché par la tempête.

J'étais à Saint-Roch avec Lucette pour ses adieux. Des centaines de petites gens avaient envahi l'église, tout le monde pleurait. Salut, Mouloudji, et merci.

MUSÉE

J'ai été très longtemps conservateur de musée, celui du Barreau de Paris, avant de passer le manche à mon ami Emmanuel Pierrat, en janvier 2013, avec la bénédiction de notre bâtonnier, Christiane Féral-Schuhl. Le plus souvent, mon rôle était celui d'une potiche, on me sortait quand il était nécessaire, j'avais à dire quelques mots, un petit discours ici, un petit discours là, secondé il est vrai par Yves Ozanam, qui faisait tout et défendait notre patrimoine comme une louve ses petits. Le visiteur qui s'aventure dans les caves voûtées du 25 rue du Jour découvre quelques merveilles, dont la plus belle collection du monde (nous sommes les seuls à les collectionner, il est vrai) de notes de plaidoiries d'avocats célèbres dans des procès historiques, ainsi que je le raconte à l'article « Marie-Antoinette ». Nous avons aussi, dans la plus émouvante salle de notre musée, les lettres d'adieu à leur bâtonnier de nos martyrs, écrites le plus souvent la nuit précédant leur exécution, et celle adressée au même par Pierre Masse, à la veille de sa déportation, mais nous n'avons pas celle qu'il écrivit au chef de l'État, en octobre 1940 : « Monsieur le Maréchal, j'ai lu le décret qui déclare que les Israélites ne peuvent plus être officiers, même d'ascendance française. Je vous serais obligé de me faire dire si je dois aller retirer les galons de mon frère, sous-lieutenant au 36e régiment d'infanterie, tué à Douaumont en avril 1916, à mon gendre, sous-lieutenant au 14e régiment de dragon porté tué en Belgique en mai 1940, à mon neveu, Jean-Pierre Masse, sous-lieutenant au 23e colonial, tué à Réthel en mai 1940. Puis-je laisser à mon frère la médaille militaire gagnée à Neuville-Saint-Vaast avec laquelle je l'ai enseveli ? » Arrêté et interné à Drancy en même temps que cinquante autres avocats juifs, Pierre Masse a été déporté le 30 septembre 1942 à Auschwitz, où il a été gazé peu après son arrivée.

N

MARC-ÉDOUARD NABE

Un peu turc, guitariste et peintre, le fils de Marcel Zanini est également écrivain. Cet homme qui sait tout faire aime déranger, ne pas faire comme tout le monde, ne surtout pas penser comme les autres et planter sa tente où les autres plient bagage, à Bagdad par exemple, du temps de la guerre criminelle voulue par George W. Bush, pour des motifs imaginaires, royal cadeau des États-Unis à l'Iran. Quand il voit le roi tout nu, il ose le dire, ce qui en fait un écrivain scandaleux, infréquentable et impubliable, au point qu'il s'édite lui-même désormais et avec succès. Il se drape volontiers dans sa tunique d'écrivain maudit, c'est son côté Bloy. Comme lui, c'est l'un des meilleurs écrivains de sa génération.

GÉRALD NANTY

J'ai connu Gérald Nanty dans les années 60, dans un bar de nuit qu'il tenait rue Palissy, à deux pas de Saint-

Germain-des-Prés, où me traînait Bob Westhoff, pour écluser un dernier whisky. L'endroit méritait son nom : « Les Nuages », car on y voyait à peine tant il était enfumé. C'était comme un long couloir où l'on retrouvait tel ou tel traîne-savates que l'on avait vu la veille et que l'on verrait le lendemain, tous venus là pour tenter d'oublier quelque chose. À tout prendre, l'endroit était lugubre, mais j'avais trente ans, j'étais amoureux, je comptais déjà quelques succès comme avocat, je connaissais des gens dont on parlait dans les journaux, des artistes, des écrivains, et je crevais d'ambition. C'était une vie à laquelle je n'avais pas été préparé, ni chez moi ni à l'école Bossuet. À la faculté de droit, à Saumur et en Algérie, on ne m'avait pas non plus appris à traîner dans les bars de nuit avec des gens qui, pour la plupart, y font semblant de s'amuser. Gérald était drôle et plein de charme, il nous tutoyait, nous offrait un verre de temps en temps, avait toujours un potin à raconter. Ensuite, je l'ai vu rue Sainte-Anne, où il tenait Le Colony, concurrent du Sept de Fabrice Emaer et, bien après, et plus souvent encore au Mathis. C'était un papillon de nuit que le jour faisait rentrer chez lui, et d'où il ne ressortait que la nuit tombée, un homme de cœur et d'esprit, mais quelle vie sinistre !

ALBERT NAUD

Albert Naud était petit, râblé, bâti un peu comme un tracteur, avec la voix rauque d'un paysan qui rameute ses bœufs. Il était d'ailleurs madré selon tous les sens du terme et paysan dans l'âme. Il avait été l'avocat de Céline et celui de Pierre Laval, ce qui est une façon de parler, puisque Céline a été jugé par défaut et puisque Naud a quitté la barre sans plaider pour Laval, ce qu'il a ensuite toujours regretté. Il ne gardait pas un très bon souvenir de Céline, qu'il n'a fait que rencontrer, à son retour d'exil, en 1951, mais avec lequel il a beaucoup correspondu. Il lui en voulait d'avoir été coiffé au poteau par Tixier-Vignancour, qui a si bien su tirer la couverture à lui que l'on a un peu tendance aujourd'hui à oublier le travail que Naud a fait dans l'ombre pour ce client difficile. Pour ménager la chèvre et le chou, le Normand qu'était Céline écrivait le même jour à chacun de ses deux avocats pour lui dire qu'il était le meilleur, qu'il n'avait confiance qu'en lui, sinon que l'autre ne valait pas tripette. Quand le commandant Dlimi s'est livré à la justice française, ce qui n'avait pas été prévu et lui valut quelques jours d'arrêt de rigueur et sa promotion au grade de lieutenant-colonel, le roi Hassan II a jugé que j'étais peut-être un peu jeune et pas assez expérimenté pour assurer seul une pareille défense. Après consultation de Georges Izard, membre de l'Académie française, qui était son avocat personnel, et après que j'ai été reçu par lui dans son bureau du boulevard Saint-Germain, Albert Naud a été désigné par Dlimi, alors détenu à la Santé. Je ne m'en suis pas inquiété car il y avait, entre Dlimi et moi, des liens trop forts pour que je puisse être évincé de sa défense, dont j'étais le chef, sinon en titre, du moins en fait, malgré la présence d'avocats marocains, les bâtonniers Benatar (de Casablanca) et Rabiah (de Marrakech) et de Magid Benjelloun qui avait démissionné de son poste de procureur général de Rabat pour s'inscrire au barreau et pouvoir ainsi prendre part à la défense du chef de la police accusé d'avoir participé à l'enlèvement de Mehdi Ben Barka. À peine le procès avait-il commencé qu'Albert Naud a été victime d'un grave accident d'auto, pendant un week-end, à Nantes, où je me suis aussitôt rendu avec Magid Benjelloun. Il était hors de question qu'il puisse participer aux débats prévus pour deux mois, et pas question non plus d'interrompre le procès, mais il promit, si son état le permettait, de venir plaider ou au moins dire quelques mots. Après que j'eus plaidé pendant trois heures, Naud a été porté à l'audience sur un brancard et, de sa voix caverneuse, un peu comme s'il parlait de l'au-delà, dont il avait l'air de revenir, il dit que Dlimi était un homme d'honneur, qu'il n'avait rien à voir avec l'enlèvement de Ben Barka et que la cour d'assises s'honorerait en l'acquittant, ce qui fut du reste fait le soir même. J'ai revu Naud ensuite à Rabat, où il était venu avec son amie qui ne fut pas appréciée comme elle le méritait. Albert Naud commit aussi une erreur en racontant nos visites au Palais dans *Les défendre tous*, un peu trop tôt après le procès et en ne me citant pas, exactement comme s'il avait été le seul avocat français du colonel Dlimi et le seul artisan français de son acquittement. Pour réparer cette injustice, le roi Hassan II m'invita à Fès, pour les fêtes données à l'occasion de son anniversaire, et me fit commandeur du Ouissam alaouite, honneur qui fut refusé à Naud, mais je n'y suis pour rien.

LA NEVA

Le 14 février 1984, à Saint-Pétersbourg, par vingt degrés en dessous de zéro, j'ai réalisé un de mes vieux rêves, me baigner dans la Neva. Avec mon neveu Mathieu et Sacha Nikolic, nous sommes allés sous les murs de la forteresse Pierre-et-Paul, où les Russes entretiennent un trou dans la glace, qu'il faut quand même recasser chaque fois avec une sorte de pilon. Tout aurait été facile sans un vent du diable qui faisait que j'étais déjà mort de froid avant de me jeter dans l'eau glacée. J'ai joui dans cette eau dans mon corps et dans ma tête plus que dans aucun de mes bains, à Helsinki quelques jours auparavant et en bien d'autres lieux, dans la mer du Nord, à Dieppe, dans les Alpes. Je me suis rhabillé en grelottant, mais le plus dur, je veux dire le meilleur était fait. Il nous a encore fallu marcher dans le vent jusqu'à la route, trouver un taxi, rentrer à l'Europa. Je m'étais vaincu, j'étais le plus heureux des hommes.

NIJINSKI

« *L'après-midi d'un faune* que j'ai vu hier soir est un spectacle qui vous étonnera. Les Romains, qui représentaient sur la scène les réalités de l'amour, n'eurent pas autant d'audace que Nijinski. Et je pensais qu'un homme qui lancerait une bombe au Châtelet un soir de première des Ballets russes purgerait la société française et ferait une œuvre pie. » Ce petit texte limpide a été écrit, le 30 mai 1912, par François Mauriac à Madeleine Le Chevrel.

Dans une précédente lettre, il lui faisait part de son intention de passer les fêtes dans un monastère en Belgique : « J'adore ces endroits où des gens se moquent saintement du monde et ne voient dans Nijinski rien de remarquable sinon une âme immortelle. » Le 7 août 1949, écrivant à Jacques Chazot, avec lequel il ne craignait pas de s'afficher lors de dîners littéraires : « Nijinski est un des deux ou trois êtres extraordinaires que j'ai admirés. » *Plic et Ploc* aurait dit ma grand-mère ! Avant elle, Molière avait écrit : « Cachez ce sein que je ne saurais voir. »

FILIP NIKOLIC

Dans *Un cheval, une alouette*, que je lui ai dédié, à « mon fils en quelque sorte », j'ai fait un portrait de Filip Nikolic que je ne renie pas. Je racontais comment nous nous étions rencontrés, quand il avait dix-huit ans et moi déjà presque soixante, lui espoir de la gymnastique française, moi déjà vieil avocat, et comment j'étais devenu son Pygmalion. Jamais je n'ai eu de meilleur élève : « Filip se multiplia, doué qu'il était pour l'ubiquité, avec ses muscles longs de félin et son squelette de chat. Jamais étudiant n'apprit mieux ni plus vite les trucs. À peine avait-il vu qu'il faisait, au risque de se rompre mais sans jamais manquer ni faillir avec élégance en plus et sans humeur. » J'ai emmené ce gamin en Amérique, en Russie, dans beaucoup d'autres pays et dans les meilleures maisons, les duchesses en raffolaient. Cent fois chez Lucette Almansor où il avait ses petites entrées, chez Zeineb Marcie-Rivière à Sidi Bou

Saïd avec Hélène Rochas et Charlotte Aillaud, à Venise chez Claude Bernard et chez Cristiana Brandolini, il a dîné avec Claude Pompidou à Aix-en-Provence, à Rabat avec l'actuel roi du Maroc, son frère et sa sœur, avec Johnny Hallyday, Carla Bruni, Jean-Edern Hallier, Patrick Besson, Angelo Rinaldi, Frédéric Vitoux, Jérôme Béglé, Anne de Bourbon-Siciles, Jean-Pierre Gredy, Sébastien Le Fol, Mouloudji qui l'aimait beaucoup, Roger Hanin, Jacques Vergès, Alain Delon, j'en oublie des quantités. Jack Lang est venu l'entendre au Zénith. Quand je publiais *Un cheval, une alouette*, en mars 2000, Filip avait déjà fondé avec Adel Kachermi et Frank Delay le groupe des 2Be3, coqueluche des Français de tous âges et de toutes conditions : « Alors les violons s'y sont mis, et les trompettes et les flûtes à tue-tête, les tambours à qui mieux mieux, provoquant la chute de tous les animaux qui s'étaient réfugiés dans les arbres pour assister à la métamorphose. » C'est bien de cela qu'il s'agissait, de l'éblouissante carrière d'un gamin de la banlieue, fils d'émigrés serbes, qui roulait en Porsche et en Ferrari, chantait à l'Élysée devant Jacques et Bernadette Chirac, avait sa statue au musée Grévin. Dans mon *Cheval* et mon *Alouette*, en 2000, pressentant la chute, j'écrivais aussi : « Demain pourtant il ne sera plus temps pour les choses d'aujourd'hui, pour les fruits à cueillir avant la nuit si prochaine, qui tuera tout. » Filip nous a quittés le 16 septembre 2009, il venait d'avoir trente-cinq ans.

NINI ET LOLO

Nini et Lolo étaient sœurs comme Pépita et Jeanne. Les deux premières avaient élevé ma mère et servaient mon grand-père, Joseph Plassard, à Épernon, les deux secondes m'ont élevé et servaient mes parents à Paris. Elles étaient libres mais, sans doute par peur de la vie et par attachement, un peu esclaves. Elles aimaient tant leurs maîtres, leurs enfants et petits-enfants, qu'à aucun prix elles n'auraient donné leur place, et c'est vrai qu'elles faisaient un peu partie de notre famille, où on les aimait. L'aînée, Lolo, c'était Charlotte, Nini, c'était Léonie, vieilles filles incurables, à la messe tous les matins, au travail toute la journée et tous les jours, sauf pendant celui du Seigneur. Lolo, déjà âgée, avait des crises d'étouffement, que la présence affectueuse de ma mère calmait mieux que le docteur d'Épernon. Les deux femmes habitaient au premier étage d'un bâtiment le long de la gare, tout en haut du verger et, quand tout allait bien, Nini mettait à leur fenêtre un drapeau blanc et un rouge en cas de reprise de ses crises. Jouant sur la terrasse et devant la maison principale, située en contrebas, nous devions surveiller leur fenêtre pour appeler ma mère en cas d'alerte et je la vois encore monter en courant au secours de Lolo. Ce sont de minuscules souvenirs, furtifs comme des éclairs, mais qui me collent au cœur et peuplent mes jours et mes nuits.

PHILIPPE DE NORBÉCOURT

Philippe de Norbécourt était le plus bel officier de l'armée française et sans aucun doute l'un des meilleurs. De mars à juillet 1958, il a été mon instructeur, à Saumur, où j'étais président du peloton qu'il commandait. Quand j'ai été nommé sous-lieutenant, il m'a demandé de rester avec lui pour instruire la promotion suivante d'élèves officiers de réserve et j'ai ainsi travaillé avec lui pendant un an, d'abord comme élève, puis comme instructeur. J'admirais autant ses qualités humaines que sa compétence, nous habitions la même maison, nous avons formé ensemble trente officiers de cavalerie destinés, dès leur sortie de l'école, à commander un peloton de combat en Algérie et nous sommes ensuite restés amis, d'autant que j'avais choisi de servir au 8e hussard où il avait lui-même commandé un peloton blindé. Nous avions les mêmes idées sur les mêmes choses, portions les mêmes jugements sur les mêmes gens, j'admirais cet homme qui était destiné à exercer les plus hautes responsabilités dans notre armée et je lui suis reconnaissant de m'avoir si profondément marqué et de m'avoir si bien appris comment me conduire dans la vie. Sa mort tragique n'est pas explicable. Il n'est pas dans l'ordre des choses qu'un officier supérieur, catholique pratiquant, marié et père de famille, dont la carrière était exemplaire, se tire un soir une balle dans la tempe.

RUDOLF NOUREEV

Rudolf Noureev était un animal sauvage. Je l'ai vu danser pour la première fois en 1961, au cours d'une inoubliable soirée dans *La Belle au bois dormant*, au théâtre des Champs-Élysées, avec le ballet du marquis de Cuevas. Il a réalisé ce jour-là les plus grandes difficultés au milieu d'une salle en délire. Il était jeune, il était beau, il venait de choisir la liberté, c'était un dieu. Je l'ai ensuite revu danser très souvent avec les plus grandes danseuses de son temps dont Margot Fonteyn, et j'ai passé une journée avec lui quand le Cercle Carpeaux, dont je fus longtemps vice-président, a décerné un prix de chorégraphie. Il présidait le jury, dont Juan de Beistegui, président du Cercle, et moi faisions partie. Nous l'avons attendu trois heures car il n'était pas prompt à sortir du lit, puis nous avons assisté à des présentations, avons déjeuné et délibéré avec lui, ce qui m'a permis de mesurer sa très vive intelligence et l'usage qu'il faisait de son charme car il nous a retournés comme des crêpes, nous avons tous voté comme lui. Quand il a giflé Michel Renault, lors d'un cours de danse donné par ce danseur étoile du Ballet de l'Opéra, au point de lui briser le tympan, la malheureuse victime est venue me voir pour porter plainte contre son agresseur. L'affaire avait fait grand bruit, et beaucoup de voix se sont élevées dans le milieu de la danse pour éviter un procès. Des amis comme Igor Essner, directeur de la danse au ministère de la Culture, André Larquié, lui-même ami de Noureev, futur directeur de l'Opéra, me suppliaient de calmer les ardeurs procédurières de l'outragé, qui jurait ses grands dieux qu'il ne voulait pas d'argent et que l'indemnité à laquelle il pouvait prétendre serait immédiatement reversée par lui à l'école de danse. Mon amie Claude Bessy, directrice de cette école, se frottait les mains en attendant la venue de cette manne. Accord fut finalement conclu, Rudolf écrivit une lettre d'excuse à Michel, accompagnée d'un chèque de cinquante mille francs. Il va sans dire que l'école de danse n'en a pas vu la couleur. Moi non plus.

FRANÇOIS NOURISSIER

J'ai peu connu François Nourissier, mais quel être charmant ! Sans doute meilleur juge et homme d'influence qu'écrivain, il était l'arbitre, le seigneur incontesté de tous les autres, qu'il affectionnait sans jalousie, et qui le lui rendaient bien. Tout le monde aimait Nourissier et tout le monde aimait Totote, que j'avais connue du temps de ma jeunesse, chez son père, Anatole Muhlstein, ancien ambassadeur polonais, qui donnait pour elle et pour sa sœur Anka des bals à tout casser dans son hôtel de l'avenue du Président-Wilson. Excessif dans ses affections comme dans ses détestations, la mesure n'était pas son fort, François Nourissier en a fait l'expérience et en a souffert, lui qui ne s'aimait pas, se jugeait mal, ne croyait pas en lui au point que l'on peut douter que, malgré les fées qui s'étaient penchées sur son berceau, il ait été pleinement heureux.

O

OAS

L'obstination des Français d'Algérie et les actions criminelles de l'OAS ont beaucoup nui à la réconciliation entre la France et l'Algérie indépendante, mais il ne faut pas oublier les crimes commis par le FLN, tant lors du déclenchement de la guerre que tout au cours de celle-ci, non plus que le massacre des harkis et de leurs familles, perpétré en violation des accords d'Évian. Rentré à Paris en mars 1960, après une année passée à la frontière algéro-tunisienne, à la tête d'un peloton de cavalerie blindée du 8e hussard, j'ai repris l'exercice de la profession d'avocat, que j'avais très peu exercée entre ma prestation de serment, le 5 décembre 1956, et mon départ au service militaire en octobre 1957. Officier français ayant combattu en Algérie, devenu rapidement secrétaire de la Conférence, j'ai été sollicité pour participer à la défense, sinon de l'OAS elle-même, du moins de ceux qui en avaient fait partie, avaient commis des exactions, et s'étaient fait arrêter. André Damien, alors avocat de la Saint-Cyrienne, puis Jean-Louis Tixier-Vignancour, Le Coroller et Goutermanoff ont dirigé vers mon cabinet des soldats perdus puis des civils poursuivis devant des juridictions d'exception ou de droit commun. J'ai ainsi plaidé un grand nombre d'affaires tant devant la Cour de justice militaire, qui siégeait à Vincennes, que devant le tribunal militaire spécial, devant la Cour de sûreté de l'État et devant le tribunal militaire. Dans le présent dictionnaire, j'évoque l'affaire Godot, Robin et Bernard, l'affaire de l'attentat du Petit-Clamart, et celle de l'attentat du Val-de-Grâce, mais j'ai aussi défendu les assassins du commissaire Van Cauwenberghe, les meurtriers de Camille Blanc, maire d'Évian, des hommes qui avaient participé à la nuit bleue, beaucoup de plastiqueurs et un malheureux sous-lieutenant de réserve qui avait effectué, sur l'ordre express de son chef de corps, ce que l'on appelait une « corvée de bois ». J'ai vécu, en ces occasions, des moments inoubliables, surtout au début, lorsque nous défendions des soldats perdus, magnifiques officiers pour la plupart, qui s'étaient engagés à l'égard des populations civiles qui nous étaient fidèles, et plus encore vis-à-vis des forces supplétives qui combattaient dans notre camp. Non seulement ces officiers étaient contraints de se parjurer mais le ministre de la Défense nationale, Pierre Messmer, leur avait interdit de ramener en France les harkis de leur régiment, ordre qui fut heureusement transgressé par beaucoup d'unités mais qui a valu à des hommes qui avaient cru en notre parole, et à leurs familles, d'être sauvagement massacrés. Ensuite, nous avons vu refluer les civils dont la défense était moins exaltante, têtes brûlées, qu'il fallait défendre malgré tout, meurtriers et plastiqueurs, quand ce n'était pas des cambrioleurs à main armée. C'est beaucoup là que j'ai appris mon métier, à défendre toutes les causes, à tenter d'expliquer à des juges hostiles le comment et le pourquoi de ces crimes. La mission de l'avocat, sa fonction sociale, n'est-elle pas d'expliquer, puisque celle des juges est de comprendre ?

LA GRANDE-DUCHESSE OLGA

Mon père, André Gibault, né le 9 septembre 1892, a été nourri au sein par une Bretonne, Mémé Toto, dont il n'a pas épuisé les ressources puisqu'elle fut ensuite la nourrice de la grande-duchesse Olga Nikolaïevna Romanova, née le 15 novembre 1895 à Tsarskoïe Selo, fille aînée du tsar Nicolas II et de la tsarine Alexandra. Selon la filiation par le lait, moins prestigieuse évidemment que les liens du sang, Olga Romanova était ma tante de lait. C'était une des plus belles et intelligentes princesses d'Europe, élevée par un précepteur français, Pierre Gilliard, une princesse romantique, qui avait refusé la main du prince Charles de Roumanie, héritier du trône, du fils aîné du roi George V d'Angleterre, et du prince héritier Alexandre de Serbie, qui voulait n'épouser qu'un Russe et était tombée amoureuse d'un officier de marine qui servait sur le yacht du tsar. Elle n'avait pas vingt-trois ans quand elle est tombée sous les balles soviétiques, le 17 juillet 1918, dans la maison Ipatiev, à Iekaterinbourg. Jamais un chien n'aurait fait ça.

ÉRIC OLLIVIER

Dans son journal, Jean Cocteau a souligné combien il était difficile d'être singulier dans un monde qui est pluriel et qui l'est de plus en plus. Éric Ollivier en a fait l'expérience, lui qui, n'ayant jamais été pluriel, est la singularité même. Il a traversé son siècle en passeur solitaire et lucide. Comme les singes, et donc un peu comme moi, il peut sauter de branche en branche, se rattraper, rebondir, passer du chaud au froid, rester lui-même tout en changeant de peau, de rôle, de monde, la preuve en est qu'il a été le secrétaire de Mauriac, l'ami de Jean Cocteau, de Roger Nimier, de Stephen Hecquet, de Jean-Marie Rouart, et que les dames de la meilleure société parisienne se le sont arraché. C'est surtout un homme libre et un écrivain qui écrit, dans le plus parfait français qui soit, ce qu'il pense et ce en quoi il croit, au risque de casser ici et là un peu de porcelaine. Mais à quoi servent les écrivains s'ils n'en cassent pas ?

HENRI D'ORLÉANS

Sans être véritablement royaliste, je suis de ceux qui pensent qu'Henri d'Orléans aurait pu faire un roi des Français, meilleur pour cette fonction que son père, qui était prétentieux, sans humilité et comploteur. J'ai rencontré le prince Henri à Saumur, quand il était, comme moi, officier de cavalerie. Plus tard, sur la recommandation d'André Damien, il m'a consulté au sujet du cœur de Louis XVII car c'est un homme jaloux de ses racines et dont l'histoire fait corps avec celle de la France. Le prince aime follement son pays, il a du bon sens et du cœur, et je crois qu'il ne faut pas demander plus à un roi constitutionnel. Ce sont les qualités de Saint Louis, d'Henri IV et de Louis XVI, nos bons rois. À moins d'une révolution, Henri ne sera pas sacré à Reims, et le prince Napoléon n'a pas plus de chance que lui d'être couronné à Notre-Dame. C'est dommage, Henri V reconstruirait les Tuileries, il me ferait comte ou marquis, pair de France. Sur mes armoiries, je mettrais un singe et à mon épée une lame en bois parce que j'aime la parade, pas la guerre.

JEAN D'ORMESSON

Jean d'Ormesson est petit, mais il est grand parmi les grands, libre esprit plein d'esprit, ouvert au monde actuel, attaché au passé comme au présent et à l'avenir. Il peut réciter par cœur des pages entières de Léon Bloy et de Céline, dire n'importe quoi avec le sérieux d'un prophète, en rire dans la minute qui suit, construire, échafauder, démolir, c'est un transformiste qui ne change pas de vêtement, sauf pour aller à l'Académie où il se rend généralement en civil. Je l'ai rencontré en pas mal d'occasions, la courtoisie même. C'est un monument qui vous reconnaît, vous parle de vous, s'intéresse à vos projets, n'oublie rien, une sorte de Saint-Simon qui sait tout sur tout le monde et sur vous, mais sans l'amertume du duc et sans prétendre que, si on l'avait écouté, on aurait évité toutes les catastrophes. Il n'a pas cette prétention-là.

LES OTTOBRINI

D'origine italienne, Jérôme Ottobrini fut très longtemps notre électricien puis, l'âge de la retraite venu, sa femme devint notre concierge. Électricien de grand talent, il travaillait très salement, ce qui lui valait d'être traité de cochon par Pépita, la cuisinière de mes parents. Je me souviens que, pour savoir s'il y avait du « jus » dans une prise de courant, même de haut voltage, il se léchait les doigts et les mettait dedans sans réaction apparente, alors qu'il y avait de quoi tuer un bœuf. Paulette, sa femme, lui faisait tous les jours pour déjeuner un plat de spaghettis à la bolognaise. Paulette aimait Jérôme, les Gibault et les animaux, mais elle devait se cacher pour nourrir dans la rue les pigeons qui pullulaient et venaient faire caca dans notre cour. Comme Pépita gueulait contre les habitants de la rue Monsieur qui faisaient chier leurs chiens devant chez nous, Paulette, qui aimait aussi beaucoup les chiens, ramassait leurs crottes en douce pour éviter tout incident. C'était une vraie concierge, qui ne sortait jamais le soir et ne prenait pas de vacances, qui tirait le cordon pour ouvrir aux visiteurs, non sans les contrôler, et se précipitait pour ouvrir la porte cochère à notre premier coup de klaxon, dimanche compris. Elle avait tellement peur de mal faire qu'elle s'excusait chaque fois qu'on la croisait, devançant ainsi les reproches que nous n'avions aucune raison de lui faire. Jérôme est parti le premier, puis, ne tenant vraiment plus debout, elle a pris sa retraite à quatre-vingts ans passés, mais elle n'a pas survécu longtemps à cette infamie.

OUBLI

Enfant, je rêvais que mes parents m'oubliaient dans notre appartement démeublé, abandonné comme une valise dans une consigne de gare. L'oubli n'a pas les vertus du pardon. Je suis pour le pardon, tous les pardons, en toutes circonstances, et contre l'oubli, tous les oublis. Se souvenir n'entrave en rien la liberté et n'interdit pas le recommencement des actions, bonnes et mauvaises, cela peut même y inciter. Les jeunes s'accrochent à leurs souvenirs parce qu'ils en ont peu et les vieux parce que leur avenir s'amenuise et parce qu'ils savent que l'oubli est cousin de la mort. Les peuples jeunes n'ont pas d'histoire, elle est devant eux, ils l'écrivent, les gens des vieilles civilisations s'en nourrissent et, comme ils sont souvent en manque de gloire, ils s'en drapent, s'y vautrent, faute de mieux.

OUFKIR

En toutes circonstances, Oufkir était un aigle, au réveil le matin dans son lit, à moitié à poil, en train de boire un premier verre de champagne, sur le front des troupes, à une table de poker, face au roi, son maître, aux commandes d'un petit avion pour quatre personnes, moi à l'arrière, terrorisé. Ce n'était pas un pigeon, un moineau, une tourterelle, un perroquet, un poulet ou un coq, c'était un parfait oiseau de proie prêt à fondre sur son ennemi, de sang-froid, rapide comme un scorpion, mais je n'ai jamais vu un scorpion avec autant de charme. J'ai fait sa connaissance à Rabat, en août 1966, du temps de l'affaire Ben Barka. J'avais cinq ou six années de barre. À la fin du dîner, que nous avions pris chez lui tous les deux, il m'a demandé d'être son avocat dans l'affaire la plus importante et la plus compliquée du monde. Je venais d'avoir trente-quatre ans, mais les hasards de la vie m'avaient déjà conduit à plaider des affaires considérables, le procès Godot, Robin, Bernard, devant la Cour de justice militaire qui siégeait à Vincennes, puis le procès de l'attentat du Petit-Clamart qui avait été jugé par la même cour. À la fin du repas, le commandant Ahmed Dlimi nous rejoignit, grand jeune homme en short, avec une raquette de tennis à la main, alors directeur général de la police, dont j'allais aussi devenir l'avocat et dans la même affaire. Tous les deux m'ont tutoyé à la seconde et je suis devenu leur ami. Le lendemain matin, nous nous sommes envolés de la piste privée, devant l'hôtel Hilton, le général aux commandes, pour Casablanca où se trouvait le roi. Arrivés à la résidence royale, nous avons pris l'ascenseur jusqu'à l'appartement où se trouvait Hassan II, qui souhaitait faire la connaissance de l'avocat qu'avaient choisi son ministre de l'Intérieur et le chef de sa police dans un procès qui empoisonnait les relations entre la France et le Maroc. On m'avait seulement dit qu'il fallait l'appeler Sire ou

Votre Majesté et je lui en ai donné tout au cours de notre entretien, mais on ne m'avait pas dit qu'il ne fallait pas le contredire. Après qu'il m'eut exposé sa vision des choses, je lui ai dit sans hésitation que je ne les voyais pas du tout de cette manière et je lui ai dit comment je concevais la mission que m'avaient confiée Oufkir et Dlimi, qui faisaient tous les deux l'objet d'un mandat d'arrêt et n'avaient alors pas l'intention de se présenter devant la cour d'assises de Paris, ce que fera cependant Dlimi quelques semaines plus tard. Le roi m'a écouté avec beaucoup d'attention, puis il m'a dit très fermement : « Après tout, c'est vous l'avocat, pas moi, c'est votre métier, ce n'est pas le mien. À vous de jouer, vous avez carte blanche. » En me raccompagnant à la porte de l'ascenseur, qui ouvrait sur le salon où j'avais été reçu, il ajouta : « Vous savez, j'aime bien les jeunes hommes ambitieux. » Dans l'ascenseur, Oufkir me dit qu'on ne parlait pas au roi comme ça mais que, tout compte fait, j'avais réussi mon examen de passage. Et c'est vrai que tout s'est bien passé, Dlimi s'est présenté devant la cour d'assises et, après sept mois de détention et deux mois de procès, il a été acquitté et il est devenu, au Maroc, une sorte de héros national. Cet acquittement mérité mit un peu Oufkir en difficulté puisque, poursuivi par contumace, sans que je puisse assurer sa défense, il avait été condamné à la réclusion à perpétuité. Officiellement, j'étais son ami, il me recevait, m'invitait à des dîners et à des fêtes, mais le cœur y était moins et j'ai su qu'il me débinait un peu au palais. Je lui ai présenté Lucette Almansor et Bob Westhoff, il nous a reçus à Marrakech et nous a fait transporter dans le Sud, pour un réveillon mémorable, dans l'avion du chef d'état-major des armées, mais je sentais bien qu'il y avait de l'eau dans le gaz et la preuve en est que, lorsqu'il a été suicidé après l'attentat manqué contre le roi, le 16 août 1972, j'ai repris avec le palais des relations d'autant plus chaleureuses qu'Ahmed Dlimi, qui se trouvait avec le souverain dans l'avion, était devenu le chef de ses armées.

OUI

L'homme qui dit oui renonce au même instant à une part de sa liberté. Il perd un droit, il s'oblige, et accepte les liens qu'on lui a présentés sous un jour forcément trompeur. Un peu esclave, un peu prisonnier, il ne lui reste plus que la révolte ou le parjure, la honte et le remords.

YVES OZANAM

C'est un Moïse tonitruant et encyclopédique. Moïse à cause de sa barbe, tonitruant parce que c'est un stentor, encyclopédique parce qu'il sait tout. Depuis trente ans, il règne sur les archives et sur les collections du barreau de Paris, qui n'ont aucun secret pour lui. Il est l'ami de Chauveau-Lagarde et de Berryer père et fils, de Gambetta, de Labori et de Poincaré, de Pierre Masse et d'Isorni. Vous lui demandez le nom de jeune fille de la troisième épouse du bâtonnier Schmoll, il vous décline son état civil complet, la date de sa première communion, comment elle avait le visage, les mains et les pieds, pourquoi elle trompait son mari et avec qui. C'est un déluge qui vous tombe dessus, un raz-de-marée. Et, quand vous entrez dans son bureau, vous ne le voyez pas du premier coup d'œil, il faut de l'insistance, l'appeler de la voix pour qu'il vous dise où il est, comme la victime ensevelie sous une avalanche guide les pas de ses sauveteurs. Il y a autour de lui des piles et des piles de livres et de documents, des gravures, des cartons emplis de papiers et de reliques diverses dont il doit s'extirper pour vous rejoindre, au risque de voir s'effondrer les montagnes dont il est environné. Yves Ozanam vit dangereusement, c'est un brave, il mérite la croix d'honneur et une prime de risque. Il aurait pu être avocat, et même un grand ténor avec sa voix de basse, le vent aurait soufflé dans les voiles et il en aurait décoiffé quelques-uns, déshabillé même.

P

LA PAGODE

La Pagode était notre château de famille. Ma mère a passé une partie de sa jeunesse dans cette folie, ouverte sur un jardin dans lequel mes grands-parents se tenaient et recevaient à la belle saison. Construite par l'architecte Alexandre Marcel, avec beaucoup d'éléments qui venaient du Japon, la Pagode a été inaugurée en 1896, lors d'un bal costumé où Tout-Paris s'est précipité, les femmes en kimono, les hommes vêtus comme on l'était à la cour de Tseu-Hi, aujourd'hui Cixi, alors impératrice de Chine, ou à celle de Meiji, empereur du Japon. La Pagode, offerte par François-Émile Morin à sa femme née Kelsen, n'empêcha pas cette dernière, dès l'année suivante, de divorcer pour épouser un homme de quinze ans son cadet, Joseph Plassard. Devenu veuf, celui-ci épousa Maman Toinon, divorcée de Charles Chedeville, et adopta ses trois enfants, ma mère, tante Sim et oncle Jean. Je ne passe pas devant la Pagode, classée monument historique en 1986, sans un pincement de cœur. J'aurais dû m'y installer, m'y pavaner en costume de soie, y donner des fêtes, procurant ainsi autant d'occasions aux autres de me jalouser.

PARIS-DAKAR

Grand amateur de femmes, Bernard était beau gosse et mécanicien. Enrôlé dans une équipe technique suivant le Paris-Dakar, il tombe dans les bras de la première femme concourant à moto. Jusqu'ici l'affaire est simple, mais elle va se compliquer. Un cameraman de la télévision les surprend en train de s'embrasser, et l'image apparaît sur l'écran de télévision du mari de la dame, resté à Paris et qui prend le premier avion pour Dakar où il accueille les tourtereaux à l'arrivée de la course et avec fracas. C'était un monsieur très jaloux qui, une fois tout le monde revenu à Paris, va surveiller l'amant de son épouse, le suivre dans la rue, le harceler de coups de téléphone, au point que celui-ci prend peur et achète un revolver. Un soir, le mari jaloux sonne à la porte de l'appartement, où Bernard se trouve seul avec son petit garçon. Persuadé que l'autre vient pour l'assassiner, il se saisit de son arme, tire sur l'intrus et le tue. Généralement, les hommes tuent l'amant de leur femme, les femmes la maîtresse de leur mari, là c'est l'amant de la femme qui a tué le mari trompé, cas de figure exceptionnel dans les annales judiciaires. Après quelques mois de détention, le juge d'instruction, Mme Anzani, mit en liberté Bernard, dont j'étais l'avocat, et, après encore quelques mois, elle le renvoya devant la cour d'assises pour meurtre. La veuve eut le culot de se constituer partie civile contre mon client et de jouer, à l'audience, son rôle de veuve éplorée. Je plaidai évidemment la légitime défense car l'homme, même non armé, n'était pas animé d'intentions bienveillantes quand il a frappé à la porte de Bernard, lequel a préféré tirer le premier, ayant de bonnes raisons de craindre pour sa vie et pour celle de son enfant. La cour d'assises m'a entendu et mon client fut acquitté pour meurtre. Un avocat est toujours heureux quand il obtient l'acquittement de son client, qui est par ailleurs le plus charmant des hommes et un peintre de talent, mais je ne peux m'empêcher d'avoir une pensée pour celui qui, non content d'avoir été cocu, avait perdu tout à la fois, la vie et son procès.

LAURENCE PARISOT

Ce n'est pas pour rien que Laurence Parisot se coiffe comme Jeanne d'Arc. C'est un chef de guerre, habile à la manœuvre, qui conduit ses armées, par tous les temps, dans l'inextricable maquis de la société française, surtout qu'il ne fait pas bon y être riche et entreprenant. Autour d'elle, le terrain est miné abondamment, à gauche autant qu'à droite, en avant comme en arrière, de telle manière que, quoi qu'elle fasse, ça pète de partout. Il faut être en béton et en acier pour être le Patron des Patrons français mais souple aussi comme le serpent pour éviter les récifs. Pour moi qui la connais bien et qui l'admire en secret, c'est un dinosaure de charme comme je n'en ai pas connu beaucoup, maniant avec bonheur la force autant que la diplomatie, sachant s'arrêter quand il faut s'arrêter et repartir vite. Même à Byzance, même à la cour du roi Pétaud, même à Florence, elle aurait mis tout le monde dans sa poche pour le plus grand bien du plus grand nombre.

PATER NOSTER

Vu la diminution des vocations, qui fondent comme la neige au printemps, et vu aussi la désertification chrétienne des campagnes françaises, les papes auraient dû, depuis longtemps, autoriser le mariage des prêtres et permettre aux femmes d'accéder à la prêtrise, car elles sont aussi des enfants de Dieu. Ils préfèrent réformer au compte-gouttes et dans le mauvais sens. Quand j'étais enfant, le Notre-Père comportait les mots : « Ne nous laissez pas succomber à la tentation », en d'autres termes : « Donnez-nous la force d'y résister. » On doit dire maintenant : « Ne me soumets pas à la tentation. » Non seulement on le tutoie, mais on prie Dieu de nous délivrer de toutes les tentations, et je me demande quel mérite ont les chrétiens à être vertueux s'ils n'en ont plus, en se privant de gâteaux s'ils ne sont pas gourmands et en restant chastes s'ils ne ressentent aucun attrait pour la luxure, la lubricité, la concupiscence. Ainsi châtrés, les catholiques iront tous au Paradis sans l'avoir mérité. Depuis cette odieuse réforme, très représentative de notre temps, si lâche et si mou, je prie Dieu de m'envoyer toutes les tentations imaginables, prière que l'on ne m'avait pas apprise à l'école Bossuet où j'ai fait ma première communion solennelle en mai 1944.

JOSEPH PAUL-BONCOUR

Augustin de son prénom, premier secrétaire de la Conférence en 1898 et 1899, né en 1873, Paul-Boncour était un très vieux monsieur quand j'ai été nommé moi-même secrétaire en 1961. Président de l'association des anciens secrétaires en 1948 et 1949, comme je l'ai été en 2006 et 2008, il avait été surtout ministre du Travail, de la Guerre, des Affaires étrangères (deux fois) et même président du Conseil, de manière très éphémère, du 18 décembre 1932 au 28 janvier 1933, je n'avais pas encore un an ! Physiquement, il était petit, avec sur la tête une crinière blanche de vieux lion. C'est à notre banquet annuel que je l'ai rencontré et que j'ai pu m'entretenir avec lui, mais hélas à sens unique, car il s'intéressait autant aux jeunes que moi au monstre sacré qu'il était, de telle manière que c'est lui qui posait des questions et qui ne répondait pas aux miennes ou les éludait. Il se dégageait de lui un je-ne-sais-quoi de rond, d'enfantin, de profondément humain, et il avait un charme et une simplicité dont les bâtonniers de l'époque et les avocats de sa génération étaient souvent dépourvus.

PAVLOVSK

Le palais de Pavlovsk, construit par Catherine II, donné par elle à son fils, le futur Paul Ier, assassiné en 1801, est l'une des plus belles maisons du monde. Occupé et pillé par les Allemands en septembre 1941, littéralement éventré au cours de la bataille de Leningrad, premier palais reconstruit par les Soviétiques après la Seconde Guerre mondiale, on y découvre un décor intérieur d'une audace inouïe, où les verts se mélangent aux ors et aux rouges. En 1990, l'éclairage du château étant médiocre, une association s'est formée pour le moderniser, composée de mécènes américains, anglais et français. Les travaux achevés, pour nous récompenser, les Russes nous ont invités à un bal dans les salons d'apparat, très probablement le premier bal depuis la Révolution de 1917. Bob Westhoff, qui n'était jamais allé en Russie, m'accompagna pour ce voyage, en octobre 1990. Il était alors dans un état de santé déplorable, et ne pouvait plus marcher, de telle façon que nous avions un fauteuil roulant dans nos bagages et que nous avons dû nous arrêter à Helsinki, alors que les autres membres de notre groupe continuaient leur voyage par la route. Bob devait du reste décéder quelques semaines plus tard, le 20 décembre 1990. Parmi les amis qui voyageaient avec nous, Juan et Annick de Beistegui, Emmanuel et Hélène de Margerie, Liliane de Rothschild. Tous connaissaient Bob et l'aimaient et tous l'ont entouré pendant ce voyage inoubliable, au cours duquel les Russes nous ont aussi organisé un concert et un souper au palais Youssoupov, dans les sous-sols duquel Raspoutine a été assassiné. Le soir du bal à Pavlovsk, Anatoli Sobtchak, qui fut maire de Saint-Pétersbourg de 1991 à 1996, nous invita à une cérémonie religieuse dans la chapelle du palais. La nuit, tenant tous une bougie allumée, dans une émotion indescriptible, nous avons écouté un chœur comme je n'en ai entendu d'aussi beau, la nuit également, qu'à Zagorsk, une première fois en 1960 et plus tard avec Filip Nikolic. Anatoli Sobtchak nous fit ensuite, et avant d'ouvrir le bal, un discours renversant, nous parlant de Saint-Pétersbourg alors que la ville s'appelait encore Leningrad, de la religion orthodoxe, des Romanov, et surtout de la démocratie et de la liberté. Pour m'être rendu en URSS, pour la première fois en 1960 puis, à plusieurs reprises, et même une fois, reçu par l'armée Rouge, j'explosais littéralement de bonheur, car j'aime ce pays et j'aime ce peuple.

GANG PENG

Gang Peng est un dieu vivant. Pour s'en convaincre, il suffit de le regarder. D'abord, ses pieds n'ont pas l'air de reposer sur le sol, ce qui constitue la preuve certaine qu'il s'agit d'un être surnaturel. Il tombe de sa bouche d'or des paroles apaisantes, et ses yeux autant que son sourire ont le pouvoir de calmer les colères, arrêter les révolutions, mettre fin aux guerres. Et en plus, il est le père de César ! Autrement dit, il a tous les dons, physiques, intellectuels et moraux, qui en font une personne que l'on ne peut pas ne pas aimer. Né misérablement, la première année de la Révolution culturelle, dans une petite ville au fin fond de la Chine, de parents comédiens, enlevé à l'affection des siens à l'âge de onze ans, parce qu'il était beau, la grâce même et l'intelligence personnifiée, il est devenu, à force de travail, de volonté et de larmes, élève à l'Académie de danse de Pékin puis premier danseur de la Beijing Dance Company. Il a dansé dans le monde entier, y compris en

France, où il a choisi la liberté, avant de fonder sa compagnie et de danser sur ses propres chorégraphies, de devenir étudiant, puis écrivain et beaucoup d'autres choses. Il faut lire absolument *Artiste du peuple*, publié chez Gallimard, livre dans lequel il raconte avec la sensibilité, la pudeur et la modestie qui lui sont propres, son enfance et son adolescence à Wuhe, à Anhui et à Pékin. Quand on a tous les dons, on peut faire tous les métiers avec autant de bonheur. On peut aussi faire le bonheur des autres. César et moi en faisons tous les jours l'expérience.

JAVIER PÉREZ DE CUÉLLAR

Si j'avais à voter pour le président du monde, avec les pleins pouvoirs, c'est pour Javier Pérez de Cuéllar que, les yeux fermés, je voterais. C'est l'un des hommes les plus sages qu'il m'ait été donné de rencontrer, et dont la vision du monde est la plus claire, la plus juste, la plus pacifique. Ce Péruvien est au courant de tout, il sait tout et a de bonnes solutions pour tout. Arbitre mondial il a été, quand il était secrétaire général de l'ONU, écouté et respecté, mais les peuples assoiffés de sang ne songent qu'à se faire la guerre, beaucoup pour des causes religieuses, mais aussi pour le pétrole et l'uranium, pour la conquête de l'espace, pour la lune. Ce vieux sage a quitté Paris, il est rentré dans sa coquille à Lima, avec son exquise épouse. De loin je pense à eux, à nos entretiens, à nos dîners lors desquels, en plus du pain et du sel, nous partagions nos idées. Pour être juste, je partageais surtout les siennes.

JACQUES PERRET

L'auteur du *Caporal épinglé* était maigre, droit comme s'il avait avalé un parapluie, avec une moustache à la Vercingétorix et des cheveux gris en balai de crin. C'était un dur à cuire, pas facile à convaincre, mais d'une rectitude absolue, comme il était absolument de droite et tout autant anti-gaulliste. Gabriel Matzneff, dans *Combat* du 17 juillet 1969, l'a comparé à un « capitaine des mousquetaires du roi », et l'on ne saurait le mieux décrire, physiquement et moralement. À la fin de la guerre d'Algérie, lors des événements qui ont déchiré la France, son fils, qui partageait ses idées, s'est compromis, le 18 février 1962, dans l'attentat du Val-de-Grâce, au cours duquel de jeunes écervelés ont tenté d'assassiner Yves Le Tac dans sa chambre de malade. L'action n'était pas glorieuse et j'avais à défendre le principal des accusés, le jeune lieutenant C. Souhaitant coordonner la défense, Jacques Perret a demandé à me voir et je suis allé plusieurs fois chez lui dans le minuscule et modeste appartement qu'il occupait rue Dauphine. Cité à sa demande comme témoin, il m'avait demandé de l'aider à préparer sa déposition. Je lui ai donné de sages conseils, tendant à ce qu'il se cantonne dans l'exposé des responsabilités des hommes de sa génération à l'égard de leurs enfants, plutôt que d'attaquer de front le général de Gaulle comme il en avait l'intention. Le jour venu, sa déposition, catastrophique, ne fut qu'un violent réquisitoire contre le président de la République, responsable de tout. Nous étions tous consternés, à commencer par Jean-Louis Tixier-Vignancour, qui défendait son fils et qui le fit avec brio et avec une violence peu commune, rappelant l'attentat de l'hôpital de Montfermeil, commis par le FLN, au cours duquel quarante personnes avaient été assassinées et dont les auteurs étaient tous en liberté. Comme je défendais le plus chargé des accusés, contre lequel avait été demandée la plus forte peine, Tixier a refusé de plaider après moi, ce qui m'a valu d'intervenir le dernier, juste après lui, le dernier de tous les avocats, honneur dont je me serais bien passé, car la voix de bronze avait tonné comme jamais. Comme il n'y eut pas de suspension d'audience entre la plaidoirie de Tixier et la mienne, le public qui venait d'entendre religieusement un monument d'éloquence en profita pour tousser, sortir de la salle, ou tout simplement commenter l'événement, de telle manière que je me suis levé dans un formidable brouhaha et dans l'indifférence générale. Il m'a fallu quelques minutes pour reprendre mon auditoire en main et pour qu'il veuille bien se taire pour assister au dernier acte du spectacle. Ce fut l'une des grandes épreuves de ma vie professionnelle.

PERSONNE

Des personnes, il y en a des milliards, la plupart mortes déjà. J'en connais des vivantes et j'en ai connu pas mal qui sont aujourd'hui dans les cimetières. Personne, c'est aussi le contraire de personnes, le vide par rapport au plein, le rien face au tout, le Paradis confronté à l'Enfer, le Diable au Bon Dieu. Quand il n'y a plus personne, vous n'existez plus, et s'installe un monde vide et libre dans lequel les arbres peuvent pousser sans crainte des bûcherons, les moustiques prospérer hors d'atteinte des insecticides, les alouettes profiter de la vie sans finir avec un cheval dans un pâté ! Personne n'a jamais fait le portrait de personne, sauf à montrer un désert, un ciel sans tache, une mer morte, une toile blanche absolument, sans encadrement ni signature, aboutissement de siècles de civilisation, de haines accumulées, de guerres fratricides, d'attentats à la nature et de suicides collectifs.

LA PEUR

J'ai eu peur quelquefois, comme tout le monde, je me suis fait peur aussi, c'était plutôt des angoisses, des instants pendant lesquels on a le ventre noué, comme avant de plaider devant la cour d'assises ou de discourir à la Conférence. La seule vraie peur de ma vie, je l'ai connue en Algérie, en février 1959, à Rylane, entre Tébessa et le Kouif, le soir où j'ai pris le commandement d'un peloton de combat. Une petite cérémonie avait eu lieu, le capitaine Doyen m'avait conduit devant l'unité que j'allais commander, ils avaient présenté les armes, je les avais salués, je leur avais adressé quelques mots et je leur avais fait reposer les armes. À peine étions-nous revenus au poste de commandement de l'escadron que nous avons été attaqués au mortier, arme à tir courbe, qui envoie des obus en l'air, lesquels tombent donc sur vous venant du ciel, sans que vous puissiez localiser le lieu de départ des coups. Vous entendez au-dessus de votre tête un sifflement aussitôt suivi d'une explosion. Pour la première et seule fois de ma vie, mes jambes tremblaient, ne me portaient plus, et je ne pouvais parler que par saccades car je claquais des dents. Il était beau le sous-lieutenant de cavalerie, baudruche dégonflée ! Le tir s'est arrêté comme il avait commencé, plusieurs obus étaient tombés sur notre camp sans occasionner de dégâts sérieux, aucun de nos hommes, qui s'étaient réfugiés sous nos engins blindés, n'avait été atteint, la vie reprit son cours ordinaire. Ce soir-là, j'ai été dépucelé en quelque sorte, et je n'ai plus jamais eu peur en Algérie, quelles que soient les circonstances dans lesquelles je me suis trouvé, quand un fellagha m'a tiré dessus à bout portant, quand j'ai sauté sur une mine antichar, quand ma jeep a roulé sur une mine que le blindé qui me suivait a fait exploser, quand notre colonne a été attaquée au bazooka. Chaque fois, la mort était au rendez-vous, moi pas.

PHARE CODE

J'ai toujours eu des tics en quantité. Les yeux en constante agitation, je secoue la tête, je souffle sur le majeur de ma main droite, je me déboîte les épaules, je tape des pieds nerveusement et je lance mes jambes et à gauche et à droite, ce qui me donne l'air d'une pendule squelette. J'ai tenté cent fois de me calmer, mais c'est plus fort que moi. Les gens me regardent drôlement dans la rue, les chiens aboient, les enfants pleurent. En Algérie, le jour où j'ai fait mes adieux à mon peloton, mes hommes m'ont révélé qu'ils m'appelaient « Phare Code », parfaite illustration de mes mouvements de paupières. J'ai aussi des tocs, mais ça ne se voit pas, je compte mes pas dans la rue, les marches des escaliers, mes respirations, les bougies dans les églises et les ampoules des lustres. Si l'une d'elles est éteinte, c'est bon signe, et je peux faire un vœu, s'il y en a plus, c'est encore mieux. Quand un palier a treize marches, il n'entre pas dans mes comptes et, s'il en a plus de vingt, je divise par deux. Il y a des chiffres qui sont annonciateurs de bonnes nouvelles et d'autres qui me terrifient de telle façon que, grâce à mes tocs, mon cerveau ne s'arrête jamais et tout veut dire quelque chose au point que rien n'a plus aucune signification.

YANN PIAT

Yann Piat, député français, a été sauvagement assassinée le 25 février 1994 par des voyous qui craignaient que leurs établissements ne soient mis à mal si elle était élue à la mairie de Hyères en 1995, ce que laissaient présager tous les sondages. Comme à la suite de l'assassinat du prince de Broglie, des journalistes en mal de sensationnel ont tenté d'en faire une affaire d'État en compromettant des hommes politiques, Jean-Claude Gaudin et François Léotard. Avocat des filles de Yann Piat, puis seulement d'Angélique, après que Laetizia eut décidé de prendre un autre chemin et un autre avocat, je suis allé voir André Rougeot, du *Canard enchaîné*, qui avait rencontré un « colonel », ancien des services secrets, qui prétendait détenir des informations et des documents susceptibles d'ébranler la République, mais qui n'a jamais accepté de me voir. Tous ces formidables tuyaux, relayés par toute la presse, ont fini par crever et, après avoir suspecté et poursuivi deux voyous qui n'étaient pas les bons, on a fini par mettre la main sur les coupables, deux gamins qui étaient sur la moto, deux comparses et l'instigateur, Gérard Finale, patron du Macama, bar de Hyères où se retrouvait la pègre, et qui avait déjà utilisé les mêmes jeunes pour terroriser des commerçants, voire mettre le feu à leur maison. En face de moi, sur les bancs de la défense, j'avais Frédérique Pons, Daniel Moroni, Collard que l'on n'a pratiquement pas vu, et Jacques Vergès, qui nous a montré qu'il était fort en connivence comme en rupture et qui a obtenu pour Marco Di Caro, chauffeur de la moto, en plaidant tout doux, plus d'indulgence qu'il ne méritait. En 2008, à peine sorti de prison, il agressa une femme à son domicile, armé d'un couteau, et fut ensuite condamné pour cela à dix-sept années de réclusion criminelle.

EMMANUEL PIERRAT

Écrivain, avocat, membre du conseil de l'Ordre, collectionneur, globe-trotter, conservateur du musée du Barreau de Paris, Emmanuel Pierrat est un homme orchestre qui ne fait pas les choses à moitié. Son appartement à

Paris est une caverne d'Ali Baba, emplie jusqu'au plafond d'objets d'art africain terrifiants. Comme moi, il a besoin d'affection et il n'existe aucune raison raisonnable pour que je lui refuse la mienne. L'avocat, spécialiste de la propriété littéraire et artistique, est renommé, l'écrivain a publié cinquante livres, dont l'un des meilleurs m'est dédié, l'ami est dévoué, attentif, à l'affût de tout ce qui peut vous toucher, vous faire plaisir, il a deux filles qui l'adorent, des parents merveilleux, des amis en nombre, mais il m'a toujours semblé seul. Seul comme on l'est dans la foule.

MARYVONNE PINAULT

Avec Maryvonne, il ne faut pas trop tourner la langue dans sa bouche avant de parler. Elle n'aime pas ça, n'appréciant que les vérités, les petites bombes lâchées à sa table et dans ses salons, mais sans méchanceté, qu'elle ne supporte pas. Affable, facilement enthousiaste, généreuse, indulgente, enjouée, amoureuse de la vie, mélomane, curieuse de tout, expert en meubles anciens et en gastronomie, je ne lui connais que des qualités, surtout que sa joie de vivre est contagieuse et qu'avec elle non seulement on ne s'ennuie pas, mais on s'amuse beaucoup. La cour est comble, point n'est besoin d'en jeter plus, on ne peut pas ne pas aimer Maryvonne Pinault.

JEAN-CLAUDE PIROTTE

Avocat en fuite, Jean-Claude a tout d'un évadé, barbe de huit jours, ventre creux, poches vides et vêtements comme s'il venait de traverser un marais à la nage. Et c'est comme ça que je l'aime, mais je l'aimais aussi quand il traînait dans les bars, tapait sur les tables, engueulait tout le monde, un cocktail Molotov dans chaque poche, déjà trouées. C'est un grand écrivain belge, c'est-à-dire français, et un de nos derniers poètes. Je l'ai connu à La Table Ronde, du temps de Denis Tillinac, avec José Benhamou, Jérémie Assous, Laurence Caracalla, Sébastien Le Fol, Olivier Frébourg, Marie-Thérèse Caloni. Ça remonte à des lustres, comme si je vous racontais le Parnasse, les surréalistes. Jean-Claude sait peindre aussi très bien, il est doué pour un peu tout en réalité. Et en amitié, c'est un champion.

JOSEPH PLASSARD

Fils de Jules Plassard, avoué de Mme Boucicaut, propriétaire du Bon Marché, mais aussi son ami intime, son exécuteur testamentaire et directeur à vie du grand magasin, Joseph Plassard était un homme comme on les aimait en 1900, avec une petite barbe, des châteaux et des chasses, des chevaux, des automobiles et la Légion d'honneur. Ce Joseph Plassard, qui allait devenir mon grand-père, a trompé M. Morin, autre homme fort du Bon Marché, avec Mme Kelsen, sa femme, propriétaire de la Pagode, qu'il épousa après qu'elle eut divorcé pour cause d'adultère. Devenu veuf, ce qui était dans l'ordre des choses car elle avait vingt ans de plus que lui, Joseph épousa ma grand-mère après avoir trompé Mme Kelsen avec elle autant que celle-ci avait trompé son précédent mari. C'était une joyeuse époque, l'Europe s'amusait, mais elle allait tomber de haut le 3 août 1914, quand ses principales nations se sont jetées les unes contre les autres pour quatre années de massacres, parmi les pires de son histoire. Une fois marié avec Jeanne Antoinette Mougel, ma grand-mère, fille du chef du Blanc, le plus important rayon du Bon Marché, Joseph Plassard adopta ses trois enfants, dont ma mère, qu'il aima passionnément. Je trouve que c'est une belle histoire d'amour, Alice au pays des merveilles, comme on en voit dans les contes de fées et dans les opérettes, en attendant la crise de 29, le 6 février 1934 et juin 40.

POIGNY

Poigny, devenu Poigny-la-Forêt, est un gros village de la forêt de Rambouillet, avec une jolie église, une mairie moche et un lavoir. De mon temps, dans les années 40 et 50, les seigneurs du lieu étaient les Postel de Belange au vieux château, les Lebret, dont la maison touchait l'église, et le général de Raucourt sur la route de Saint-Léger, qui avait une piscine boueuse dans laquelle nous allions nous baigner. La forêt, dans laquelle nous faisions de grandes balades, à pied ou à vélo, n'avait pas de secrets pour nous et nous connaissions les meilleurs coins, selon les saisons, pour le muguet, les fraises des bois, les girolles et les cèpes. Mes parents, sentant venir la guerre, avaient conseillé à ma grand-mère de vendre sa propriété d'Épernon, trop proche de la gare, qui risquait d'être bombardée, et ils avaient loué à Poigny la maison du Père Leyat, *Les Bruyères*, avec un jardin en pente allant jusqu'à la rivière, dans laquelle nous avions le droit de nous baigner, c'est-à-dire de nous coucher car l'eau ne nous atteignait pas les genoux. Il y avait beaucoup de fermiers complaisants qui nous vendaient du lait, du beurre, de la crème et des œufs, ici un lapin, là un poulet. Pour les pommes de terre, nous avions loué un champ où ma mère, mes frères et moi chassions les doryphores. On engrangeait les pommes de terre dans la cave où, quand la nature reprenait le dessus, Pépita devait les dégermer. Quant au Père Leyat, qui était vichyste, il nous vendait des salades, des radis, des bottes de carottes et des choux-fleurs. L'hiver, quand nous étions à Paris, ma mère venait tous les samedis en train à Rambouillet, puis à vélo à Poigny et dans les villages sur la route d'Épernon pour acheter ce que l'on voulait bien lui vendre au marché noir, c'est-à-dire sans tickets. C'est à Poigny, pendant l'été 44, que nous avons été libérés par l'armée Leclerc au devant de laquelle nous sommes allés à Gazeran, et j'ai le souvenir aussi d'éléments de la Wehrmacht qui s'enfuyaient à pied et qui entraient dans toutes les maisons pour réquisitionner les vélos. Mon père leur a répondu en allemand que les nôtres avaient été pris le matin même par un petit groupe qui s'enfuyait vers l'est alors que nos bicyclettes avaient été planquées par lui dans notre cave. J'ai mille autres souvenirs de Poigny, dont j'ai raconté beaucoup dans *Singe*, le passage des forteresses volantes, en route pour bombarder la région parisienne, la bombe lâchée par mégarde sur le village et l'avion en feu duquel l'équipage s'est jeté en parachute, dont l'un s'est mal ouvert, que nous avons vu tomber en torche du côté des étangs d'Angennes. Et encore le corps de cet aviateur américain, retrouvé plus tard dans la forêt par des gendarmes français, sur lequel mon frère Jean-Claude et moi sommes allés nous recueillir. Voilà pourquoi, pour moi, Poigny n'est pas un village de France comme les autres.

BERTRAND POIROT-DELPECH

C'est à un dîner chez Françoise Sagan, dans le jardin de sa maison de la rue du Cherche-Midi, où Bob Westhoff et moi avions amené Inge Morath, Mme Arthur Miller, que j'ai fait la connaissance de Bertrand Poirot-Delpech. Ce que je viens de faire en quelques mots, les Anglo-Saxons appellent ça du *name dropping*, sport qui consiste à lâcher dans la conversation quelques noms de personnes célèbres, pour montrer qu'on a des relations et qu'on n'est pas n'importe qui. Je ne peux quand même pas vous dire avoir connu Poirot chez ma crémière où elle avait aussi invité Durand, garde républicain, et son épouse. L'homme, je parle ici de Bertrand Poirot-Delpech et non de Durand, garde républicain, était mou, distingué et plein d'esprit, selon Jean-Louis Bredin, la personne la plus drôle qu'il ait jamais rencontrée. Il tenait très bien son rôle d'intellectuel de gauche, comme d'ailleurs notre hôtesse et comme la plupart de ses invités, dont beaucoup étaient très riches, mais il n'était pas de bon ton à l'époque de penser autrement. Quand on était intelligent, on n'était pas de droite. Avec ma réputation sulfureuse, je constituais, dans ces réunions, une sorte d'alibi, comme ceux qui se défendent d'être antisémites en citant les noms de leurs amis juifs, mais l'ambiance était bon enfant et j'étais la preuve du fait qu'on était tolérant. J'ai revu ensuite Bertrand Poirot-Delpech en bien des occasions et, quand je me suis présenté à l'Académie française, il n'a dédaigné ni mes dîners ni mes réceptions. C'est au cours de l'une d'elles que je l'ai présenté à l'auteur des *Sorcières de Salem*, avec lequel il s'est assez bien entendu. Ensuite, petit à petit, nous sommes devenus amis, surtout que nous avions entre nous Céline, au sujet duquel il me téléphonait quand il avait besoin de renseignements, et Sagan qu'il avait beaucoup aimée, mais qu'il ne voyait plus et dont il me demandait des nouvelles. Tout le monde a compris que Bertrand Poirot-Delpech n'a ni fait ma campagne ni voté pour moi quand je me suis présenté à l'Académie française.

PATRICK POIVRE D'ARVOR

Patrick Poivre d'Arvor a été si souvent exposé au feu des caméras de télévision qu'il s'y est complètement brûlé. Trop, c'est trop ! Il s'agit d'une gloire éphémère, qui s'éteint aussi vite qu'elle s'est allumée. Pour les vedettes du petit écran, qui ne méritent pas tant de gloire, tout aussi injuste est la chute. Mais Patrick a bien rebondi car il est très intelligent, très vif à bien comprendre les choses et à les commenter clairement, à juger les gens et les situations, bon connaisseur des hommes et bon juge, avec un vrai coup d'œil. Cet homme a trop bien réussi, on le lui fait payer, comme on reproche en France aux riches d'être riches. Et je n'oublie pas, j'en ai été le témoin, que des juges ont été injustes avec lui, ce qui n'est pas leur fonction sociale, à Lyon, il y a bien des années, et c'est de là qu'est née notre amitié.

CLAUDE POMPIDOU

J'ai rencontré Claude Pompidou pour la première fois chez Françoise Sagan, rue Martignac, puis chez Suzanne Quoirez, rue de Verneuil, chez les Beistegui où elle était venue dîner avec Pierre Boulez, chez les Marcie-Rivière et avec eux à Aix-en-Provence et à New York, chez Jacqueline Delubac et, plus souvent, chez Monique Bolloré, pour des petits dîners avec Yves Guéna et Édouard Balladur qu'elle admirait et affectionnait tout particulièrement. Elle m'était reconnaissante de l'aide que j'avais apportée à la compagnie théâtrale de son petit-fils, Romain, elle est venue un soir chez moi et je suis allé beaucoup plus souvent dîner chez elle, un peu toujours avec les mêmes, les Balladur, les Druon, les Ricard. Claude avait une qualité première, la franchise, et, sachant pourtant que les gens répètent tout, surtout les confidences, et en les déformant, elle disait ce qu'elle pensait des gens et des événements du monde. Elle n'avait pas beaucoup aimé que son mari soit président de la République et pas non plus être Première

Dame. Elle avait compté les mauvais coups qu'ils avaient reçus l'un et l'autre et les rendait avec la précision du tireur à l'arc. Elle était grande en tout.

BERNARD PONS

En voyant Bernard Pons, je pense toujours à un renard, non pas seulement à cause de son poil dru, mais parce qu'il a tout du renard, sauf le côté voleur de poules. Il en a la finesse, l'œil exercé, le sang-froid, il aime les grands espaces, le vent du large, il observe, prend calmement son fusil à lunette, ajuste son tir et tape dans le mille. C'est aussi un grand pêcheur, non pas en offensant le Seigneur, mais seul ou avec quelques amis dans son bateau, dans ses bateaux, car il est l'homme de plusieurs ports. Je l'ai connu par sa fille Frédérique et par Alex Ursulet, qui était alors son gendre, il était ministre et il n'en fallait pas plus pour me bluffer. Il faut dire qu'il était bluffant d'assurance, ses grosses voitures et ses chauffeurs m'impressionnaient, ses bureaux somptueux. Je lui donnais du Monsieur le Ministre chaque fois qu'il me paraissait utile et nécessaire, comme on dit Sire à un roi, Éminence à un cardinal. Quand je l'ai mieux connu, je l'ai appelé Bernard, sans cesser de le respecter, respect mélangé d'affection véritable. À la réflexion, ce n'est pas un renard, ou ce n'est pas qu'un renard, c'est beaucoup plus et beaucoup mieux. Comme on en voit sur les timbres, dans les mairies, sur les drapeaux, c'est un pur, authentique, classique, traditionnel et glorieux coq français.

MONIQUE PRÉVOST-MARCILHACY

Monique Prévost-Marcilhacy est une grande dame, une des plus grandes dames de Paris, et son salon est l'un des plus élégants de la capitale. Il faut dire que sa maison, qui a été celle de Mlle Chanel, et qui donne sur un jardin voisin de ceux des ambassades du Japon et de Grande-Bretagne, est le temple du bon goût, le bon goût de son mari, Christian Prévost-Marcilhacy, inspecteur général des Monuments historiques, sauveur de nombre de nos châteaux et de nos cathédrales. Monique est une femme de tradition, dans le meilleur sens du terme, française et catholique, littéraire et classique. Curieuse de tout, elle s'apitoie sur les malheurs des autres et supporte les siens avec courage et abnégation, c'est son côté Jeanne d'Arc. Elle tient aussi de Mme du Deffand, de Charlotte Corday, de la duchesse de Guermantes et du général de Gaulle, dont elle a toutes les qualités sans en avoir les défauts et travers. Elle est comme elle est, dit ce qu'elle pense et fait comme il lui plaît, c'est une perle rare dans le sottisier universel.

MARCEL PROUST

On peut aimer Proust et Céline comme on peut aimer la pluie et le beau temps, les chiens et les chats, le jour et la nuit. Ils n'ont rien fait d'autre, l'un et l'autre, que de se raconter et de brosser des fresques de la société dans laquelle ils avaient vécu, mais ils n'étaient pas nés dans le même monde. Enfants, ils n'avaient pas entendu parler le même français, l'un dans le square Choiseul et l'autre dans le parc Monceau et dans les jardins des Champs-Élysées. Tous les deux ont inventé un style, ils se sont exprimés dans la langue qu'ils avaient entendue et qu'ils parlaient eux-mêmes, et ce sont les deux plus grands écrivains français du XXe siècle. Mais il ne fallait pas trop demander à Céline ni s'attendre à ce qu'il aime Proust pour lequel il avait toutefois une certaine forme d'admiration : « [...] toute cette tendresse, cet apitoiement sur sa grand-mère, fort bien venu d'ailleurs, j'en conviens, réussi [...] ». Il reste que sa correspondance est émaillée d'horreurs, comparables à celles dont il a honoré Gide. Les deux hommes étaient faciles à caricaturer et Céline ne s'en est pas privé. Ainsi, écrivant à Milton Hindus, le 11 juin 1947 : « Proust explique beaucoup pour mon goût, 300 pages pour nous faire comprendre que Tutur encule Tatave c'est trop. »

LA PRUDENCE

Voltaire écrivait à La Harpe, le 31 mars 1775 : « [...] cette sotte vertu qu'on appelle la prudence », et je me demande ce qu'il aurait pensé du principe de précaution dont on nous rebat les oreilles en toutes occasions. L'audace et le courage, que l'on enseignait de mon temps dans les écoles, sont passés de mode. Et je me souviens que, lorsque je rentrais à la maison avec un œil au beurre noir, mon père n'allait pas se plaindre au commissariat de police. Il m'engueulait pour avoir eu le dessous et me donnait des leçons pour parfaire mon coup droit. Aujourd'hui, les enfants n'ont plus le droit de se battre dans la cour de l'école, de se casser une jambe en faisant du cheval ou du ski, et les gens de sortir sans ceinture de sécurité et sans casque, de nager sans bouée, de respirer sans masque. Ils sont assurés pour tout : en cas de rhume, quand ils crèvent un pneu, lorsque leur chapeau est emporté par le vent et quand ils ont perdu leur montre ou leur portefeuille. Ainsi se met en place une société où personne ne prend plus de risque ni de responsabilité et où, chaque fois que quelqu'un se tord le pied, il y a toujours un responsable, l'état du trottoir ou de ses chaussures, un autre passant, la pluie, le verglas ou le grand beau temps. À défaut, c'est un fonds de garantie qui répare les dégâts. Les jeunes de cette nouvelle société se comportent comme des petits vieux et les vieux comme des vieux qu'ils sont.

Q

MARIE QUOIREZ

Marie Quoirez était grande, mince, élégante, elle avait des yeux comme des phares, un rire éclatant, et parlait comme une mitraillette. Née Laubard, elle appartenait à une vieille famille du Lot où on lisait plus Maurras que Marx. Esprit ouvert et libre, elle était le membre le plus original de sa tribu qui comptait pourtant quelques extravagants, à commencer par sa fille la plus jeune, dite Françoise Sagan. Chez les Quoirez, on était du Lot, on mangeait du foie gras et du confit de canard, quand ce n'était pas du confit de canard et du foie gras. Le vaste appartement dans lequel vivait ce clan était situé boulevard Malesherbes, dans un immeuble haussmannien affligeant de banalité, avec un piano à queue dans un coin du salon, dont personne ne jouait, et au mur de beaux tableaux de Souverbie, ami de la famille, et des peintures d'une tante de Françoise, qui s'était jetée à l'eau d'un paquebot qui l'emmenait en Amérique, événement romantique dont on tirait une sorte de fierté. Marie Quoirez s'amusait beaucoup à l'évocation des extravagances de sa fille puînée et elle entretenait des relations affectueuses avec ses meilleurs amis, parce qu'ils étaient plus distrayants que les vieilles amies de son âge, parmi lesquelles il y avait tout de même une vieille folle, Odette Scott, qui se vantait de faits de Résistance imaginaires, et que Pierre Quoirez poussait dans ses retranchements pour qu'elle en dise toujours un peu plus. Marie était libérale au point de recevoir ensemble ses ex-gendres avec leurs ex-femmes, leurs maîtresses et leurs amants, dans une sorte de bouillabaisse affective et mondaine qui assurait la réussite de ses dîners, parmi les plus amusants de Paris, dont l'un des piliers était Paul Laubard, son frère, président de la chambre de commerce de Paris, et où se croisaient, parmi beaucoup d'autres, Jacques Chazot, Bernard Frank et Mme Louis-Ferdinand Céline. J'avais pour Marie Quoirez une affection particulière qu'elle me rendait bien, nous étions complices pour beaucoup de choses et formions avec Bob Westhoff un trio très sympathique dont la spécialité était de rire des autres et de soi, et de ne jamais se prendre au sérieux. Il faut ajouter que Marie Quoirez a été, pour Denis Westhoff, fils de Françoise, une grand-mère exemplaire, comme il fut avec elle un petit-fils comme en rêvent toutes les grands-mères du monde.

PIERRE QUOIREZ

Pierre Quoirez, père de Françoise Sagan, avait un côté professeur Tournesol, qui le rendait très amusant. Farfelu, il se mettait volontairement en marge de sa famille pour nous montrer que sa femme et ses enfants le brimaient. Assis en bout de table entre les moins intéressants des convives, il faisait semblant de bouder et Julia, qui servait à table, n'omettait pas de retourner à la cuisine sans l'avoir servi, ce qui lui permettait de faire des éclats, mais tout cela était un jeu. C'était un martyr qui prenait à témoin les autres convives des mauvais traitements qu'on lui faisait subir. Ingénieur d'une grande école, il avait dirigé la Compagnie générale des Eaux, il semblait n'avoir aucune ambition et n'aimait que partir seul avec sa chienne dans une maison qu'il avait dans l'Eure-et-Loir, pas très loin de celle de mes parents. La pauvre bête avait l'arrière-train paralysé, mais ses pattes avant fonctionnaient normalement et il lui avait confectionné une plate-forme à roulettes sur laquelle il installait les pattes arrière et le cul de l'animal qui, avec ses pattes avant, pouvait ainsi se promener dans la maison. Quand il avait besoin de conseils, il venait me voir, visites à l'occasion desquelles il se lamentait sur sa famille et sur sa fille Françoise, qu'il disait folle, mais pour que je lui en dise du bien, ce dont il finissait toujours par convenir, reconnaissant qu'il était le premier des siens à avoir un « grain ». Il avait pour ses filles un attachement profond et il les admirait toutes les deux, d'autant qu'elles étaient issues du même moule, pensaient pareil sur presque tout, parlaient de la même manière, leur seule différence était leurs rapports à l'argent car Françoise était aussi dépensière que Suzanne était économe. Pierre Quoirez m'aimait bien, parce que, dans ce monde très fou et très distrayant, j'incarnais la raison et le sérieux. Il espérait sans doute que j'allais conduire sa fille cadette sur de plus droits chemins, comme quoi ce farfelu était resté très enfant et plein d'illusions.

SUZANNE QUOIREZ

Auburn, sinon même un peu rouge, une peau de pêche avec quelques taches de rousseur, Suzanne Quoirez avait le physique d'une belle Anglaise sans âge. Elle avait la voix des Laubard, mais moins que sa mère et que Françoise, et point n'était nécessaire qu'elle soit sous-titrée pour la comprendre. Elle était douce et lisse comme un canard et elle donnait l'impression que les événements ne la touchaient pas. De toute façon, il n'y avait pas d'urgence, on verrait ça demain ou les jours suivants, la précipitation n'est pas bonne conseillère ! Avec la voix de sa mère, elle conseillait toujours d'attendre que les choses rentrent d'elles-mêmes dans l'ordre, le vent pouvait tourner, la tempête se calmer, le beau temps revenir, il suffisait d'un peu de patience et de bonne volonté. Dès qu'on était avec elle, chacun ravalait ses haines, mettait la pédale douce et de l'eau dans son vin. Quand il faisait froid, on faisait du feu dans la cheminée, quand il faisait chaud on ouvrait les fenêtres et l'on organisait des courants d'air, on évoquait quelques souvenirs amusants et on riait des autres en toutes circonstances. Elle s'étonnait de tout et de rien, avec une touchante naïveté, mais elle s'en accommodait, le déluge n'était pas pour demain. À la mort de sa mère, elle est devenue le chef de famille, dont elle rassemblait les morceaux de son mieux avec un art consommé du patchwork et, quand elle est à son tour montée au ciel, j'ai dit à l'une de ses filles qu'une page était tournée, qu'elle était la dernière de sa génération et Mimosa m'a répondu : « Non, c'est vous. »

R

LUCIEN REBATET

Je n'ai rencontré Lucien Rebatet qu'une fois chez lui, rue Le Marois, mais assez souvent à l'Opéra, où il venait comme critique pour *Rivarol.* Lucette Almansor et moi allions le saluer aux entractes durant lesquels il ne quittait pas son fauteuil, du reste assez voisin des nôtres. Pas question de parler de Céline, pour lequel il éprouvait une admiration teintée de jalousie, le seul sujet de conversation était la musique. L'homme m'a paru mou et pas drôle. Il me contemplait sans indulgence, comme un intrus, sinon comme un voleur. Il était tout sauf jeune, survivant d'un autre monde, avec une intelligence d'un autre temps, grand déçu de la vie, mais bel écrivain, encore que je n'aie jamais pu finir *Les deux étendards* que François Mitterrand tenait pour le meilleur roman français du XXe siècle, tandis que Bernard Frank jugeait *Les décombres* supérieur à *Bagatelles pour un massacre.* Aujourd'hui, c'est mon ami Nicolas d'Estienne d'Orves, paradoxe de l'histoire, qui est l'héritier du droit moral attaché à l'œuvre de Rebatet. Lui aussi est d'un autre temps, mais je ne sais pas duquel.

VÉRONIQUE REBATET

D'origine roumaine, Véronique Rebatet avait fait des études pour être avocat, elle était intelligente et veillait sur l'œuvre de « Loucien » — elle avait gardé un très fort accent roumain — comme une vestale excessive et jalouse. Quand il a été condamné à mort, elle s'est multipliée pour obtenir sa grâce, mobilisant le monde littéraire et politique, et je pense que c'est à elle qu'il devait d'avoir échappé au peloton d'exécution. Quand il est mort, en 1972, ne doutant pas de son génie, elle a voulu que je fasse pour « Loucien » ce que je faisais pour Céline, persuadée qu'en défendant bien son œuvre elle deviendrait l'égale de la veuve de l'auteur de *Voyage au bout de la nuit*. Son caractère s'étant assez vite aigri, elle en voulait à la terre entière et venait souvent me voir pour engager des procédures toutes vouées à l'échec. Elle avait ainsi lu, dans *Des illusions... Désillusions !* de Jean Hérold-Paquis, la relation d'une scène en Allemagne, peu avant la fin de la guerre, alors que les Rebatet et lui se trouvaient sous un camion pendant un bombardement. Véronique aurait conseillé à « Loucien » de mettre son pull-over et il lui aurait répondu : « Véronique, tou m'emmerdes. » J'ai eu du mal à la calmer mais elle a fini par comprendre qu'elle se ridiculiserait en exhumant cette anecdote oubliée, que l'action était prescrite et que Jean Hérold-Paquis avait été fusillé depuis longtemps. À la fin de sa vie, elle était devenue totalement paranoïaque. Un jour, elle me dit au téléphone que les juifs qui habitaient au-dessus de chez elle avaient fait un trou dans le plafond de sa chambre pour la surveiller pendant son sommeil. Quelques jours plus tard, je viens constater le corps du délit et je lui fais remarquer qu'il n'y a pas de trou au plafond de sa chambre. Elle eut alors cette réplique superbe : « Ils sont encore plus forts que je ne le pensais. Ayant appris que vous veniez, ils ont bouché le trou. » Persuadée que sa femme de ménage et ses voisins voulaient l'empoisonner, elle me demanda bien souvent de lui faire ses courses car elle n'avait plus confiance qu'en moi jusqu'au jour où elle refusa de m'ouvrir sa porte. Comme elle était manifestement dans son appartement, une voisine obligeante lui téléphona, à laquelle elle dit se méfier de moi, qu'elle ne m'ouvrirait pas, que j'étais un empoisonneur. J'ai déposé le sac de provisions sur son paillasson et je ne l'ai plus revue, mais j'ai eu de ses nouvelles par son commissaire de police entre les mains duquel elle avait porté plainte contre moi pour tentative d'empoisonnement.

ALEXIS DE REDÉ

Un peu comme tout le monde à Paris, j'ai d'abord croisé Alexis de Redé au cours de réceptions ou de dîners mondains. L'homme était encore beau, sanglé dans des costumes des meilleurs faiseurs avec des cravates et des accessoires à pâmer, montres, chaînes, boutons de manchettes et de chemises. Ensuite, on l'a vu de plus en plus souvent avec Charlotte Aillaud, puis jamais l'un sans l'autre, et j'ai appris à mieux connaître et à mieux aimer ce survivant de la vieille Europe, que j'ai vu aussi à Salzbourg, bien souvent chez Gérald Nanty au Mathis, en l'hôtel Lambert, son hôtel si l'on peut dire, et plus modestement chez moi. Il ne faut jamais se fier aux apparences et juger les hommes sur leur image. Il faut gratter, creuser, fouiller, découvrir. Alexis était un homme de cœur d'un goût exquis, de grande culture, et follement généreux, il était Swann en quelque sorte. Je tiens ce type de personnage nécessaire dans toutes les sociétés organisées comme il leur faut des révoltés, des agitateurs, des fous, des génies, des saints et des salauds. Avec lui s'est envolé dans l'autre monde un peu du bon goût français.

RÉGINE

On l'a trop appelée la Reine de la Nuit pour utiliser encore, quand on veut bien se souvenir d'elle, ce vocable éculé, usé à la corde, ringard comme les années 60 et comme moi. Je l'ai connue *Chez Régine*, métro Mabillon, en 1962, à l'époque du twist et du hula hoop, et c'est là que j'ai rencontré Bob Westhoff qui venait d'épouser Mme Sagan. Ensuite, nous nous sommes transportés au *New Jimmy's*, boulevard du Montparnasse, où, membres de la « bande à Sagan », nous avions nos entrées et le droit de consommer sans jamais payer, car Mme Zilberberg était d'un naturel généreux. Il suffisait qu'elle soit quelque part, avec ses cheveux roux, sa voix et son rire cassés, pour qu'il y ait aussitôt de l'électricité dans l'air, que les gens commencent à se trémousser, à rire, à s'embrasser, à être heureux. Et il me semble qu'on s'amusait plus chez elle que *Chez Castel* où les gens étaient plus compassés, plus intellectuels, et où l'on se prenait plus au sérieux. Juste au-dessus du *New Jimmy's*, Régine donnait dans son appartement des dîners au champagne avec des magnums de grands crus et des boîtes de caviar comme je n'en ai vu nulle part ailleurs. Cette reine était aussi une bête de scène et je ne sais pas pourquoi elle a préféré les boîtes de nuit à la chanson, surtout qu'elle avait de bons paroliers. Je tiens *Les p'tits papiers* et *La grande Zoa* pour des chefs-d'œuvre de la chanson française.

LA RÉVOLUTION

« La révolution, ce n'est souvent qu'une petite guerre que l'on se fait à soi-même. On met les pattes en l'air, la tête en bas, on montre son derrière, c'est une révolution. On retire ses gants et son chapeau, on crie avec d'autres, comme les autres, on marche ensemble dans la rue, on s'époumone sur le boulevard, on conspue, on se bouscule, on ne va plus au bureau ni à l'usine, on crie et on s'indigne, c'est une autre forme de révolution. Il suffit d'un rien, d'une étincelle, d'un mot de trop, on force la porte du roi et l'on s'introduit dans sa maison avec la populace. Il est en chemise de nuit avec la reine, on les embroche tous les deux, on fout le feu à leur paillasse et on proclame la République. Le sang n'est pas toujours au rendez-vous, parfois on se fait tirer dessus par la garde, parfois pas. Après, on peut rentrer chez soi. On a gagné, c'est le printemps du peuple, vive la liberté, on s'y vautre, on s'en saoule. Et demain ? Demain on va se faire matraquer pire, enculer double, c'est la loi du genre. Mais aujourd'hui c'est aujourd'hui, on brise, on casse, on est les Rois du Monde » (*Un cheval, une alouette*, La Table Ronde, 2000, pages 15 et 16).

LA RÉVOLUTION CULTURELLE

J'ai toujours été plus attiré par l'Est, là où le soleil se lève, que par l'Ouest où il se couche. En 1976, les relations entre la Chine et la France étaient en plein dégel. Le général Méry, chef d'état-major des armées françaises, devait y effectuer un voyage officiel, et il a souhaité qu'une délégation d'auditeurs de l'Institut des Hautes Études de Défense nationale s'y rende en même temps. Je faisais partie de cette délégation, qui s'est donc rendue dans l'empire du Milieu, pendant la dernière année de la Révolution culturelle, peu après la mort de Tchou En-lai et peu avant celle de Mao Tsé-toung. Reçus par l'armée chinoise à Pékin, Nankin, Shanghai, Chen Yang (en Mandchourie) et Canton, nous sommes sortis du pays par le train, de Canton à Hong Kong où, dès notre arrivée, nous nous sommes précipités pour manger de la bonne viande, des frites et des gâteaux, tant nous avions été mal nourris pendant ce voyage, même dans les grands hôtels où nous étions reçus comme des hôtes de marque. L'horreur du régime se lisait sur les visages, et peut-être plus encore sur celui des femmes que sur celui des hommes, toutes habillées en bleu de chauffe, avec une casquette sur la tête, pas le moindre bijou, le moindre signe distinctif, et on les voyait, dans les usines et le long des routes, effectuer des travaux d'hommes. Les seules personnes apparemment heureuses étaient les petits gardes rouges que l'on voyait défiler en chantant et que tout le monde craignait. L'atmosphère était insupportablement empoisonnée par la politique et je comprends que les Chinois d'aujourd'hui ne veuillent plus en entendre parler et s'intéressent moins aux progrès de la démocratie qu'à celui de leur niveau de vie. Quand nous avons visité une école où l'on apprenait à parler à de jeunes sourds-muets, les seuls mots qu'ils nous ont dits ont été : « C'est grâce à Mao Tsé-toung que nous parlons, si c'était Deng Xiaoping, nous ne parlerions pas. » Dans une école primaire, j'ai pu feuilleter un livre d'histoire, avec des illustrations parmi lesquelles on voyait, dans une école catholique, de méchantes sœurs de Saint-Vincent-de-Paul, reconnaissables à leurs cornettes, taper avec des bâtons sur la tête de très mignonnes petites Chinoises. Dans les usines, les universités, les hôpitaux, les directeurs, les recteurs, les médecins étaient tous flanqués par leurs commissaires politiques, jeunes blancs-becs qui avaient le pouvoir de suspendre leurs fonctions, de les envoyer en camp de rééducation, sinon au poteau. L'armée nous a reçus somptueusement, démonstration d'une attaque de commando à Nankin, embarquement sur une vedette rapide à Shanghai, tables rondes avec de hauts responsables de l'état-major, mais c'est la visite d'un hôpital qui m'a le plus frappé. Dans les salles d'opération, nous avons pu nous promener librement autour des tables sur lesquelles se trouvaient des opérés en cours d'intervention, dont un trépané, tous conscients, insensibilisés par acupuncture. Le jour même de notre arrivée, alors que j'avais un sérieux tour de reins, dans l'infirmerie d'une usine que nous visitions, et pour nous montrer l'efficacité de l'acupuncture, sous l'œil enchanté de mes compagnons de voyage, généraux et autres, on m'a planté deux longues aiguilles dans le bas du dos, que l'on a reliées avec des fils électriques. Après dix minutes de ce traitement, je me suis relevé ingambe, un peu comme Lazare sortant du tombeau. Hu Bin, notre jeune guide chinois, m'avait pris en amitié, peut-être parce que j'étais le moins âgé de notre groupe. Après le dîner, il aimait que nous parlions librement pour faire une sorte de bilan de la journée, soit au bar de l'hôtel, soit dans le couloir de notre wagon de chemin de fer. J'ai appris par la suite, quand je l'ai revu à Paris, qu'il devait faire, le soir même, un compte rendu écrit de nos entretiens, lesquels se trouvent peut-être encore dans les archives de la police. Je suis ensuite retourné en Chine en 1979, à l'invitation du gouvernement chinois, avec Bob Westhoff et Jacques Houyvet, et ensuite à plusieurs autres reprises, notamment avec Gang Peng, avec des échappées en Mongolie et au Tibet, voyages évoqués en plusieurs articles de ce dictionnaire. C'est ce premier contact avec la Chine, en 1976, qui m'a le plus marqué, à la suite duquel j'ai constitué, à l'École militaire, un comité France-Chine, nouant avec ce pays des relations qui perdurent.

LOUIS RHEIMS

Malgré notre différence d'âge, il était né en 1955 et était donc de vingt-trois ans mon cadet, il y avait entre Louis Rheims et moi une réelle affection, peut-être grâce à Céline, qui le fascinait, et dont il a beaucoup parlé, comme premier secrétaire de la Conférence, en 1981, quand il a fait l'éloge d'Albert Naud, qui avait été son avocat. Louis était une belle figure d'avocat, un espoir de notre barreau, et il a laissé parmi nous une trace qui ne s'efface pas. Il a tenu à me présenter à son père avant qu'il ne soit élu à l'Académie française. Maurice m'aimait bien parce que j'aimais son fils, et nul homme n'a plus souffert que quand il est mort, le 12 décembre 1988, à l'âge de trente-trois ans, à l'image du Christ et, comme lui, dans des souffrances épouvantables. Maurice Rheims m'a invité quelques dimanches à dîner avec ses amis d'Ormesson et Nourissier, parmi tant d'autres, sous l'œil d'un Klimt, d'un Toulouse-Lautrec et de quelques Picasso, mais il n'y avait point chez lui de Dubuffet, qu'il détestait.

NATHALIE RHEIMS

Sa crinière est un peu celle d'une lionne, mais c'est une chatte en mal de tendresse. Elle a connu, c'est vrai, de grands malheurs, sa mère l'a abandonnée, son frère est mort, et elle a vécu, fidèle en toutes circonstances, avec un père papillon, des maris qui ne ressemblaient à personne, et Claude Berri qui n'était pas, lui non plus, comme tout le monde. J'ai connu et je connais tous les gens de son univers, Maurice, son père, Louis, son frère, Frédéric Botton, génial compositeur, son premier mari, rencontré d'abord chez Mme Sagan puis chez Gérald Nanty, Claude Berri, par Céline et par Dubuffet, qu'il admirait l'un et l'autre, Bettina, sa sœur, mon confrère Jean-Michel Darrois, son beau-frère, Léo Scheer, son second mari qui fut deux fois mon éditeur. Quand Nathalie se perd, elle retrouve, dans l'écriture, le souvenir des êtres qu'elle a aimés. Elle les ressuscite, rêveuse éveillée, Ophélie, Blanche-Neige, Cendrillon.

ANGELO RINALDI

Angelo Rinaldi a tout d'une médaille, son profil, son côté pile et son côté face. Cet assassin de plume a un talent fou et un jugement infaillible, c'est un pourfendeur de mauvais livres et de mauvais écrivains, avec une méchanceté hors du commun, c'est son côté judoka, alors qu'il est très gentil, doux comme l'agneau. Un peu en manque d'affection, il aime qu'on l'aime, mais il n'est pas seul dans ce cas. C'est à Meudon que je l'ai connu, où le perroquet de Lucette Almansor le saluait quand il arrivait en disant « le Corse », ensemble nous dînions aussi de temps à autre au Voltaire, mais c'est chez Pierre et Angela Assouline que je le vois le plus souvent. Pierre et lui sont des amis véritables. C'est une espèce de plus en plus rare dans le monde d'aujourd'hui.

LE RIRE

« Série de petites expirations saccadées, plus ou moins bruyantes, dépendant en grande partie de contractions du diaphragme, et accompagnées de contractions également involontaires des muscles faciaux. » Littré précisait il est vrai que cette excitation était provoquée par quelque chose de gai, de plaisant. Le rire gras et mou des buveurs et des gros mangeurs est insupportable de vulgarité, autant que quand ils pleurent. J'aime en revanche les larmes vraies, distinguées, les sourires et, plus encore, le rire assassin de Voltaire, entre ses dents de carnassier, qui était aussi celui de Céline.

RIVA BELLA

Amphitrite, la maison de mon grand-père, était l'ancien sémaphore de Riva Bella. Comme la mer se retire, il a fallu en construire un nouveau plus près de l'embouchure du port de Ouistreham, petite ville qui est depuis longtemps à l'intérieur des terres. La maison était construite comme un avion, le salon faisant office de carlingue avec deux ailes dans lesquelles on dormait, mes parents dans l'aile gauche et ma grand-mère dans la droite. Toutes les fenêtres étaient munies de volets métalliques avec une meurtrière pour résister sans doute aux assauts des faux-sauniers, des contrebandiers ou tout simplement des Anglais. Sur le devant de la maison, il y avait un petit escalier et une porte qui nous permettaient d'accéder directement à la plage. Autour d'Amphitrite, des mélèzes, souvent secoués par le vent, avaient accepté de pousser dans le sable car il y en avait autant dans notre jardin que sur la plage. Nous avions aussi une cabine de bains, peinte en blanc, dans laquelle ma grand-mère avait de quoi surveiller les baigneurs (jumelles et porte-voix) et de quoi les réconforter (peignoirs, serviettes et une espèce de vin doux de sa fabrication). Mes parents savaient nager tous les deux, ce qui n'était pas le cas des gens qui venaient pour la première fois au bord de la mer passer leurs « congés payés », nouvellement octroyés par Léon Blum. La rue de la Mer, qui menait à la plage, était très animée, avec beaucoup de boutiques où l'on vendait des ballons, des lunettes de soleil et des chapeaux de paille, des maillots, des serviettes et des bonnets de bain, des bouées, des bateaux en caoutchouc, des pagaies, des cartes postales et des bonbons de toutes les couleurs. Pour un paradis, c'était un paradis.

MAXIMILIEN DE ROBESPIERRE

Je tiens le 10 thermidor An II, jour où Maximilien de Robespierre fut heureusement coupé en deux, comme l'un des plus fastes jours de l'histoire de France, sans considérer pour autant le gendarme Merda comme un héros national, encore qu'il se soit illustré brillamment dans les armées de Napoléon au point de finir avec le grade de colonel, officier de la Légion d'honneur, ce qui n'était pas mal pour un simple gendarme. Le 10 thermidor, on a coupé vingt-deux têtes à la file, dont celle de Couthon, de Saint-Just et d'Augustin de Robespierre, frère de Maximilien. Les vingt-deux têtes ont été rassemblées dans un coffre en bois, tandis que les troncs prenaient une autre destination, et les historiens n'ont jamais retrouvé ni les unes ni les autres. Je n'oublie pas que Robespierre, que Jacques Vergès admirait tant, avait été avocat et parmi les plus talentueux. Le 30 mai 1791, devant l'assemblée législative, il s'était prononcé contre la peine de mort : « Écoutez la voix de la justice et de la raison, elle vous crie que les jugements humains ne sont jamais assez certains pour que la société puisse donner la mort à un homme, par d'autres hommes sujets à l'erreur. » Ces nobles propos ne l'empêchèrent pas de demander la mort du roi cette fois devant la Convention, le 3 décembre 1792, avant même l'ouverture de son procès, comme quoi les bons avocats peuvent faire de redoutables procureurs : « Traître à la nation française, criminel envers l'humanité [...] Il n'y a point ici de procès à faire. Louis n'est point un accusé. Vous n'êtes point des juges [...] Vous n'avez point une sentence à rendre pour ou contre un homme, mais une mesure de salut public à prendre, un acte de providence nationale à exercer [...] Louis doit mourir parce qu'il faut que la patrie vive. » C'était beau, c'était injuste et c'était triste, mais ça se lit comme du Bossuet, comme du Céline. À la tribune de la Convention, le 27 mars 1793, peu après le jugement du roi, il demandait en ces termes celui de la reine : « La punition d'un tyran, après tant de débats odieux, sera-t-elle donc le seul hommage que nous ayons rendu à la liberté et à l'égalité ? [...] Une grande République, outragée avec tant d'insolence, trahie avec tant d'audace, attend de vous l'impulsion qui doit ranimer dans tous les cœurs une sainte antipathie pour la royauté et donner une nouvelle force à l'esprit public. » Le 21 janvier 1793, le meilleur de nos rois avait été guillotiné, place de la Concorde. Deux cent vingt ans plus tard, j'ai toujours son sang sur les mains.

ROBIC

Breton taillé à la serpe, au physique comme au moral, Robic était têtu, opiniâtre, à vrai dire « bouché » et, quand il avait une idée dans la tête, ce qui ne lui arrivait pas tous les jours, il n'en démordait pas. C'est sans doute pourquoi il a gagné le Tour de France, qui requiert plus de mollets que de matière grise. C'était en 1947, le premier Tour depuis la guerre (il n'y en avait pas eu sous l'Occupation), celui de la Libération, ce qui explique son immense popularité ! Quand je l'ai accompagné au tribunal, une nuée de journalistes nous attendait, tous soucieux de fixer pour l'éternité ce petit grand homme en difficulté (il mesurait 1,57 m). Les gens de la presse et leurs lecteurs sont comme les mouches, attirés par ce qui pue, fumiers, cabinets d'aisances, pourritures diverses, morgues. Jean Robic est mort sur la route de Paris, le 6 octobre 1980 à 3 heures du matin, après une bagarre à Germigny-Lévêque, due au fait que sa compagne se conduisait outrageusement avec un autre cycliste. Triste fin pour un héros national !

HÉLÈNE ROCHAS

Mme Rochas était ma voisine, rue Barbet-de-Jouy. Après l'avoir vue cent fois à l'Opéra et à nombre de réceptions et dîners, à force de la voir aussi promener son chien sous mes fenêtres, nous sommes devenus amis, puis amis intimes, surtout qu'elle aimait naturellement les gens que j'aime, Charlotte Aillaud, Pierre Bergé, Jean-Pierre et Zeineb Marcie-Rivière, Bernard Minoret, Jacques Fieschi et Claude Arnaud, Jean-Pierre Gredy, Pierre Le-Tan, et aussi les amis que je lui présentais, Filip et Sacha Nikolic, Gang Peng, qu'elle s'empressait d'inviter à dîner le dimanche, au Relais Boccador ou à la Méditerranée. Presque toujours en Saint Laurent, belle jusqu'à son dernier jour, avec de grands yeux de chat, un sourire à tomber et une voix un peu éraillée, qui lui donnait un charme supplémentaire, cette femme en mal d'amour était un puits de générosité, de simplicité et d'intelligence. Elle a vécu très seule les derniers mois de son existence, dans son si bel appartement avec un joli jardin suspendu. La dernière fois que je l'y ai vue nous étions seuls tous les deux, elle dans une robe de chambre anglaise à mille fleurs, sans le moindre maquillage, et je ne l'ai jamais vue si belle, si seule, si touchante. Ensemble, nous avons remonté le temps, redonné vie à beaucoup de gens que nous avons aimés. Elle est allée dans la cuisine me chercher un verre d'eau, la chienne nous suivait partout, il régnait dans cette maison une atmosphère de mort. Hélène pressentait sans doute que nous ne nous reverrions pas, mais quel après-midi chaleureux nous avons passé avec tous nos amis déjà partis, si vivants.

JOSSELIN DE ROHAN

Deux cents ans après la Révolution française, habiter le château de Josselin, être sénateur, président du Conseil régional de Bretagne et duc de Rohan, c'est une belle revanche des têtes coupées, c'est rassurant aussi comme étant la preuve que la bonne herbe repousse aussi bien que la mauvaise. Et j'imagine Henri d'Orléans à Versailles, les Romanov à l'Ermitage et à Tsarkoïe Selo, un Habsbourg à Vienne et à Budapest, le chah en Perse et César à Rome. J'ai connu Josselin de Rohan par mon jeune frère Jean-Noël, tous deux de la même promotion de l'ENA, puis je me suis lié d'amitié avec toute sa joyeuse famille qui tient son rang au sein d'une république qui a tendance à se déliter. La permanence de la noblesse française, qui a survécu à tous les mauvais coups qu'on lui a portés, est le signe de l'extraordinaire vitalité de notre société malgré tant de révolutions qui ont tout fait pour détruire ce qui en constituait les fondements.

CHARLES DE ROHAN-CHABOT

Quand Charles de Rohan-Chabot a épousé Paola Sanjust, la cour et la ville se sont précipitées à Saint-

Thomas-d'Aquin pour les applaudir et pour admirer les tonnes de fleurs blanches accumulées pour égayer la cérémonie. Peu après, et comme pour se venger, Françoise Sagan épousait Bob Westhoff. On a beaucoup caqueté dans les ruelles, ragoté, pronostiqué, puis ces unions ont donné naissance à Delphine de Rohan-Chabot et à Denis Westhoff, clouant le bec des joyeuses commères qui s'étaient abondamment gargarisées. Paola Sanjust, vive, amusante et gentille, a publié, un peu pour faire comme Mme Sagan, un roman *Le pli de l'eau*, qui n'a séduit ni les critiques ni les lecteurs et au sujet duquel Françoise avait eu ce méchant mot : « Je veux bien que l'on dise que Paola écrit mes livres mais cela me fait mal que l'on dise que j'ai écrit le sien. » Paola est morte ensuite d'un cancer et dans des souffrances abominables, puis Charles est parti aux États-Unis, à Sarasota, où je suis allé le voir, avant qu'il ne meure lui aussi d'un cancer assez foudroyant. L'homme était singulier à un point qui n'est pas imaginable. Disposant d'une importante fortune et de propriétés considérables, il s'est ruiné à démolir et à bâtir des châteaux et à investir dans des sociétés incertaines, qui périclitaient ensuite car il n'y connaissait rien. En affaires, c'était un matamore et un maladroit, dans la vie c'était un esthète au goût très sûr, fin connaisseur de tout ce qui touchait au XVIIIe siècle français, raffiné, généreux mais fou, dans le sens le plus sympathique du terme. C'était un authentique phénomène qui a fasciné ou exaspéré tous ceux qui ont eu le bonheur ou le malheur de le rencontrer.

MISS ROSE

C'est au 5 rue Daunou que se tient le Harry's Bar, sorte d'enclave américaine à Paris, où Bob Westhoff avait ses petites entrées. Un peu crasseux, mais c'était fait exprès, le lieu était mal éclairé, glauque, il l'est sans doute encore, et l'on y rencontrait dans une atmosphère des années 20 toujours un peu les mêmes épaves. Avec Bob, nous prenions un ou deux *stinger*, délicieux mélange d'alcools forts et tord-boyaux redoutable. Nous nous asseyions habituellement à l'extrémité du bar, à peu près sous les gants de boxe de Jake LaMotta, à moins que ce soit ceux de Jack Dempsey, pendus au plafond, à deux pas de la table où, tous les soirs, se tenait Miss Rose, vieille Anglaise déglinguée mais très digne, dans des robes sans âge, un peu comme en portait la reine Marie, avec pas mal de passementeries et de dentelles. Miss Rose, dont a beaucoup parlé Michel Déon, était probablement désargentée, mais les serveurs lui remplissaient son verre quand il était vide et il nous est arrivé, à Bob et à moi, de leur demander de le remplir à nos frais, ce dont elle nous remerciait d'un petit mouvement de la tête, un peu comme fait la reine d'Angleterre pour remercier la foule quand elle se rend à Westminster en carrosse.

DOMINIQUE DE ROUX

Dominique de Roux ne m'aimait pas, et pour cause ! Quand j'ai rencontré Lucette Almansor, en juin ou juillet 1962, sans arrière-pensée, il avait déjà entrepris son siège et me considéra vite comme la mouche du coche, comme un dangereux rival qui, de surcroît, n'y connaissait rien à Céline, ce qui n'était pas faux. Il travaillait alors à la rédaction du premier Cahier de L'Herne qu'il consacra à l'écrivain, remarquable en tous points, bientôt suivi d'un second, qui le fut tout autant. Dominique, auquel je manifestais beaucoup d'amitié et que j'encourageais dans son entreprise, voyait que Lucette me consultait de plus en plus, ne faisait rien sans m'en parler, et il en conçut une jalousie qui ne s'est éteinte qu'avec lui, en 1977, il avait quarante-deux ans. Ce n'était pas un génie mais, comme à beaucoup d'écrivains qui meurent prématurément, on prête des chefs-d'œuvre qu'ils n'ont pas eu le temps d'écrire. Un soir, à Rabat, où je me trouvais avec Bob Westhoff, le général Dlimi nous proposa d'aller dîner chez un ministre avec des Français. En entrant dans le salon d'une belle maison, quelle ne fut pas notre surprise d'y trouver non seulement Christian Bourgois mais aussi Dominique de Roux et Roland Laudenbach. Or, il se trouvait que, non seulement Dominique de Roux ne me supportait pas, mais que je plaidais alors, contre Laudenbach, pour Lucette Destouches à la suite de la publication sans son autorisation de lettres de Céline. Tout le monde éclata de rire et nous avons passé tous ensemble une très joyeuse soirée.

PIERRE-GUILLAUME DE ROUX

Il n'est pas toujours facile d'être le fils de son père. Pierre-Guillaume de Roux en fait quotidiennement l'expérience. Bien que mort depuis trente-cinq ans, son père, Dominique de Roux, est toujours derrière lui, lourd du poids de sa fausse légende. Pierre-Guillaume a-t-il un projet, une ambition, qu'il se pose la question de savoir ce que son père en penserait, avec la certitude qu'il serait contre. Il est libre de faire comme il veut, mais l'œil est dans la tombe, un œil réprobateur, jamais content, toujours critique. Pierre-Guillaume a fini par chasser le fantôme, il a fondé sa propre maison d'édition, il est un adulte responsable, il entreprend et il réussit, mais il fallait d'abord qu'il tue son père.

S

ROBERT SABATIER

Robert Sabatier avait la tête pleine d'histoires plaisantes, vécues pour la plupart, mais pour ne pas les entendre à nouveau, il ne fallait pas le voir trop souvent. C'est pourquoi je laissais le temps passer pour ne pas gâcher mon plaisir de dîner avec lui, généralement chez Lipp, toujours avec Florence Godfernaux, pour laquelle il éprouvait une passion véritable. La fonction créant l'organe, son appartenance à l'académie Goncourt lui avait conféré « aura » et prestige. Dans les lieux publics, il marchait à la fois comme un ecclésiastique de haut rang et comme un curé de campagne. Assis à une bonne table, c'était le second qui prévalait. Cet homme était agréable à recevoir et reposant, parce qu'il pouvait parler tout seul et que, avec lui, la conversation ne tombait jamais, pas de ces silences qui plombent un dîner ! Et il était merveilleux quand on le lançait sur les secrets des Goncourt, où il avait siégé quarante ans et dont il connaissait tous les rouages. Le secret des délibérations ne l'étouffait pas, non plus que le devoir de réserve à l'égard de ses confrères, dont il se moquait à plaisir et qu'il « descendait » comme on descend des pyramides de boîtes de conserve dans les fêtes foraines. En matière littéraire, il avait l'œil sûr, et ses collègues auraient évité bien des erreurs s'ils avaient toujours voté comme lui. Adulé, fêté, même par certaines têtes couronnées, Sabatier était pourtant un homme seul, avec ses secrets, ses désillusions, et il avait perdu toutes ses espérances.

FRANÇOISE SAGAN

Françoise Sagan était une fleur des champs, plus pâquerette et bouton-d'or qu'orchidée, plus purée de pommes de terre que langouste et caviar. Cela ne veut pas dire qu'elle n'aimait pas le luxe et la volupté, mais qu'elle pouvait s'en passer et que sa source profonde était la terre, les animaux, les plaisirs simples de l'existence. Je l'ai connue au lit, en 1962, à l'Hôpital américain où elle venait d'accoucher de son fils, dans une vraie forêt de fleurs blanches qui se prolongeait dans les couloirs et les escaliers car les bouquets étaient arrivés par camions entiers. Je l'ai ensuite beaucoup revue à Paris, à Équemauville et un peu à Cajarc, plus souvent en petit comité que dans des fêtes où, comme au théâtre, chacun jouait son rôle, M. Chazot jouait celui de Jacques Chazot, M. Frank celui de Bernard Frank, fêtes au cours desquelles elle m'a toujours donné l'impression de faire semblant de s'amuser. Depuis sa disparition, à Honfleur, le 24 septembre 2004, témoin de sa vie intime, j'ai beaucoup parlé d'elle, et un peu écrit à son sujet mais, de son vivant, dans *Un cheval, une alouette*, j'avais brossé d'elle un portrait qui lui avait plu : « Bien avant que je la connaisse, Sagan m'intriguait déjà, défrisante statue antique, verte comme un cep, et branlante à souhait sur ses petites jambes de papier mâché. Elle était la reine de la nuit, rescapée d'*À la recherche du temps perdu*, avec son nom de prince et ses airs de chien battu. C'est Julius [lire Bob Westhoff] qui me l'a présentée, un jour qu'elle était au lit sous des fleurs d'oranger. J'ai tout de suite compris, à ses deux mains blanches et à ses yeux défaits, qu'elle avait traversé beaucoup de fleuves et crevé pas mal de chevaux sous elle. Elle sortait certainement d'une forêt, avec ses vêtements déchirés et des brindilles plein ses cheveux raides. Avait-elle couché dans la paille avec sa machine à écrire et des oiseaux ? Avait-elle dormi debout dans l'écurie au milieu des chevaux ? Avait-elle seulement traversé Paris en Jaguar, un verre à la main ? C'était difficile à savoir, surtout pour moi qui sortais de l'école Bossuet [...] À cent ans, elle sera toujours sulfureuse, talentueuse, scandaleuse mais tueuse de rien. Pas méchante en effet, aimant chiens et chats, ânes, chèvres et chevaux qu'il arrive de croiser dans son salon. Elle doit avoir du sang romanichel pour tant aimer déménager, sauter d'une branche à une autre, refaire sa couche ailleurs sitôt qu'elle s'est installée quelque part. Elle a changé aussi de courtisans comme de chemises, mais elle conserve un vieux fond d'indécrottables qui la suivent de gîte en gîte, qui l'aiment et qui l'admirent, avec toujours une cigarette en coin, un petit-four en bouche et un verre à la main. Quand elle marche, on croit qu'elle va tomber, quand elle parle, on ne la comprend pas, quand on mange elle s'abstient, et quand on s'endort elle se réveille. En cela comme en rien elle n'est comme les autres, c'est une pièce unique, d'une extrême fragilité, à la fois tendre comme Baptiste et dure comme de l'âne. Moi je connais bien ses côtés intimes, ensemble on a pas mal de secrets. On a bouffé tous les deux du lion et de la vache enragée, elle a eu ses malheurs, moi les miens. En plus, on a eu les nôtres, ça crée des liens pour l'éternité. » J'ai à ce sujet plusieurs mots d'elle, dont l'un serré précieusement dans mes papiers intimes : « Cher François Gibault je vous confirme que je vous recevrai volontiers dans mon caveau de Seuzac près de Bob Westhoff mon ex-mari et de moi-même, à l'heure de votre mort. Je vous embrasse. Françoise Quoirez. » Je crois que Florence Malraux a reçu la même invitation, lancée peut-être aussi à quelques autres. On ne devrait pas s'y ennuyer.

RAOUL SALAN

La plus belle plaidoirie qu'il m'ait été donné d'entendre est, avec celle de Paul Baudet pour Jacques Fesch, celle de Jean-Louis Tixier-Vignancour pour le général Salan, devant le Haut Tribunal militaire. La salle était chauffée à blanc, l'atmosphère religieuse, le silence impressionnant. Je revois Tixier seul dans la sorte de chaire réservée à la défense, où l'on est face à l'avocat général, et pratiquement aussi face à la cour, et d'où j'ai si souvent plaidé des causes perdues, et quelques autres que j'ai gagnées. Touché par la grâce, Tixier fut éblouissant d'intelligence et d'émotion en achevant par ces mots : « Vous avez parlé, Monsieur l'avocat général, et vous ne le pouviez point, du tribunal de Dieu. Nous sommes devant le tribunal des hommes et, aujourd'hui, dans ce mois qui est consacré à la Mère de tous les hommes, je dis au Haut Tribunal militaire qu'il ne faut pas jeter une ombre de deuil dans le printemps de Marie, qu'il ne faut pas placer dans l'avenir qui est devant nous le germe fondamental d'une discorde éternelle. Vous avez, Messieurs, ce soir, entre vos mains, le moyen d'accomplir un geste pour que se réalise, au bout de la nuit, la fragile et difficile unité des vivants. » Sorti de la prison de Tulle, le 15 juin 1968, Salan a demandé à me voir et il est venu chez moi, rue Monsieur, pour me témoigner sa reconnaissance pour avoir défendu tant de gens, militaires et civils, qui s'étaient compromis dans les événements d'Algérie. Il m'avait apporté le premier tome de ses Mémoires avec cette dédicace : « Pour Maître François Gibault Avocat à la Cour avec mes remerciements pour avoir défendu mes garçons. » Lors de notre entretien, qui fut long et chaleureux, il n'a cessé, comme il l'avait fait au cours de son procès, de revendiquer sa responsabilité dans la rébellion, ne regrettant que d'y avoir entraîné des hommes, dont beaucoup l'ont cher payé.

LES SALONS

C'est comme sur les champs de bataille, on croit les avoir tués tous, mais il y en a qui bougent encore. Il n'y a donc plus de salons à Paris, mais il y en a toujours, tenus par les héritiers de Mme du Deffand et de Mme Verdurin, où l'on donne de la musique ou des conférences, où l'on reçoit des écrivains, quand on n'organise pas des débats en espérant que les gens vont s'y empoigner. Andrée Audi organise de merveilleux concerts et des conférences, Joëlle Bonnefous reçoit des écrivains, quand elle ne fait pas venir des anciens du KGB, des agents secrets et des Touaregs, c'est ce que faisait Nouha Alhegelan quand elle était ambassadrice d'Arabie saoudite, c'est ce que fait encore Michèle Frémy. Yves et Jacqueline Pouliquen organisent des colloques et donnent surtout des concerts à la Fondation Singer-Polignac, divinement animés par Benoît Duteurtre. Du temps des Beistegui, on donnait des concerts et des comédies dans le théâtre du château de Groussay, ce que fit après eux Jean-Louis Remilleux, et il existe beaucoup de maisons où s'organisent des dîners autour d'un génie de passage ou entre gens simplement intelligents, dans beaucoup d'ambassades étrangères mais aussi chez Germaine de Liencourt, Lucienne et Jean-François Lemaire, Christian et Monique Prévost-Marcilhacy, Bébé et Jean Cortot, Jean Clausel, Claudia Ciampi, Daniel Marchesseau, Geneviève Brunet, Michel Bilhouet, Cristiana Brandolini, Jean-Pierre Marcie-Rivière, Anne de Caumont La Force, Vénus Khoury-Ghata, Micheline Maus, Pierre-André du même nom, Jeanne-Marie de Broglie, Maryvonne Pinault, Marie-France Garaud, Hélène Carrère d'Encausse, Ariane Dandois et Ondine de Rothschild, Hélène David-Weill, Angela et Pierre Assouline, Dominique de La Garanderie, Catherine et Robert Chatin, Claude Bernard, Francine et Pierre d'Orgeval, dans leur maison russe, dîners souvent précédés de musique, et sans doute en bien d'autres maisons où l'on ne m'invite pas, radeaux en perdition, mais qui flottent encore.

HARRY SALTZMAN

Harry Saltzman avait une maison à Marnes-la-Coquette, une femme formidable et une Rolls-Royce jaune avec conduite à droite. Quand je suis devenu son avocat, James Bond était un vieux Monsieur, américain, distingué, assez usagé, assis dans son jardin sur un fauteuil en rotin tout à fait dans le style de la Rolls et comme à Beverly Hills. Je regrette de ne pas l'avoir connu plus tôt, j'aurais fait carrière à Hollywood, je serais milliardaire. Pour l'heure, j'ai tenté de rafistoler ses affaires un peu compromises. Je ne peux affirmer qu'il en soit mort, mais il a quitté ce monde peu après m'avoir connu, d'usure, et je n'y suis pour rien.

SAUMUR

C'est sans aucun doute à Saumur, en 1958, que j'ai vécu la plus belle année de ma vie, avec l'année suivante que j'ai passée en Algérie, et l'année 1962, si riche en rencontres, qui ont été pour moi déterminantes et fertiles. Saumur, c'était La Mecque du cheval et l'école d'officiers la plus chic de l'armée française. Quand j'y suis arrivé, venant d'Allemagne, nanti du petit galon d'élève-officier de réserve, j'ai été affecté au peloton de cavalerie blindée commandé par le lieutenant Philippe de Norbécourt, l'un des plus brillants officiers de sa génération. Élu le jour même, par mes camarades, dont je ne connaissais aucun, président de Peloton, première présidence qu'il m'ait été donné d'exercer, j'allais les représenter auprès du commandement, être leur « avocat » en quelque sorte. Après cinq mois d'exercices extrêmement durs, j'ai été nommé sous-lieutenant et non aspirant comme la plupart de mes camarades, dont certains, peu nombreux, n'ont décroché qu'un galon de sous-officier. Non seulement j'étais sous-lieutenant, mais Norbécourt m'a demandé de rester à Saumur avec lui pour instruire la promotion suivante. Tous les matins à 7 heures, dans l'un des grands manèges qui entourent le « Chardonnet », je montais en reprise avec les élèves-officiers d'active, sous le commandement du capitaine de Boisfleury ou du lieutenant Durand, tous deux écuyers du Cadre Noir. L'après-midi, j'avais un cheval et une moto Harley-Davidson à ma disposition, pour de grandes randonnées, sous prétexte de rechercher des terrains pour les manœuvres. Je recevais des ordres et j'en donnais, j'étais la pierre d'une pyramide et j'aimais obéir autant que commander. C'est à Saumur, puis sur le terrain, l'année suivante en Algérie, que je suis devenu un homme.

LÉO SCHEER

Léo Scheer est le mari de Nathalie Rheims et l'éditeur de deux de mes livres, *Cave Canem* en 2006 et *Singe* en 2011, auxquels j'attache un certain prix. Léo n'est pas de ces éditeurs timorés qui ont peur de leur ombre et du qu'en-dira-t-on. Il publie Matzneff et Nabe, il rêve d'être un jour l'éditeur de Céline, c'est un homme libre. En ces temps d'intolérance, Léo est un cavalier seul, un belluaire qui se garde à droite et à gauche, prêt à se lancer dans toutes les bagarres, quand tant d'autres se camouflent, ferment leurs volets, n'osent plus sortir de leurs gonds, ni dire ce qu'ils pensent ni ce qu'ils sont.

AFFAIRE SCHULLER-MARÉCHAL

Le hasard a voulu que tombent sur moi les plus singulières affaires, souvent politiques, dossiers plus amusants que les procédures de recouvrement de créance devant le tribunal de commerce. C'est ainsi que je me suis trouvé littéralement catapulté, en décembre 1994, dans un dossier qui a passionné les Français, l'affaire Schuller-Maréchal. Didier Schuller était un homme politique très sympathique, conseiller municipal de Clichy et conseiller général des Hauts-de-Seine. Proche de Charles Pasqua et plus encore de Patrick Balkany, Didier Schuller évoluait dans ce zoo avec aisance et avec une assez forte dose de naïveté. Le juge d'instruction Halphen, en charge du dossier des fausses factures des HLM de Paris et des Hauts-de-Seine, s'intéressait à lui, mais c'est Francis Szpiner qui le défendait dans cette partie du dossier. Or il se trouvait que Didier Schuller connaissait Jean-Pierre Maréchal, professeur de médecine, beau-père du juge Halphen, auquel il a proposé une forte somme d'argent pour qu'il calme les ardeurs procédurières de son gendre. Tout cela est très confus mais, alertée par Schuller, la police a tendu un piège à Maréchal qui, descendant d'un avion qui le ramenait des Antilles, s'est vu remettre par Schuller une valise contenant un million de francs. Aussitôt arrêté, mis en examen pour trafic d'influence et extorsion de fonds, Jean-Pierre Maréchal souleva la nullité de la procédure qui contenait des écoutes téléphoniques illégales, tandis que son gendre était dessaisi du dossier. La procédure fut donc annulée par la Chambre d'accusation et les choses se retournèrent contre Didier Schuller qui décida, le 9 février 1995, de s'enfuir à l'étranger avec maîtresse et enfants, non sans avoir consulté plusieurs avocats, les uns, comme moi, le lui déconseillant, d'autres l'y incitant. Réfugié à Saint-Domingue, dénoncé par son propre fils, Didier Schuller revint en France le 5 février 2002 pour se livrer à la justice. Il y a parfois des affaires qui dépassent la fiction, et dont le scénario rappelle certains livrets d'opéras, je veux dire d'opéras-comiques.

ROBERT SCHUMAN

Père français — avec Jean Monnet — de l'Europe et du rapprochement franco-allemand, Robert Schuman vivait très modestement, rue de Verneuil, à Paris, dans un petit appartement rempli de livres. Alors étudiant à l'Institut international d'Études diplomatiques, ce devait être en 1953 ou 1954, je me battais contre moi-même et pour sortir d'une spirale d'échecs universitaires et autres qui m'accablaient. Pour effacer ma réputation de cancre, je décidais de rendre visite à des hommes illustres, dans l'espoir aussi d'acquérir une petite notoriété. Mes victimes ont été René Cassin, Prix Nobel de la Paix, vice-président du Conseil d'État, et Robert Schuman. Cassin, c'était pour lui demander des conseils au sujet d'une thèse sur les Institutions européennes, dont je n'ai pas écrit une ligne. Schuman, pour l'inviter à faire une conférence à l'Institut dont j'étais l'élève, école bidon, mais dont le titre était ronflant. Simple, modeste et gentil, le grand homme a trouvé ma démarche sympathique, m'a dit qu'il allait réfléchir, que nous allions nous revoir et, après deux ou trois visites, rendez-vous fut pris et je suis venu le chercher en auto pour le conduire au Centre des relations internationales de l'avenue Kléber, où il s'est exprimé devant une salle comble. À l'Institut, où professait Raymond Barre, on a commencé à me regarder autrement.

SCOUT MARIN

Sans aller, comme Gide, jusqu'à les haïr, force est de constater que les familles peuvent avoir un effet castrateur sur les enfants bien qu'il ne soit pas non plus souhaitable de les laisser vivre comme des sauvages. Avant-goût du service militaire, durant lequel j'ai découvert une autre vie, le scoutisme forgeait des petits soldats à la discipline, à l'amour de la patrie et à une vie collective, tout en leur apprenant à faire des nœuds, des feux de bois, à dormir sous la tente, à vivre comme des Indiens d'avant Christophe Colomb. Mon frère Jean-Claude n'avait pas été scout, non plus qu'aucun de mes cousins, mais un de mes amis, Gérard Perret, était scout marin et je le suis devenu, pour ne pas faire comme les autres, attiré peut-être aussi par l'uniforme car, au lieu du ridicule chapeau de Baden-Powell, nous portions le bachi des marins avec un pompon rouge. Le dimanche nous faisions de l'aviron sur la Seine et, pendant les vacances, nous partions en camp, reçus par la marine nationale à Lorient. Ce n'était qu'un jeu, nous ne faisions que nous glisser dans la peau de vrais marins, nous n'étions que des petits singes, mais avec quel appétit nous nous jetions sur la vie ! Cela me changeait des lits douillets de la rue Monsieur et des petits plats de Pépita, et cela me préparait aux grandes claques de l'existence.

LE SECRET

Les gens très intelligents, quand ils veulent en rapporter la preuve, en viennent, parfois, à dire des bêtises. Il ne fait pas de doute que Michel Serres, membre de l'Académie française, est très intelligent. Sur la route de Meudon, où je me rends tous les dimanches chez Mme Céline pour dîner avec elle, je l'écoute disserter sur France Info et, neuf fois sur dix, il m'énerve. Un dimanche d'octobre 2009, le Maître avait choisi de parler sur le secret et il a dit très doctement que la démocratie idéale serait un État dans lequel il n'y aurait plus de secrets. Le 29 octobre, je lui ai adressé une lettre très respectueuse dans laquelle je lui écrivais : « Je suis, bien au contraire, de ceux qui pensent qu'il faut protéger l'individu contre la Société, qui est de plus en plus tentaculaire et qui, grâce à l'informatique et à la téléphonie mobile, a désormais les moyens de suivre les citoyens à la trace, de les écouter, de connaître leurs faiblesses, leurs écarts, leurs manies, leurs vices. » Et je continuais : « Je suis un partisan très chaud du secret et je pense qu'une Cité sans secret serait l'enfer. La police y saurait tout sur tout et sur tout le monde, elle établirait sans limites des fiches sur les citoyens, il n'y aurait plus le secret de la correspondance, plus de secrets de famille, plus de secret de la vie privée, plus de confession, et nul n'aurait plus le droit de confier certaines choses à son avocat sans que les gendarmes et les juges en soient immédiatement informés. » Et j'achevais : « Excusez, je vous prie, la longueur de cette lettre et ne m'en veuillez pas de vous avoir ouvert mon cœur mais, avocat, je suis un professionnel du secret et un amoureux fou de la liberté. » Le génie n'a pas répondu. Sans doute était-il occupé à mijoter, dans son chaudron infernal, quelques fumeux propos dont il s'est fait une spécialité.

MAREN SELL

Maren Sell est allemande, mais elle est plus française que beaucoup de Français, et internationale. Elle est un peu indienne aussi, bouddhiste, libertaire et soixante-huitarde. Battante comme peu, elle se lance volontiers dans des bagarres surtout quand elles sont perdues d'avance, et c'est beaucoup pour ça que je l'aime. Je l'aime aussi parce qu'elle a fait le bonheur de Georges Flouest, un de mes plus vieux et de mes plus chers amis, mort à Pondichéry le 13 juillet 2012, faux Russe, vrai Slave, romantique au-delà du raisonnable, le regard bleu toujours au loin, vers l'horizon, vers l'est.

MAURIZIO SERRA

C'est Frédéric et Nicole Vitoux qui m'ont fait connaître Maurizio Serra, le plus français et le plus parisien des Italiens, génial auteur des *Frères séparés* et tout aussi génial biographe de Malaparte. Cet homme, le plus affable qui soit, le plus curieux et le plus cultivé, est certainement la réincarnation d'un seigneur de la Renaissance italienne, qui écrivait en français. Réincarnation ou pas, il est mon ami.

PASCAL SEVRAN

Comme François Mitterrand, Pascal Sevran se disait de gauche et lisait à droite, Jouhandeau, Morand, Chardonne. Aussi radin que riche, il y avait chez lui une sorte de bonhomie qui en faisait un ami très charmant, mais il n'avait aucun goût, si ce n'est pour la chanson, et celles qu'il a écrites, notamment pour Dalida, montrent qu'il était un poète authentique. Son appartement du quai d'Orléans était aussi mal décoré que sa maison de Morterolles et je me souviens qu'à Paris il avait acheté le même jour tous les tableaux que l'on y voyait aux murs, croûtes plus quelconques les unes que les autres. Quand il m'a demandé ce que j'en pensais, je lui ai dit gentiment que ce n'était pas de cette manière que s'y prenaient les collectionneurs. J'ai passé chez lui des soirées mémorables avec Jack Lang, Michel Drucker, Jacques Attali, Bertrand Delanoë, beaucoup d'écrivains que je connaissais, des gens de la presse et de la télévision, et je me souviens aussi d'une soirée à Morterolles avec une ou deux femmes amoureuses de lui, qu'il maltraitait, et avec Lulu. J'étais allé là-bas pour enregistrer « La route » avec Pascal et à sa demande. Lui au volant, moi à ses côtés, nous avons été filmés et enregistrés par l'équipe de Jacques Sanchez, trois heures durant, pendant lesquelles, en toute liberté, nous nous sommes beaucoup amusés. Quand il a écrit dans son journal des horreurs sur les moyens de régler la surpopulation en Afrique, propos qui lui ont fait connaître d'un coup la roche Tarpéienne, il m'en a beaucoup voulu de ne pas lui avoir manifesté ma sympathie et pourquoi pas ma solidarité alors que, comme tant d'autres, j'avais été révolté par ces propos bêtement provocateurs. Ce coup l'a frappé si fort qu'il a développé un cancer qui s'est ensuite généralisé et dont il est mort très vite. Quand je l'ai su si gravement et injustement atteint par la maladie, j'ai repris contact avec lui à Morterolles, où il cachait son malheur, veillé à tour de rôle par sa sœur et par l'admirable Serge Tamago. Nous avons alors repris, par téléphone et par lettres, les rapports affectueux qui nous unissaient et qui n'auraient jamais dû cesser.

SEXE

Les hommes qui aiment les hommes et les femmes qui aiment les femmes sont des enfants de Dieu comme les autres, des enfants de tous les dieux. On les a pourtant persécutés dans toutes les religions, brûlés, lapidés, et on en lapide encore. L'amour n'est jamais un péché et ce n'est pas faire le mal que d'aimer chacun selon sa nature et comme elle vous a fait. La sexualité est une fonction naturelle, voulue par le créateur et que la religion catholique a diabolisée comme quelque chose d'impur au point d'inventer l'Immaculée Conception comme si l'enfant que porte une femme était nécessairement le fruit d'un péché. Les hommes ont empoisonné la terre avec des machines dont ils sont aujourd'hui les esclaves et ils se sont créé des lois contre nature qui les ont conduits à des saccages et à des massacres et à se comporter entre eux pire que des chiens.

NORODOM SIHANOUK

En 1979, Norodom Sihanouk vivait à Pékin dans une somptueuse résidence mise à sa disposition par le gouvernement chinois. Chassé du Cambodge par les Vietnamiens qui venaient, en libérateurs, d'envahir son pays, le roi était, comme d'habitude, assis entre plusieurs chaises et dans une position politique très inconfortable. À l'invitation du gouvernement chinois, je me suis rendu, pour la deuxième fois, en Chine en 1979, avec Jacques Houyvet, président des anciens auditeurs de l'Institut des Hautes Études de Défense nationale, et Bob Westhoff. Après un bref séjour à Tokyo, nous avons constaté, en arrivant à Pékin, que la valise de Bob n'avait pas suivi. Et, le jour même de notre arrivée, était prévu un déjeuner à la résidence du roi, avec lequel Jacques avait des amis communs. Dans une valise, qui avait bien voulu nous suivre, nous avions apporté pas mal de foie gras, dont il raffolait, car c'était un épicurien. J'ai dû prêter un de mes complets à Bob qui avait voyagé en blue-jean, mais il était plus grand que moi et, sur les photos prises après le déjeuner, on le voit très grand à côté du petit et même très petit Sihanouk avec mes pantalons qui lui arrivaient à mi-mollets. À ce déjeuner, il y avait évidemment l'épouse du roi, la princesse Monique, et leur fils, le prince Sihamoni (mélange de Sihanouk et de Monique), alors danseur et aujourd'hui roi du Cambodge. Le déjeuner fut somptueux et arrosé de grands crus de Bordeaux. Sihanouk parlait vite et beaucoup, avec une voix comme un ventriloque ou comme un castrat, mais il était passionnant car il tentait de se justifier des acrobaties qui avaient jalonné son parcours politique. Placé sur le trône par les Français, en 1941, père de l'indépendance de son pays en 1953, déposé en 1970, pris en charge par les Chinois, il a pactisé avec les Khmers rouges et a couvert leurs atrocités, roi complice, roi fantoche ou roi esclave, qui se justifiait en disant avoir tenu à rester avec son peuple dans le malheur, un peu comme le maréchal Pétain en 1940 ! L'homme avait des talents d'acrobate, mais il était follement sympathique et alors politiquement très seul. Je l'ai ensuite revu, plusieurs fois à Paris, il avait besoin qu'on l'aide, mais il était un peu « brûlé ». J'ai revu

Sihamoni à Paris où il donnait des cours de danse khmère. Devenu roi du Cambodge, élu correspondant étranger de l'Académie des inscriptions et belles-lettres, il est venu faire un éblouissant discours sous la Coupole. Il avait ce jour-là tout Paris à ses pieds et, à l'invitation de Jean Leclant, secrétaire perpétuel de l'Académie, j'ai eu l'honneur d'assister à cette éblouissante réception au cours de laquelle j'ai pu lui rappeler quelques souvenirs. Sihamoni est un être lumineux comme on en voudrait à la tête de tous les pays du monde.

MICHEL SIMON

Physiquement et moralement, Michel Simon était un ours en peluche que l'on avait envie de prendre par la main, de caresser, de consoler, mais il ne se laissait pas faire. Veuf d'une guenon qu'il avait beaucoup aimée, il était un peu paranoïaque et reprochait à son coiffeur de lui avoir appliqué une teinture qui attaquait son cerveau ! Quand je l'ai connu, par Lucette Almansor, il est venu m'en parler très sérieusement, mais d'autres avocats planchaient déjà sur cet important dossier et je n'ai pas voulu m'en mêler. Il jouait alors *Du vent dans les branches de Sassafras*, excellente pièce de René de Obaldia, à l'issue de laquelle il devait citer les comédiens qui venaient de jouer avec lui, le metteur en scène et l'auteur, dont il feignait chaque soir de ne pas se souvenir, ce qui donnait un « merde, j'ai oublié son nom », anecdote rapportée par Obaldia dans son discours de réception à l'Académie française. C'est la première fois qu'on prononçait le mot de Cambronne sous la Coupole ! Après le spectacle, nous avons dîné avec lui et, d'autres fois, nous sommes allés l'attendre au théâtre, pour manger un morceau avec lui sur les Grands Boulevards. Il avait toujours l'air de parler la bouche pleine, d'une voix caverneuse mais chantante, et c'était un plaisir de l'entendre critiquer ses contemporains. Mais il y avait en lui une humanité si profonde qu'on ne pouvait pas ne pas l'aimer. Prêt à donner tout ce qu'il n'avait pas, à s'éprendre de tout être souffrant, à venir en aide aux plus égrotants clochards, clochard lui-même par bien des côtés, c'était un mélange de Père Noël, de saint Vincent de Paul et de tonton flingueur, avec un côté Mélusine car il était femme aussi.

SINGE

Né le 21 mai 1932, l'année du Singe, je m'entends bien avec les Rats, et voici sans doute pourquoi j'ai tant de complicités avec Lucette Almansor, veuve du docteur Destouches, alias Louis-Ferdinand Céline, née le 20 juillet 1912, l'année du Rat. Je suis donc un mammifère dans l'ordre des quadrumanes, adroit et grimacier, tandis que Lucette est un petit quadrupède de l'ordre des rongeurs, à petites pattes, queue longue et nez pointu. Nous formons un drôle de couple et, quand nous nous propulsons dans le grand monde, il n'est pas surprenant que les gens nous regardent bizarrement.

SINGULIER

Singulier ne veut pas dire, comme le suggèrent les dictionnaires, extraordinaire, original, extravagant, mais unique et particulier, le contraire de pluriel, le contraire des fourmis. L'homme singulier est donc aujourd'hui communément assimilé à un hurluberlu, à une sorte de fou qui ose ne pas penser et ne pas faire comme tout le monde et qui, au risque d'être broyé, résiste au rouleau compresseur. Les singuliers ne sont ni des fous ni des originaux, ce sont les héros de notre temps. Leur tête dépasse de la foule, ils se méfient des discours, de tous les discours, ils sont les seuls à bien penser et à dire la vérité. Dans une assemblée comme autour d'une table, l'unanimité se fait sur une pensée commune. Dites le contraire, même si vous ne le pensez pas, et vous allez voir les pigeons s'envoler. Ils n'iront pas loin, parce qu'ils ont tout oublié, jusqu'à leur droit d'exprimer leur liberté en s'élançant dans les airs, de changer de climat, de clocher et de passer les frontières mais, par un vieux réflexe, ils vont battre des ailes un peu, décoller, se vomir plus loin avant de revenir au bercail, chez papa et maman, papy et mamie, au bord du petit Liré, pour ne pas manquer l'occasion d'être enterrés avec eux, dans le même trou.

LE SLIP FRANÇAIS

Mon nom de famille est de plus en plus connu non pour mes actes héroïques ni pour mes œuvres immortelles, mais à cause de mon petit-neveu, Guillaume. Diplôme d'HEC en poche, Guillaume Gibault avait une belle situation dans une grande société, dont il a claqué la porte pour fonder sa propre entreprise, « Le Slip français ». Ce sont des choses que l'on voyait dans les siècles passés, mais au nôtre, en France, un jeune ingénieur qui se jette à l'eau, l'événement est singulier. À tout moment de la journée on me téléphone en me confondant avec cette entreprise qui fait beaucoup parler d'elle. Et, en ville, les gens qui sont de plus en plus vulgaires et parlent de moins en moins bien me demandent : « Le Slip français, c'est vous ? » Je suis évidemment flatté d'être ainsi confondu avec les slips de mon neveu, magnifique illustration familiale, qui m'ont contraint à renouveler ma garde-robe, car il ne serait pas convenable que je porte des slips d'une autre marque, esprit de famille oblige !

SOUNET

Sounet est le diminutif de Françounet, qui veut dire petit François. De temps à autre, mes neveux, nièce, petits-neveux et petite-nièce, par dérision bien évidemment, m'appellent Sounet. À quatre-vingts ans, c'est un surnom très ridicule et, quand je l'entends prononcer, j'y vois le signe d'un retour à l'enfance, qui correspond peut-être à la vérité, mais n'est pas vraiment gratifiant. C'est comme ça que m'appelait ma mère, qui s'appelait Colette et n'avait pas de surnom, mais mon père, quand il était en veine d'affection, l'appelait son colibri. Lui s'appelait André et on ne l'a jamais appelé qu'André, jamais Dédé. Mon petit frère, Jean-Noël, parce qu'il était né, comme Gang Peng, une nuit de Noël, avait du mal, quand il était tout petit, à prononcer son prénom. Il disait Nènène et on a pris un peu l'habitude de l'appeler comme ça, jusqu'à ce qu'il nous l'interdise. Pour faire enrager mon frère aîné, Jean-Claude, on l'appelait Laulaude. Mon oncle Yves, sa femme l'appelait Yvon et nous appelions celle-ci tante Sim parce qu'elle était Simone Suppot-Réveilhac, née, comme ma mère, Chedeville-Plassard. La mère de mon père, c'était grand-mère, et celle de ma mère, Maman Toinon, et son mari Papa-Jo, pour Jeanne Antoinette et Joseph. La poule que mes parents avaient donnée à Jean-Claude répondait au nom de Plumette, et la mienne, Nudette, parce qu'elle était un peu déplumée. Quant au cardinal Philippe, frère de ma tante Nanny, dominicain de très haut vol, mon père l'appelait le sous-pape.

SUICIDE

Beaucoup autour de moi ont mis fin à leurs jours, amis proches ou lointains, confrères, parents même. Je compte deux noyades, trois balles dans la tête et une dans le cœur, une pendaison, un qui s'est jeté avec sa voiture dans un canal, trois avec des médicaments, deux défenestrations et une mort douce, en Suisse, sur un aria de Bach. C'était l'expression de leur première et de leur dernière liberté, de la seule absolue liberté. On en a privé Laval, on voulait sa mort, il la voulait aussi et on ne l'a pas laissé mourir, pour le tuer. D'autres ont pendu le cadavre de Goering, qui les avait devancés, comme si on pouvait tuer un mort. Dans *Gilles* Drieu la Rochelle écrit : « Il n'était capable que d'une belle action, se détruire. Cette destruction serait son hommage à la vie, le seul dont il fût capable. » Le petit Alban s'est tué à Saumur pour n'avoir pas été nommé aspirant. J'étais son instructeur, suis-je responsable de sa mort pour l'avoir mal instruit ? Quand un de vos proches se donne la mort, c'est parce que vous ne l'avez pas suffisamment aimé, ou mal aimé. Quand A. s'est suicidée, c'est parce que je ne l'aimais pas et je n'en suis pas responsable. Philippe de N. ne m'a pas appelé avant de franchir le pas, il avait une femme, des enfants, j'aurais pu le sauver et c'est peut-être pour ça qu'il ne m'a pas appelé. Il y a aussi ceux qui se tuent lentement et qui, jour après jour, descendent aux enfers. J'en ai aidé quelques-uns, ils m'ont remercié, m'ont promis, n'ont rien fait contre la marée qui montait et ils ont été engloutis par le flot, submergés par le mal. Je ne dis pas qu'un jour je ne ferai pas la même chose, pour être maître une dernière fois de mon destin, pour clamer ma liberté et pour rejoindre dans la mort tous ceux que j'ai aimés et qui m'y ont précédé. Et pour rendre aussi leur liberté à ceux qui m'aiment.

Les avocats ne sont pas payés pour donner des pichenettes mais des grands coups de poing, et là où ça fait mal. Szpiner cogne dur, parfois trop, et pas toujours élégamment, mais il cogne et sait faire mal. Comme il aime les coups tordus et qu'il est procédurier, il est tout le temps en train de monter des combinaisons plus ou moins foireuses, dans lesquelles il excelle. À sa demande, j'ai participé à quelques-unes dans lesquelles, je l'avoue, nous nous sommes beaucoup amusés. Merci, Francis ! Nous avons été ensemble dans quelques grands procès, à commencer par celui de l'assassinat du prince de Broglie, ancien ministre du général de Gaulle, dans lequel il défendait l'un des assassins, moi la veuve et les orphelins. Je les ai tous écrasés mais, si Paul Lombard n'avait pas plaidé après lui, j'aurais peut-être moins bien gagné mon procès. Je l'ai retrouvé ensuite plusieurs fois devant la cour d'assises et dans le procès dit du « carrefour du développement » dans lequel il défendait un ancien ministre et moi un attaché militaire français, qui a obtenu un non-lieu, mais notre grande affaire commune reste le procès de Jean-Bedel Bokassa, ex-empereur de Centrafrique, devant la cour criminelle de Bangui. Depuis ce procès il m'appelle papa comme on appelle les anciens en Afrique et ceux que l'on respecte. En fait, l'avocat de Sa Majesté, c'était lui, puis ce fut nous, quand le colonel Mantion apprit, sans doute par l'empereur lui-même ou parce que les conversations qu'il avait avec Francis étaient écoutées, qu'il avait préparé une déclaration très dure pour la France et pour Valéry Giscard d'Estaing, auquel il en voulait, moins de l'avoir déposé, que d'avoir refusé de l'accueillir dans l'Hexagone, alors qu'il était français et grand-croix de la Légion d'honneur, malgré les petits cadeaux qu'il lui avait faits et les chasses aux éléphants qu'il lui avait organisées. Le gouvernement français, alerté par Mantion, s'en émut et, par son intermédiaire, suggéra à Jean-Bedel d'être plus diplomate, surtout qu'il risquait la peine de mort et que le colonel Mantion se faisait fort d'obtenir sa grâce du général André Kolingba, président de la République centrafricaine. Et c'est ainsi que je suis devenu l'avocat de Jean-Bedel Bokassa. Merci, Francis. Qui trop embrasse mal étreint.

T

TERRE PROMISE

Israélien par sa mère, français par son père, Augustin vivait à Jérusalem. Grand sportif, fou de plongée sous-marine, il se rendait plusieurs fois par an en auto à Charm el-Cheikh pour explorer les fonds de la mer Rouge. Un matin, sur le chemin du retour, les douaniers égyptiens lui demandent d'ouvrir le coffre arrière de sa voiture et y trouvent un sac plein d'herbe à chameau. Bien qu'il voyage avec un passeport français, on découvre vite sa nationalité israélienne, on le transfère au Caire, on le jette en prison, il comparaît devant un tribunal qui le condamne à trente ans de prison, jugement dont il fait appel. C'est à ce moment que Claude Roche, qui avait le cœur sur la main, toujours prête à secourir toutes les misères, me demande d'intervenir. J'avais quelques relations au Caire, dont un ministre, je n'étais pas mal introduit à l'ambassade de France, et j'avais avec moi un avocat égyptien très retors que j'ai rencontré plusieurs fois à son cabinet, ce qui est une façon de parler. Selon, paraît-il, un usage habituel, sans doute aussi pour éviter les grandes chaleurs, mon confrère me donnait toujours rendez-vous à minuit et, comme il y eut chaque fois des pannes d'électricité, nos entretiens se sont déroulés devant son immeuble, sur le trottoir, au milieu d'une foule grouillante et à la lumière d'un réverbère. Il était intelligent, comprenait vite et savait que le sort d'Augustin se jouerait hors de l'audience. Je rendis visite aussi à notre client dans sa prison, pas très loin du Caire. L'endroit était sordide, mais moins triste, il me semble, que dans les prisons modernes. Il y avait, en ce lieu, une vie intense et, entre les hommes, une solidarité contre le malheur, détenus et surveillants confondus, exactement comme dans les prisons que j'ai visitées en Algérie, au Maroc, en Centrafrique, au Cameroun et à Djibouti. Après plusieurs déplacements au Caire, j'obtins que la cour d'appel ne juge pas tout de suite Augustin, et qu'elle statue d'abord sur une demande de liberté, qui lui fut accordée après une audience éclair, mais avec interdiction de sortir du territoire et confiscation de son passeport. Après quelques semaines de vie tranquille, exemplaire même, il se rendit au bord de la mer Rouge, pas très loin de la frontière israélienne, se mit à l'eau et nagea, nagea, pendant des heures et des heures, en direction de la Terre promise, jusqu'au moment où il aperçut les signaux que, d'une barque, son père lui faisait avec une lampe de poche.

JEAN-LOUIS TIXIER-VIGNANCOUR

Un coffre comme celui de Mirabeau, une voix d'airain, ou de bronze, qui avait l'air de sortir de terre, Jean-Louis Tixier-Vignancour est sans conteste, avec Berryer fils et

Fernand Labori, l'un des plus grands avocats de l'histoire de France. Je l'ai connu en août 1962, devant la Cour militaire de justice, qui siégeait à Vincennes, devant laquelle Le Coroller et lui défendaient le lieutenant Godot et l'adjudant Robin, André Damien et moi le lieutenant Bernard. C'était ma première grande affaire, j'avais très peu plaidé, et uniquement devant des juridictions mineures, et j'appréhendais le moment où j'allais devoir me lever, devant toute la presse, pour plaider cette affaire difficile, d'autant qu'il avait été entendu avec Damien que je plaiderais seul. Après moi, il devait se lever pour dire en substance : « J'avais prévu de plaider après mon confrère Gibault mais, après l'avoir entendu, profondément ému, je renonce à mon droit de parole. » C'était le succès assuré, pour lui comme pour moi, dans la presse du lendemain, qui ne manqua pas de saluer la qualité de ma plaidoirie et sa généreuse abnégation. Jean-Marc Théolleyre, qui devait ensuite devenir un ami, écrivit même, dans *Le Monde* du lendemain, que j'étais un jeune talent « à suivre ». Terrifié à l'idée de cette plaidoirie, pour la première et la dernière fois de ma carrière, je l'avais apprise par cœur. Tixier, assis à côté de moi, ne cessait de me passer des papiers sur lesquels il y avait des injonctions : « excellent, insiste là-dessus », que je ne pouvais suivre puisque, littéralement « sur des rails », je ne pouvais improviser, au risque de perdre le fil de ma plaidoirie. C'est à la suite de cette affaire, dans laquelle, et pour la seule fois, la Cour militaire de justice montra de la compassion pour les soldats perdus que nous défendions, que Tixier et moi sommes devenus amis. J'allais chez lui, boulevard Raspail, à Grigny dans sa maison de campagne, et je suis même allé à Sa Riéra, dans la maison qu'il avait près de Barcelone. Janinotte, sa redoutable épouse, qui m'aimait bien, était son égérie, excitée au point que, comparé à elle, il était presque « modéré ». J'ai plaidé cinq affaires principales avec Tixier, celle dont je viens de parler, l'attentat du Petit-Clamart, celui du Val-de-Grâce, le procès de Z et l'affaire Ben Barka. Un de mes clients, Z, était poursuivi pour avoir tué un policier en Belgique, il risquait la peine de mort et, quelques jours avant l'ouverture du procès, sachant que je connaissais Tixier, il a souhaité qu'il intervienne, pour dire quelques mots après moi au sujet de son enfance, qui avait été malheureuse, et contre la peine de mort. Tixier, qui était partant pour tous les coups, m'a donc accompagné à l'audience, sans connaître le dossier que j'ai longuement plaidé, car il y avait beaucoup de choses à dire. Tixier s'est ensuite levé pour plaider excellemment l'enfance malheureuse de Z, puis il se rassit sans dire un mot sur la peine de mort, qui avait pourtant été requise par l'avocat général. Aussitôt après que la Cour et le jury se furent retirés pour délibérer, j'ai demandé à Tixier pourquoi il n'avait pas plaidé contre la peine de mort, et il a eu ce mot terrible : « Parce que je suis pour. » Je pourrais raconter beaucoup d'autres anecdotes à son sujet mais il y en a une qui mérite de figurer dans ce dictionnaire. Pendant l'affaire Ben Barka, dans laquelle il défendait Lopez et moi le colonel Dlimi, il me téléphona un jour, dans le plus grand secret, pour me demander d'être chez lui à Grigny, le soir même, vers 23 heures, en tenue de campagne. Sur place, je retrouve son collaborateur, Bernard Gisserot, son jardinier et un journaliste, Jean-Jacques Dupont, qui travaillait à *Minute*. Tout de suite, il me dit savoir où se trouve le corps de

Mehdi Ben Barka, que nous allons déterrer. Son jardinier, qui avait rempli le coffre de la voiture de bottes, de pelles et de pioches, nous conduisit, pas très loin de là, dans un champ bordé de peupliers. Au pied du septième, fort d'un renseignement qui lui avait été donné, il nous invita à commencer la fouille et nous avons creusé en vain pendant deux bonnes heures, évidemment sans rien trouver. Tel il était. Plus tard, candidat à la présidence de la République, il a loué une tente de cirque pour faire un tour des plages françaises, au-devant des électeurs qui étaient tous en vacances. C'était en juillet et août 1965, son directeur de campagne s'appelait Jean-Marie Le Pen. Tixier m'a demandé de participer à la tournée et j'ai, bien évidemment, décliné cette invitation que Jean-Marc Varaut a acceptée. Candidat à la présidence des anciens secrétaires de la Conférence, contre le « candidat officiel », il a été battu, ce qui était une première car ces élections sont toujours très « consensuelles », au point que j'ai moi-même été élu à ce poste à l'unanimité moins une voix, la mienne. Peu avant sa mort, survenue le 29 septembre 1989, Tixier a voulu obtenir le titre de docteur en droit. Il avait les diplômes mais il lui fallait soutenir sa thèse. Comme il n'en avait pas écrit, il décida de présenter l'ensemble de son œuvre écrite, et il me demanda de faire partie de son jury de thèse, mais la mort l'emporta sans qu'il ait pu accéder à cet ultime honneur. Cet homme m'a donc entraîné dans quelques-uns de ses « coups » mais pas dans l'enlèvement du cercueil du maréchal Pétain qu'il avait projeté de conduire à Douaumont. L'enlèvement fut parfaitement réussi mais la camionnette dans laquelle se trouvait la dépouille du Maréchal a été interceptée dans un garage où on l'avait planquée et a été reconduite à l'île d'Yeu par la gendarmerie.

LA TOLÉRANCE

Cousine de la liberté, la tolérance n'est pas ennemie de la détestation des autres. Elle commande seulement de les laisser vivre et s'exprimer, cela ne va heureusement pas plus loin. Mme Christine Boutin, qui ne pense pas comme moi, et personnifie à mes yeux le plus hideux visage du catholicisme, n'est pas tolérante mais, comme je le suis, je me vois dans l'obligation de la laisser parler, malgré l'envie que j'ai de la bâillonner.

TOPOR

Je suis allé une fois chez Topor, emmené par Bernard Gaugain qui le connaissait bien. Le personnage m'intéressait vivement car c'était un visionnaire, un anarchiste et un homme d'une immense poésie intérieure. L'appartement était en fouillis, mais bourgeois, avec aux murs des œuvres de son père, peintre aussi talentueux qu'inconnu, auquel il vouait un culte. Nous nous sommes assis dans la salle à manger, très encombrée, où j'ai bu de l'eau tandis que Bernard, Topor et deux ou trois de ses amis qui se trouvaient là ont commencé à picoler. Avec mon complet bleu, ma chemise blanche, ma cravate noire et ma tête d'enterrement, j'étais très à l'aise au milieu de mes nouveaux amis, dont les têtes n'étaient guère plus avenantes que la mienne. J'étais venu pour parler mais aussi pour voir ses œuvres. Pour parler, nous avons parlé, démolissant le monde sans aucun souci de reconstruction, et j'étais enchanté de me trouver avec ces gens qui m'ont beaucoup rappelé Gen Paul à Montmartre et sa cour des miracles. J'ai toujours aimé changer de peau, passer un moment avec un clochard et dîner le soir chez une duchesse, c'est mon côté Gémeaux. J'ai vu chez lui un grand nombre de tableaux par lesquels il exprimait son dégoût de tout avec un humour et un réalisme qui donnaient envie de vomir physiquement et moralement. J'avais l'impression d'être chez moi chez lui, en famille, entre gens singuliers, qui se cherchent, écoutent et parlent, parlent pour dire tout, le contraire de tout, et finalement rien.

TOTO

Toto, le perroquet de Céline, est mort comme Brasillach, un 6 février, ce devait être en 1983 ou 1984, aussitôt remplacé par un autre perroquet du Gabon, de même taille et de même couleur, trouvé pratiquement le même jour sur la route des Gardes, évidemment baptisé Toto. Le premier du nom a tenu une place importante dans la ménagerie de l'écrivain, témoin de son labeur plus que les chiens et les chats qui allaient et venaient, et il l'a vu écrire *D'un château l'autre*, *Nord* et *Rigodon*. Il était présent aussi le 1er juillet 1961 quand Céline a rendu son âme à Dieu. Quand j'ai connu le premier Toto, en 1962, il chantait encore les airs qu'il lui avait appris, dont *Les steppes de l'Asie centrale* et *J'ai du bon tabac dans ma tabatière*. À peine lui aviez-vous donné un bout de gras, une cacahuète, qu'il vous mordait la main. On pourrait y voir la mauvaise influence de Céline, mais ce serait trop facile. L'ingratitude est dans la nature de l'animal au moins autant que dans celle de l'homme.

JACQUES TOUBON

L'aigle a été fusillé en vol, en route pour l'hôtel Matignon. Excellent garde des Sceaux et tout aussi bon ministre de la Culture, Jacques Toubon méritait mieux, mais le monde politique est injuste et cruel et Lise ne sera ni l'épouse du Premier ministre ni Première Dame. Je le déplore d'autant plus que j'aurais eu mes petites entrées dans les palais nationaux, éminence grise, tireur de ficelles, mais Dieu ne l'a pas voulu. J'ai beaucoup d'estime et d'amitié pour cet homme et pour cette femme qui sont, non seulement l'un et l'autre, d'une grande culture, mais aussi tous les deux des amis d'une rare fidélité en un monde dont les souverains sont l'égoïsme et l'hypocrisie.

MICHEL TOURNIER

Michel Tournier est un monsieur déchiré entre sa quête d'absolu et ses instincts primaires, qui marche en solitaire sur une route pavée d'autant d'épines que de fleurs des champs. C'est un vieil enfant qui a fini par se convaincre qu'il est un juste sinon un saint, et qui tourne en rond, prisonnier de lui-même. Je le tiens pour un grand écrivain, un des derniers grands de notre temps et, quand Anne et Jacques de Bryas, qui étaient ses voisins et ses amis au château de Mauvières, m'ont proposé de dîner avec lui, j'ai lu ceux de ses livres qui m'étaient encore inconnus, et je me suis présenté au château ferré à blanc, en compagnie de Lucette Almansor, ce qui n'était peut-être pas une bonne idée, car il n'aimait pas mieux Céline que Proust. Nous nous sommes bien entendus parce que je connaissais bien son œuvre. Tous les écrivains sont à la même enseigne, pétris de leurs écrits avec lesquels ils ne font qu'un. Je l'ai revu souvent au même endroit, au coin de l'immense feu de bois qui faisait danser le salon de Mauvières, avec le même bonheur, accompagné souvent d'amis, plus ou moins taiseux et médusés, auxquels parfois il a daigné s'intéresser, je pense à Jérôme Béglé, mais ceux qu'il a préférés ont été Filip Nikolic et Gang Peng. Filip parce qu'il était beau, qu'il incarnait la joie de vivre et n'avait aucune prétention littéraire, Gang parce qu'il est tout aussi beau, qu'il venait d'Asie, et l'écoutait sans rien dire. Après le dîner, il a paru découvrir qu'il était parmi nous et lui a demandé d'où il venait et qui il était. Très calmement Gang lui a raconté ses premières années au temps de la Révolution culturelle, ses études à l'Académie de danse de l'Anhui puis à celle de Pékin et sa venue en France, quand il a choisi la liberté. La balle était dans son camp, l'académicien Goncourt écoutait, hochait la tête, posait des questions comme un enfant qu'il est resté, comme les enfants qu'il aime tant.

TRAVAIL FAMILLE PATRIE

On travaille de moins en moins et de moins en moins longtemps, alors que l'on vit de plus en plus longtemps. Après avoir dit aux gens que le travail, c'est la santé, on a fini par les en dégoûter après leur avoir tant vanté les charmes de l'inaction, des vacances et de la retraite. La famille s'émiette et bientôt elle n'existera plus, pas plus que le mariage, qui ne veut plus rien dire. Quant à la patrie, c'est une notion ringarde et plus personne n'a envie de mourir pour elle. C'est dire si le maréchal Pétain, avec sa canne, ses gants blancs et sa médaille militaire, est à ranger au rayon des antiquités. S'il a été l'un des artisans de la victoire française en 1918, il n'a pas fait grand-chose pour éviter la guerre suivante ni pour la préparer. Il ne croyait ni aux vertus des divisions blindées ni à l'efficacité de l'aviation qu'il qualifiait de « jouet pour faire peur aux enfants ». Quand il a été ministre de la Guerre, il a accepté une réduction considérable du budget du ministère de la Guerre qui a été amputé d'un tiers en 1934, passant de 603 millions à 403 millions de francs. Hanté par le souvenir des tranchées et par le rôle essentiel de l'infanterie dans les guerres passées, il ne jurait que par les fortifications, et l'on a vu ce qu'a donné la ligne Maginot, que Rommel a contournée par la Belgique. Pétain avait donc sa place dans le box des accusés du procès de Riom. C'est peut-être la raison pour laquelle, après avoir voulu juger les responsables de la défaite, ce qui n'était pas scandaleux, il a mis fin au procès qui tournait en eau de boudin et risquait de s'achever par un acquittement général.

CATHERINE ET PIERRE-YVES TRÉMOIS

Catherine et Pierre-Yves Trémois sont mes amis depuis quarante ans, il est pour moi une sorte de grand frère, elle une petite sœur. En réalité, ils ne font qu'un, c'est lui qui tient le pinceau, le burin et la plume, mais elle est derrière chacune de ses pensées et de ses actions. À plus de quatre-vingt-dix ans, la main ferme et la tête haute, cet éternel jeune homme dessine d'une main sans faiblesse des christs en croix, des hommes en rut, des femmes à poil, il sculpte des corps enlacés. Il a eu pour modèles Filip et Sacha Nikolic et même l'auteur de ces lignes, dont il a réalisé un buste romain, couvert de mots et de phrases, que je prête de temps à autre pour des expositions. L'homme est généreux au point d'avoir voulu donner tout ce qu'il avait, sa formidable collection d'art japonais et le meilleur de son œuvre. Jacques Médecin, alors maire de Nice, a fait construire un musée pour recevoir la donation, chef-d'œuvre d'architecture spécialement dessiné par Kenzo Tange, un écrin littéralement sur mesure. Puis, comme chacun sait, Jacques Médecin est tombé, et le projet avec lui, malgré les engagements pris par la ville et par le conseil régional. Le tribunal administratif a condamné l'État, mais trop tard, la collection orientale est, dans un musée, au

Japon, Trémois a voulu donner tout ce qu'il avait à l'État français, ça lui apprendra.

TU L'AS DIT, BOUFFI

L'événement s'est produit en 1986 ou 1987, devant la cour criminelle de Bangui, où Francis Szpiner, Nicolas Tiangaye, un temps Premier ministre de la République centrafricaine, et moi défendions l'ex-empereur Bokassa. Les audiences étaient longues, interrompues par les incidents d'audience, autant que par les pannes d'électricité, car les débats étaient diffusés en direct par la radio et par la télévision, de telle manière que le président devait les interrompre à chaque coupure de courant. Il y avait beaucoup de journalistes étrangers de la presse écrite et télévisée avec lesquels nous dînions tous les soirs en nous régalant de capitaine fumé, parmi lesquels Élisabeth Schemla, qui trouvait les audiences mornes. Pour les animer, elle me défia de dire « tu l'as dit, bouffi », et le lendemain je dus relever ce défi, heureusement servi par les événements car on débattit ce jour-là du point de savoir si le général Otto s'était rendu en auto ou en moto, de Bangui au palais de Berengo où se trouvait Sa Majesté. Je me suis levé alors très solennellement, et j'ai entendu derrière moi les caméras se mettre en route car les journalistes ont flairé que j'allais réussir mon pari, et je dis en substance : « La défense de l'empereur n'a que faire du point de savoir si le général Otto s'est rendu à Berengo en auto ou en moto, pour nous, c'est bonnet blanc et blanc bonnet, c'est du lard ou du cochon, c'est tu l'as dit, bouffi. » Tout cela a été enregistré, j'ai la bande chez moi à Paris, sur laquelle on voit le procureur général se lever pour dire : « Si la défense n'a rien de plus à dire, qu'elle se taise. » Le soir au restaurant, Élisabeth Schemla a payé une tournée générale.

U

ALEX URSULET

Quand Alex Ursulet était élève au centre de formation professionnelle des avocats, où j'enseignais, on ne pouvait rêver plus beau et plus chic Rastignac. Il ne trouvait pas de patron et m'a demandé de le prendre à mon cabinet, un peu par charité. Comme je suis chrétien, et donc charitable, j'ai accédé à son désir et je ne m'en suis pas trop mal porté. Son côté papillon n'avait d'égal que son ambition, et j'admirais son habileté à patiner dans les salons, dans les prétoires et dans les cabinets ministériels. Il paraissait bien parti pour le Palais-Bourbon, mais, élu à la Martinique plus jeune conseiller régional de France, sa carrière politique s'est arrêtée nette, bien qu'il eût épousé la fille de Bernard Pons, alors ministre, homme fort de la droite gaullienne et classique. Il faut dire qu'Ursulet, qui n'a pas le don d'ubiquité, est souvent devant les cours d'assises à maintenir hors de l'eau des noyés potentiels ou à leur appuyer sur la tête quand il est du côté des victimes. Comme les hommes orchestres, il sait jouer de plusieurs instruments. Il est flûte et tambour, mouche et miel, plic et ploc, mais je l'aime comme il est, fils de son père que j'aimais aussi, toujours détenteur de secrets plus ou moins vrais, secrets politiques, secrets d'alcôve, la main sur le cœur. Faible comme un Turc, modeste comme Artaban, Ursulet il est.

V

JEAN-MARC VARAUT

Varaut est décédé le 26 mai 2005, avenue Émile-Zola, dans le service de soins palliatifs où je l'avais vu quelques jours avant, littéralement aux portes de la mort. Son fils, Alexandre, lui-même avocat et, comme moi, ancien cinquième secrétaire de la Conférence, m'a demandé d'évoquer sa mémoire lors de ses obsèques à Saint-Eustache. Jean-Marc et moi nous connaissions depuis la Conférence et les procès de l'OAS, j'avais pour cet homme de grand talent une affection que j'ai été heureux de pouvoir évoquer, le 31 mai, devant mes confrères, des académiciens et de nombreux hommes politiques de tous bords. Alors j'ai dit : « Avocat français, le type même de l'avocat français, il était viscéralement amoureux de notre pays, de notre terre, de nos traditions, de notre culture, de notre langue qu'il parlait si bien et qu'il écrivait à la perfection. » Me souvenant que, lors des obsèques de Jacques Isorni, nul n'avait osé prononcer le nom du maréchal Pétain, j'ai beaucoup parlé du procès Papon : « Au procès de Bordeaux, Jean-Marc Varaut a incarné la défense comme il l'avait fait en défendant le général Challe et le général Vanuxem, comme l'avaient fait ceux de nos confrères qui avaient défendu le FLN, comme Isorni l'avait incarnée quand il défendait le maréchal Pétain et Robert Brasillach, Tixier en défendant le général Salan et Jean Bastien-Thiry, comme Malesherbes l'avait incarnée en défendant Louis XVI et Labori en défendant Émile Zola et le capitaine Dreyfus. » Oui, Jean-Marc Varaut était le descendant de ces gloires de notre barreau, il a perpétué ses traditions, toujours aux côtés de l'homme à terre, seul contre la société qui l'accuse.

VENISE LE CARNAVAL

Je ne connais rien de plus sinistre qu'un carnaval, sauf peut-être un réveillon. Celui de Venise n'échappe pas à la règle et je m'y suis ennuyé sous la neige, au milieu de gens qui faisaient semblant de s'amuser. La Cité des Doges, déjà triste par nature, endormie et décadente, pue la mort en temps normal mais, pendant le carnaval, elle devient plus lugubre encore. Les gondoles, aux flancs laqués, se faufilent, comme des corbillards, entre les palais en ruine, dans les canaux sombres, d'où se dégagent des odeurs de rat crevé, d'eau pourrie et de fleurs fanées.

FABIENNE VERDIER

Fabienne Verdier est un modèle unique de statue antique qui parle chinois. Gang Peng et moi l'avons connue à une fête ô combien proustienne chez Ariane Dandois et Ondine de Rothschild. Plutôt que de danser avec les autres, nous avons parlé, parlé, parlé avec elle et Ghislain, jusqu'à une heure avancée et j'aurais bien continué jusqu'à l'aube. Gang, franco-chinois, et moi, toujours assis entre deux chaises, nous nous entendons comme larrons avec Fabienne qui caracole elle aussi entre l'Orient et l'Occident, à cheval sur deux mondes. Elle connaît tous les fils qui relient les peintres de tous les temps et de tous les continents, elle ne renie rien et descend en droite ligne de nos ancêtres de l'âge de pierre et de ceux qui ont peint des bêtes à cornes sur les murs des grottes. Elle est fille aussi de Van Eyck et de Memling, elle s'en nourrit, elle s'en abreuve, et ces maîtres anciens nous permettent de mieux comprendre son œuvre si actuelle. De notre temps, où l'on voit tant d'empilages de boîtes de conserve dans les musées d'art contemporain, Fabienne m'apparaît comme la gardienne du Temple et l'héritière des plus grands.

JACQUES VERGÈS

Il était né d'un père communiste, moi d'un père Croix-de-Feu, il a été l'avocat du FLN, moi celui de l'OAS, et j'avais été officier français en Algérie, à l'évidence, nous n'étions pas faits pour nous entendre. Les hasards de la vie nous ont pourtant fait nous rencontrer, sur le terrain comme dans la vie privée, et nous étions amis. Bien que n'ayant pas combattu dans le même camp, nous étions même frères d'armes. Ce casseur d'assiettes était un éléphant qui cognait dur, mais l'homme était tout en finesse et subtilité, à la barre comme à la ville et devant les médias qu'il ne détestait pas. Les chiens ont toujours couru à ses basques, ce qu'il aimait assez, mais il courait plus vite que la meute. Quand, en août 1994, dans le cadre d'une information judiciaire instruite par le juge Bruguière, Jacques a été suspecté d'avoir, en Allemagne de l'Est, aidé Carlos à préparer des attentats, il a jugé utile de demander à son associé d'alors, Alex Ursulet, et à moi-même d'assurer sa défense. L'affaire faisait grand bruit et *Le Monde*, relayé par toute la presse, diffusait des informations diffamatoires. Il était dit que des notes de la Stasi, police secrète de la RDA, que personne n'a jamais vues, établissaient les contacts entre Carlos et Vergès, en 1982, à l'époque où l'avocat défendait Magdalena Kopp et Bruno Breguet. Fou de rage, Vergès voulait engager des procédures de diffamation, que nous n'étions pas sûrs de gagner, avec un risque de sursis à statuer en raison de l'information judiciaire en cours. Il accepta de rechercher un arrangement avec Edwy Plenel, qui tirait toutes les ficelles au *Monde*. Le quotidien, qui risquait de perdre son procès, accepta de n'en plus parler et d'accorder à Jacques Vergès une page entière d'interview, en présence de ses avocats, et nous avons assisté ce jour-là, Hervé Gattegno, Alex et moi, au plus fabuleux exercice d'équilibrisme qui se puisse imaginer, Vergès jouant au chat et à la souris avec Edwy Plenel qui s'est autant amusé que nous, et plus personne n'a plus entendu parler de cette histoire qui ne reposait sur rien de sérieux. Le père de La Morandais, avocat de Dieu, a dit lors des obsèques de Vergès qu'il était l'avocat du Diable, un peu comme d'autres lui reprochent d'avoir défendu Klaus Barbie, Laurent Gbagbo, le colonel Kadhafi, je ne sais quel criminel khmer rouge et divers assassins de la pire espèce, comme si telle n'était pas la raison d'être des avocats, leur vocation, et comme si l'on pouvait le leur reprocher. Qu'il ait pratiqué la rupture plutôt que la connivence — Labori l'avait fait avant lui dans l'affaire Dreyfus — est aussi dans l'ordre des choses. Quand les faits reprochés ne sont pas sérieusement contestables et que l'opinion du tribunal est connue, alors l'avocat n'a pas d'autre parti à prendre que de contester la légitimité des juges. En agissant ainsi, contre une opinion publique déchaînée, avec un courage inouï, il a sauvé quelques têtes. Quels sont les avocats qui peuvent en dire autant ? Il ne faut pas oublier qu'il s'est engagé dans l'armée française aux côtés du général de Gaulle et qu'il y a combattu pour la libération du territoire national, qu'il a été premier secrétaire de la Conférence, l'un des plus brillants avocats de sa génération, et qu'en s'engageant pour l'Algérie algérienne il était dans le sens de l'histoire, tandis que moi, en m'engageant pour qu'elle reste française, je tentais de faire tourner la roue de l'Histoire à l'envers. Alors, quand nous dînions l'un en face de l'autre chez Lipp ou au Voltaire, nous pouvions évoquer sans passion nos souvenirs, nos coups de cœur et nos détestations, mais l'homme était secret. C'était son côté chinois.

LA VÉRITÉ

Il y a tant et tant de vérités à chaque battement de cœur et à tout instant que la Vérité n'existe pas, tuée par elle-même en quelque sorte et par excès. Celui qui a vu, qui croit avoir vu, qu'en sait-il exactement, un autre aura vu autrement, compris autre chose, oublié. Comme l'écrivait Voltaire, « Cent mille hommes qui ont vu ressusciter un mort pourraient bien être cent mille qui auraient la berlue », d'autant que le vrai d'hier n'est pas celui d'aujourd'hui qui sera demain encore différent au gré des vents, des modes, des humeurs. Alors le mensonge n'existe pas non plus, me direz-vous, mais de cela je ne suis pas certain, parce que mentir procède d'une volonté qui s'apparente au mal. Ce dont je suis certain, c'est que les menteurs existent et que, sans le savoir, il y en a qui disent la vérité.

LOUISE DE VILMORIN

J'ai connu Louise de Vilmorin chez Louise de Vilmorin, certains dimanches de printemps à Verrières, quand il faisait beau et que l'on pouvait profiter du parc avant d'avoir droit à une tasse de thé dans le salon bleu. Je l'avais aussi rencontrée au bar du Pont-Royal et en plusieurs autres circonstances, sans jamais être bluffé, malgré son élégance, son ostentatoire distinction et les mots d'esprit qu'elle lâchait comme les oiseaux leurs crottes. Quand elle entrait quelque part, c'était comme un coup de vent, comme quand une fenêtre mal fermée s'ouvre d'elle-même un soir d'orage. Elle aimait faire sensation et elle savait s'y prendre et moi, toujours humble, effacé, timide, j'étais glacé face à cette furie, si méchante avec sa belle-sœur, Andrée de Vilmorin née Montesquiou, descendante de d'Artagnan, qu'elle jalousait pour avoir épousé son frère chéri. Andrée que j'aimais tant.

FRÉDÉRIC VITOUX

Nicole et Frédéric Vitoux sont français, mais ils sont tous les deux prioritairement citoyens de l'île Saint-Louis, où ils habitent à l'ombre de l'hôtel Lambert, un paradis des balcons duquel on pourrait presque plonger dans la Seine, mais ils ne sont plongeurs ni l'un ni l'autre, sauf dans les livres. Je les ai connus il y a belle lurette à Meudon chez Lucette Almansor et rue Le Marois chez Véronique Rebatet. Dans le monde littéraire, tout le monde les aime et les portes de l'Académie se sont ouvertes pour lui du premier coup, rien à voir avec Hugo. Il est bon célinien et fin connaisseur des années 30 et 40, dont il a souffert, comme Dominique Fernandez qui est son aîné, et comme Alexandre Jardin qui est son cadet. Il aime aussi l'Italie et peut vous chanter tous les grands airs de Rossini, qui n'a pas de secret pour lui. Frédéric a presque tout mais, pour aller du quai d'Anjou au quai Conti, il lui manque une gondole.

NELLY DE VOGÜÉ

Quand Nelly de Vogüé est entrée pour la première fois dans mon salon, elle m'a dit : « Mon cher maître, il y a une bonne trentaine d'années que je n'étais pas venue dans cet hôtel. » Amie d'Yvonne de Lestrange, toutes deux très proches de Saint-Exupéry, Nelly était une femme qui sortait tout à fait de l'ordinaire. Somptueusement installée dans un appartement qui donnait sur l'esplanade des Invalides, elle recevait à déjeuner des gens de qualité devant lesquels elle pouvait tenir des propos insensés, je veux dire qu'elle disait tout haut ce que ses invités pensaient tout bas et je l'aimais pour cela. Pour beaucoup de choses, j'étais son conseil et son confident car, généreuse de nature, elle avait à cœur de donner à la Bibliothèque nationale tous les manuscrits qu'elle tenait de Saint-Ex, celui de *Vol de nuit* et un grand nombre de lettres qu'il lui avait adressées, ce qui fut fait avec interdiction de communication des lettres pendant un certain nombre d'années. Nelly avait du panache. Un des biographes d'Antoine de Saint-Exupéry relate que, pour l'un de ses anniversaires, elle lui avait donné un Latécoère, ce que je trouve le suprême du chic. Donner un avion à un aviateur, c'est comme donner un bateau à un marin, un cheval à un cavalier. Moi, pour les anniversaires, j'envoie des fleurs, je donne des chocolats, une cravate. Il est vrai que moi je suis moi, Nelly, c'était Nelly.

LE VOLTAIRE

Le Voltaire n'est pas un restaurant, c'est une institution. J'ai connu les grands-parents Picot, puis Jacky et Michèle et maintenant Antoine et tous les serveurs depuis cinquante ans, dont Thierry, le plus folklorique, que je vois embrasser les vieux clients. Au Voltaire, n'entre pas qui veut, mais c'est tout de même plus facile qu'à l'Académie. L'œuf James (de James Lord) n'a d'égal que le filet au poivre, le boudin aux pommes et la selle d'agneau, mais c'est là surtout que l'on peut se régaler des meilleures frites de Paris, si légères que je crains toujours qu'elles ne s'envolent. C'est au Voltaire que j'ai vu souvent Montherlant, qui habitait au-dessus et dînait, presque toujours seul, avant tout le monde, de telle manière qu'il partait quand j'arrivais. Comme il avait une poitrine de centurion et des petites jambes, il n'était pas beaucoup plus grand debout qu'assis. Céline l'appelait pour cela « Buste à pattes ». C'est au Voltaire aussi que, après la mort de Bob Westhoff, j'aimais dîner en tête à tête avec Françoise Sagan à la table qui se trouve au fond du bar. Cachés de tous, nous pouvions tout nous dire. Et c'est dans ce restaurant qu'eurent lieu les dîners inventés par Jérôme Béglé dont étaient « membres » Patrick Besson, Gilles Martin-Chauffier, Sébastien Le Fol et moi, et auxquels nous invitions des « extérieurs », souvent Patrick Poivre d'Arvor et quelquefois Pascal Sevran. La seule femme jamais invitée fut Carla Bruni, que j'emmenai un soir à Meudon chez Lucette Almansor, dîner auquel assistaient Jérôme Béglé, Patrick Besson, Sébastien Le Fol et Sacha Nikolic, qui nous a permis d'être témoins de la rencontre entre les deux femmes qui se sont jetées dans les bras l'une de l'autre, comme de vieilles amies, et ne se sont pas quittées de la soirée, jacassant comme des pies. C'était moins bon chez Lucette qu'au Voltaire, mais quelle soirée mémorable !

LA VOLUPTÉ

« Aimant universel de tous les animaux », c'est ainsi que La Fontaine a qualifié la volupté. Marcel Jouhandeau n'y a pas résisté, c'était son côté animal, que je préfère à l'autre, mais il s'en voulait chaque fois qu'il y cédait : « La volupté à un certain degré, c'est déjà l'Enfer, la bouilloire, la chaudière. » Céline, quant à lui, ne s'est jamais posé de ces questions. Il savait bien qu'inventée par Dieu et non par le Diable la volupté n'est pas un péché. Le mot apparaît dans *Voyage au bout de la nuit* à propos de la guerre, atroce invention des hommes. Le maréchal des logis Destouches y avait été dépucelé de la plus belle manière, qui lui valut la croix de guerre et la médaille militaire : « On est puceau de l'horreur comme on l'est de la volupté. »

VVCP

J'ai toujours dit que je ne me portais bien que VVCP. VV, cela signifie ventre vide, CP, couilles pleines. L'homme n'est homme qu'à ces deux conditions. Dès qu'il a le ventre plein, il se met à parler grassement, ses yeux deviennent vitreux, il rit bêtement, il s'assoupit, ne songe plus qu'à dormir. Dès qu'il a les bourses vides, il est comme le cochon repu et, quand c'est après avoir mangé, il a tout du veau gorgé de lait, du taureau qui a satisfait des vaches, du rentier qui attend ses loyers, du retraité sa pension. C'est toujours le ventre vide et les couilles pleines que, sur les stades comme dans les prétoires, j'ai accompli mes exploits. C'est dans cet état que l'homme est au mieux de sa force, en pleine conscience. Alors il est loup, pas chien.

W

SOPHIE WEBEL

137 rue de Sèvres à Paris, soigneusement cachée au fond d'une très romantique impasse, réside la Fondation Dubuffet. Modèle du genre, cette institution quarantenaire a pour directrice Sophie Webel, qui en est la locomotive même si, comme président, j'y suis aussi, mais très modestement, pour quelque chose. Elle imagine, échafaude, décortique, tricote, rafistole, fédère, conglomère, invente, archive, rameute et dépoussière. C'est dire si ses talents sont variés, secondée il est vrai par Florence Quénu, Michèle Chakhoff, Jean-Marc et Sandrine Sachy qui soutiennent eux aussi très avantageusement l'édifice, Marcel Bernet qui tient ses comptes, sans oublier Louis Deledicq, vice-président, Jean Levaux, Emmanuelle Kneusé, Daniel Abadie, Germain Viatte, Jean-Yves Bobe au conseil d'administration, Pierre-André Maus qui préside avec bonheur la Société des Amis, Jeanne-Marie de Broglie qui la vice-préside avec le même bonheur, Francis Briest et quelques autres.

BOB WESTHOFF

De toutes les personnes qui figurent dans ce dictionnaire, Bob Westhoff est certainement celui auquel j'ai été le plus attaché, et pendant vingt-huit ans sans discontinuer. Cet homme m'a ouvert mille portes et les yeux, il m'a sorti de mon trou et m'a rénové de fond en comble, un peu comme on retapisse un vieux canapé, remonte les joues des dames et de certains messieurs. C'était un Américain distingué, cultivé, beau comme personne et toujours d'une exceptionnelle élégance, en smoking comme en blue-jean et en costume de bain. Fort en grammaire, en musique et en littérature, il parlait le tagalog, avait été patineur à Holiday on Ice, il jouait de l'orgue et de la clarinette, avait fait la guerre d'Indochine avec l'armée française et avait épousé Françoise Sagan aux côtés de laquelle il repose, dans le Lot, au cimetière de Seuzac. Toujours prêt à partir, il pouvait faire sa petite valise en quelques minutes, et s'en aller droit devant lui, de branche en branche, se fixer n'importe où, se faire aimer de gens de tous les milieux, ainsi Georges Pompidou et le cardinal Marty, archevêque de Paris, le tutoyaient-ils comme ses amis les concierges du quartier des Invalides. Ensemble nous avons parcouru le monde, souvent avec Lucette Almansor, reçus partout, choyés parce que l'on ne pouvait pas ne pas l'aimer. Au Maroc, il a été invité par Oufkir et par le général Dlimi qui nous a priés tous les deux de l'accompagner lors d'une tournée d'inspection qu'il faisait dans le Sud marocain, à Pékin, il a déjeuné avec Norodom Sihanouk, à Bangui, il s'est lié d'amitié avec Bokassa, ensemble nous avons descendu le Maroni en pirogue et le Yang-Tsé-Kiang de Tchongking à Wuhan. À Haïfa et à Saint-Jean-d'Acre, il a été reçu chez les baha'is. À Berlin Est, Pagan et Mandalay, Bénarès, Katmandou, Manaus, Douala et Kribi, en haute Égypte, à Zanzibar et Addis-Abeba, il m'a accompagné avec sa petite valise, heureux et comme chez lui partout, toujours curieux, de bonne humeur, partant pour toutes les aventures. Il aimait la vie, la beauté, les plaisirs, sans mesure, au péril de sa santé, mais c'était plus fort que lui. Il a fallu l'opérer des artères à l'Hôpital américain, réaliser ensuite un pontage à la clinique Bizet, intervenir pour un cancer de la langue et des ganglions à Villejuif, puis d'un cancer du fondement, à Villejuif encore, puis il a fallu intervenir sur les intestins, à Villejuif toujours, où il est mort, le 20 décembre 1990, pratiquement dans mes bras.

X

x

X n'évoque en moi aucun souvenir, personne ou lieu qui commencerait par cette lettre. Je ne suis pas ancien élève de l'École polytechnique, je n'ai connu ni Xénophon, ni Alexandru Xenopol et, malgré l'envie que j'en ai, je ne suis allé ni à Xochicalco ni à Xochimilco, je ne suis ni xénophobe ni xylophage et suis incapable de jouer du xylophone. Toutefois, notre alphabet comportant la lettre X et ceci étant un dictionnaire, je me dois d'y inclure ce court article, qui n'a pas grand sens, mais lequel en a ?

Y

PRINCE FÉLIX YOUSSOUPOV

Quand mon patron, Pierre July, a été appelé en consultation par Félix Youssoupov, je l'ai supplié de m'emmener avec lui et il y a consenti. Il n'était pas question que le prince vienne à son cabinet, ce n'était pas digne de lui. Nous nous sommes donc rendus chez lui, dans le XVIe arrondissement. Avant d'être introduits dans un petit salon-bureau, nous avons attendu dans un assez long corridor dans lequel attendaient des hommes plus ou moins miteux, barbus, diablement russes, sans doute des pique-assiettes qui vivaient à ses crochets. Ce côté soupe populaire reste mon meilleur souvenir de cette visite, car l'assassin de Raspoutine, qui consultait July sur les suites de l'annulation d'une donation d'un château quelque part en Bretagne, m'a paru fort peu sympathique, hautain, très ancien régime, imbu de lui-même au plus haut degré. Il nous a promis de nous faire porter son dossier, ce qu'il n'a jamais fait, et là s'est arrêtée pour nous l'affaire Youssoupov. Malgré l'envie que nous en avions, nous n'avons évidemment pas posé de question au sujet de Raspoutine. Si Nicolas II l'avait écouté, il n'aurait pas lancé la Russie dans la guerre, les Romanov seraient encore au pouvoir et la Russie l'une des plus riches nations du monde.

Z

JEANNE ET PÉPITA ZUÉRAS

Née en 1899 à Tarbes, Pépita Zuéras, fille d'émigrés espagnols, est « montée » à Paris à l'âge de dix-sept ans pour travailler rue Monsieur, pour le docteur Luc puis, quand il est décédé, pour mes parents, et c'est dans cette même maison qu'elle nous a quittés, bien après mes parents. Heureuse d'être à Paris, et dans une famille bourgeoise, elle a demandé à Jeanne, sa jeune sœur, de la rejoindre, et ces deux femmes ont veillé sur mes deux frères et sur moi, vestales attentives et affectueuses, qui faisaient vraiment partie de notre famille. Elles nous ont langés, changés, lavés, veillés quand nous étions malades, conduits à l'école, nourris, choyés, consolés, protégés de tous les périls, comme si nous étions leurs enfants. Il n'y a pas de mots pour décrire cet attachement qui, trente ans après la mort de Pépita, me tient encore aux entrailles. Du ciel, elle doit le savoir. Elle m'attend sûrement, et je ne doute pas qu'elle m'ait préparé les plats que j'aimais, une omelette aux girolles, un canard à l'orange et une tarte aux fraises sur un fond de crème pâtissière.

ÉPILOGUE

De Charlotte Aillaud et Hocine Aït Ahmed à Pépita Zuéras, et selon les hasards de l'ordre alphabétique, j'ai décidé de promener dans l'espace et dans le temps ceux qui daigneront feuilleter ce livre. D'un théoricien et d'un acteur de la révolution algérienne à une cuisinière d'origine espagnole, du temps de l'avènement du chancelier Hitler à celui du pape François, je conduis mes lecteurs dans les méandres d'un monde en rapide évolution technologique et morale, à la recherche du temps passé, et pour tenter de réunir les morceaux d'une existence échevelée mais pas plus que les autres vies, comme dans tous les romans, avec un commencement et une fin. Tout cela n'a rien à voir avec la vérité qui, du reste, n'existe pas, ce ne sont qu'inventions accumulées, mensonges, affabulations, rêves insensés, espérances trahies, rien d'autre que des portes qui s'ouvrent sur pas grand-chose et qui se referment sur rien. L'auteur de ces lignes n'est cependant pas mécontent d'avoir vécu si longtemps non plus que d'avoir parcouru un aussi long chemin. Posté au coin du bois, le regard au loin, il attend qu'un nouveau jour se lève.

INDEX

ABADIE, Daniel : 393.
ABDEL NASSER, Gamal : 18, 129.
ABETZ, Otto : 54, 156.
AILLAUD, Charlotte : 15, 269, 321, 333.
AÏT AHMED, Hocine : 16, 17, 18, 53, 70, 120, 196.
AJAR, Émile : voir GARY, Romain.
ALENÇON, duchesse d' : 61.
ALEXANDRE, Diane : 20.
ALEXANDRE-DEBRAY, Jeanine : 20.
ALHEGELAN, Nouha : 249, 344.
ALLÉGRET, Marc : 223.
ALLEHAUT, Maurice : 31.
ALMANSOR, Lucette : 21, 22, 23, 26, 29, 34, 36, 37, 38, 43, 45, 48, 52, 54, 55, 56, 59, 85, 88, 97, 110, 122, 150, 152, 155, 167, 179, 189, 190, 192, 199, 214, 215, 218, 220, 222, 234, 235, 236, 242, 247, 253, 260, 261, 268, 283, 314, 319, 328, 336, 337, 356, 357, 373, 387, 389, 394.
ALMÉRAS, Philippe : 231.
AMELINE, Nicole : 138.
ANJOU, duc d' : 24.
ANOUILH, Jean : 25.
ANTOINE, Gérald : 231.
ANZANI, Mme, juge : 288.
APPONYI, Géraldine, reine d'Albanie : 156, 157.
ARAGON, Louis : 26, 27, 245.
ARDISSON, Thierry : 25.
ARGENLIEU, Thierry d', amiral : 28.
ARIAS, Alfredo : 250.
ARLETTY : 29, 30, 54, 167, 218, 242.
ARNAUD, Claude : 223, 250, 333.
ARNAULT, Bernard : 249.
ARRIGHI, Paul : 31.
ASSOULINE, Angela : 328, 344.
ASSOULINE, Pierre : 32, 100, 105, 226, 328, 344.
ASSOUS, Jérémie : 33, 302.
ATANASSOFF, Cyril : 139.
ATTALI, Jacques : 353.
ATTILA : 151.
AUDI, Andrée : 343.
AUDIARD, Michel : 34.
AURIC, Georges : 35.
AURIC, Nora : 35.
AYMÉ, Marcel : 25, 26, 36, 37, 155, 215, 248.

AYMÉ, Marcel, Mme : 36.
AZNAVOUR, Charles : 38.

BABA (dit le Bab) : 40.
BACH, Jean-Sébastien : 39, 90, 361.
BADINTER, Robert : 78, 80, 123.
BAKER, Joséphine : 42, 43.
BAKHTIAR, Chapour, Premier ministre : 43, 44.
BALKANY, Patrick : 347.
BALLADUR, Édouard : 45, 307.
BALZAC, Honoré de : 240.
BARBIE, Klaus : 384.
BARDON, Arlette : 43.
BARRE, Raymond : 45, 89, 349.
BASRI, Driss : 41.
BASTIEN-THIRY, famille : 48.
BASTIEN-THIRY, Jean, lieutenant-colonel : 46, 47, 99, 213, 214, 382.
BATHIAT, Léonie : voir ARLETTY.
BAUDELAIRE, Charles : 51.
BAUDET, Paul : 342.
BEAUVILLARD, Michèle : 16, 17, 53, 120, 146.
BEAUVOIR, Simone de : 48.
BÉGLÉ, Jérôme : 49, 50, 269, 373, 389.
BEIGBEDER, Frédéric : 50.
BEISTEGUI, Annick de : 24, 292.
BEISTEGUI, Juan de : 24, 272, 292, 344.
BÉJART, Maurice : 51.
BELL, Marie : 52, 164.
BELMIHOUB, Meriem : 16, 17, 53.
BENATAR, bâtonnier : 265.
BEN BARKA, Mehdi : 120, 143, 175, 176, 191, 266, 369.
BEN BELLA, Ahmed : 16, 18, 53.
BENDZ, Ernst : 162.
BÉNÉVENT, prince de : 85.
BENHAMOU, José : 33, 302.
BENJELLOUN, Magid, bâtonnier : 16, 265, 266.
BENOIST-MÉCHIN, Jacques : 54.
BENOIT, Pierre : 58.
BENOÎT XVI : 86.
BEN SEDIRA, Leila : 55.
BERGÉ, Pierre : 56, 57, 333.
BERNANOS, Georges : 214.
BERNARD, Claude : 248, 269, 344.
BERNARD, Léon : 113.
BERNARD, lieutenant : 110, 212, 222, 282, 288, 289, 367.
BERNET, Marcel : 393.
BERRI, Claude : 327, 328.
BERRYER fils : 146, 244, 284, 366.
BERRYER père : 244, 284.
BERTILLON, Alphonse : 44.
BESSON, Patrick : 57, 174, 269, 389.
BESSY, Claude : 139, 273.
BIDAULT, Georges : 58, 59, 162.
BIDAULT, Suzanne : 229, 230.
BILGER, Philippe : 185, 221.
BILHOUET, Michel : 344.
BITAT, Rabah : 16.
BLACKBURN, Virginia : 157.
BLONDIN, Antoine : 59, 60, 177.
BLOY, Léon : 60, 61, 199, 252, 263, 279.
BLUM, Léon : 330.
BOBE, Jean-Yves : 393.
BOKASSA, Jean-Bedel : 62, 63, 178, 179, 208, 209, 239, 362, 363, 376, 394.

BOLLORÉ, Monique : 45, 307.
BONDOUX, René, bâtonnier : 64.
BONNEFOUS, Joëlle : 344.
BOROTRA, Jean : 94, 136.
BORY, Jean-Louis : 245.
BOSSUET : 331.
BOTTON, Frédéric : 328.
BOTTON, Pierre : 67, 68.
BOUABID, bâtonnier : 16.
BOUBERT, Adonise : 68, 69, 70, 110.
BOUBERT, M. : 68.
BOUCICAUT, Mme : 238, 302.
BOUDIAF, Mohamed : 16.
BOUGRENET DE LA TOCNAYE, Alain de : 133.
BOULEZ, Pierre : 307.
BOUMEDIENE, Houari : 53, 70, 71.
BOURBON-PARME, Charles-Hugues de, prince : 66.
BOURBON-SICILES, Anne de, princesse : 72, 269.
BOURGOIS, Christian : 173, 337.
BOURGUIBA, Habib : 195, 243.
BOUTIN, Christine : 370.
BOUVIER, Maurice : 120.
BOUYEURE, Jean Robert : 207.
BRANDOLINI, Cristiana : 269, 344.
BRASILLACH, Robert : 76, 101, 184, 214, 371, 382.
BREDIN, Jean-Denis : 72, 173, 177, 206, 242, 305.
BREGUET, Bruno : 384.
BREKER, Arno : 73, 74, 75.
BRIALY, Jean-Claude : 29.
BRIAND, Aristide : 92.
BRIEST, Francis : 393.
BRINON, Fernand de : 75, 76, 99.
BRINON, Mme de : 75.
BROGLIE, Gabriel de, prince : 77.
BROGLIE, Jean de, prince : 77, 78, 79, 80, 123, 299, 362.
BROGLIE, Jeanne-Marie de, princesse : 78, 79, 344, 393.
BROGLIE, Louis-Albert de, prince : 78, 80.
BROGLIE, Philippe-Maurice, duc : 78, 80.
BROGLIE, Victor-François de, duc : 78, 80, 81, 123.
BRUGUIÈRE, Jean-Louis, juge : 44, 45, 81, 82, 384.
BRUNET, Geneviève : 344.
BRUNI, Carla : 269, 389.
BRUNOIS, Albert : 118.
BRYAS, Anne de : 373.
BRYAS, Jacques de : 373.
BSEISO, Atef : 82, 83.
BURIN DES ROZIERS, Henri, abbé : 205.
BUSH, George W. : 263.
BUTTIN, Maurice : 16.

CADI, Bertrand : 205.
CAHUZAC, Jérôme : 81.
CAILLAUX, Joseph : 45, 72.
CALONI, Marie-Thérèse : 302.
CAMBACÉRÈS, Jean-Jacques-Régis de : 85.
CAPET, Louis : 245.
CARACALLA, Laurence : 302.
CARLOS : 87, 107, 384.
CARRÈRE D'ENCAUSSE, Emmanuel : 88.
CARRÈRE D'ENCAUSSE, Hélène : 88, 223, 344.
CARRÈRE D'ENCAUSSE, Louis : 88.

CARRÈRE D'ENCAUSSE, Nathalie : 88.
CARTIER-BRESSON, Henri : 248, 260.
CASANOVA, Giacomo : 252.
CASSIN, René : 89, 231, 349.
CASTELAIN, Jean : 88.
CATHERINE II : 251, 291.
CAUMONT LA FORCE, Anne de : 344.
CÉLINE, Louis-Ferdinand : 21, 22, 25, 26, 27, 30, 34, 36, 37, 38, 45, 48, 52, 54, 58, 59, 60, 61, 69, 73, 74, 76, 90, 100, 111, 112, 113, 114, 115, 121, 122, 127, 144, 150, 153, 155, 156, 162, 163, 164, 172, 173, 174, 177, 183, 189, 190, 197, 198, 214, 215, 218, 220, 222, 229, 230, 231, 235, 236, 248, 254, 255, 260, 265, 279, 306, 309, 310, 319, 320, 327, 328, 329, 331, 337, 371, 372, 373, 389, 390.
CÉSAR, Jules : 334.
CHABAN-DELMAS, Jacques : 45, 187.
CHAKHOFF, Michèle : 393.
CHALLE, général : 381.
CHAMBRUN, René de : 218, 219.
CHAMPION, antiquaire : 56.
CHANDON-MOËT, Pierre-Gabriel : 112, 256.
CHANEL, Coco : 43, 309.
CHARBOUGNAT : voir GIRARD DE CHARBONNIÈRES, Guy de.
CHARDONNE, Jacques : 352.
CHARLES DE ROUMANIE, prince : 277.
CHARLES-ROUX, Edmonde : 152.
CHARPENTIER, Jacques, bâtonnier : 91.
CHATIN, Catherine : 344.
CHATIN, Robert : 344.
CHAUTEMPS, Camille : 92, 93.
CHAUTEMPS, Loulette : 92.
CHAUVEAU-LAGARDE, Claude François : 244, 284.
CHAZOT, Jacques : 56, 93, 268, 314, 340.
CHEDEVILLE, Charles : 94, 238, 257, 287.
CHEDEVILLE, Jean : 94, 287.
CHEDEVILLE-PLASSARD, Colette : voir GIBAULT, Colette.
CHEVÈNEMENT, Jean-Pierre : 145.
CHIRAC, Bernadette : 269.
CHIRAC, Jacques : 152, 269.
CHOLLET, comtesse de : 64.
CHOPIN, Frédéric : 247.
CHOURAQUI, Élie : 95, 96.
CIAMPI, Claudia : 344.
CIORAN, Emil : 245.
CLAUSEL, Jean : 98, 229, 344.
CLEMENCEAU, Georges : 99.
CLOSTERMANN, Pierre : 104.
CLUZEL, Jean-Paul : 139.
COCHARD, Mme : 173, 174.
COCTEAU, Jean : 35, 75, 224, 250, 278.
COLLARD, Gilbert : 300.
COLLETTE, Paul : 99.
COMBAS, Robert : 99.
COMBELLE, Lucien : 32, 100, 101.
COMTE, Antoine : 83.
CONSIGNY, Charles : 102.

CONSTANTIN, Alphonse : 46, 102, 103.
CORDAY, Charlotte : 72, 309.
CORDIER, Daniel : 80, 104.
CORNU, André : 149.
CORTOT, Alfred : 105.
CORTOT, Jean : 104, 344.
COTTIN, Émile : 99.
COTY, René : 49, 70, 149.
COUDOUX, Guy (dit Yogi Coudoux) : 97, 106.
COURCEL, Nicole : 250.
COURROYE, Philippe, juge : 68, 82.
COUTANT-PEYRE, Isabelle : 87, 107.
CRAIG, Elizabeth : 30, 113, 189.
CRAVENNE, Maxime : 97.
CUÉLLAR, Javier Pérez de : 294.

DALADIER, Édouard : 92.
DALIDA : 352.
DAMIEN, André : 69, 109, 110, 111, 130, 131, 166, 222, 275, 278, 367.
DAMIENS, Robert-François : 99.
DANDOIS, Ariane : 344, 383.
DANIÉLOU, Jean, cardinal : 186.
DANIEL-ROPS : 37.
DANTZIG, Charles : 112, 113.
DARLAN, François, amiral : 221.
DARROIS, Jean-Michel : 328.
DAUDET, Léon : 92, 93.
DAUPHIN, Jean-Pierre : 231.
DAVID, Marie-Ange : 38.
DAVID-WEILL, Hélène : 344.
DAVIDEAU, François : 134.
DÉAT, Marcel : 99, 114.
DEBRAY, Régis : 20.
DEBRÉ, Michel : 134.
DEBRÉ, Robert : 113.
DEFFAND, Mme du : 250, 309, 343.
DEGRELLE, Léon : 114, 115.
DEGUELDRE, lieutenant : 212, 213, 222.
DELANOË, Bertrand : 353.
DELAY, Frank : 269.
DELEDICQ, Louis : 393.
DELFORGE, Lucienne : 189.
DELHAYE, Frank : 97.
DELON, Alain : 269.
DELUBAC, Jacqueline : 116, 117, 307.
DEMPSEY, Jack : 336.
DENG XIAOPING : 325.
DENOËL, Cécile : 229.
DENOËL, Robert : 58, 229.
DÉON, Michel : 60, 117, 177, 240, 336.
DESNOS, Robert : 55.
DESTOUCHES, Louis Ferdinand : voir CÉLINE, Louis-Ferdinand.
DESTOUCHES, Lucette : voir ALMANSOR, Lucette.
DEVIERS-JONCOUR, Christine : 124, 191.
DI CARO, Marco : 300.
DIEMER, président : 201.
DI FALCO, Jean-Michel : 16.
DLIMI, Ahmed : 117, 118, 119, 120, 176, 186, 265, 266, 282, 283, 284, 337, 368, 394.
DLIMI, Rachid : 100.
DOELNITZ, Marc : 93.
DOLLÉ, Jean-Paul : 242.
DONNEDIEU DE VABRES, Renaud : 51.

DORIOT, Jacques : 99, 114.
DOYEN, capitaine : 297.
DRAI, Mme : 201.
DREYFUS, Alfred : 382.
DRIEU LA ROCHELLE : 214, 361.
DRUCKER, Michel : 353.
DRUON, Maurice : 45, 152, 186.
DUBOIS-ROQUEBERT, Henri : 176.
DUBUFFET, Isalmina : 121.
DUBUFFET, Jean : 22, 27, 80, 104, 116, 121, 122, 164, 207, 233, 235, 247, 249, 327, 328.
DUBUFFET, Lili : 122.
DUJARDIN, Sergine : 24.
DUMAS, Roland : 60, 79, 123, 191, 197, 223.
DUPONT, Jean-Jacques : 368.
DUPUY, Richard : 103.
DURAND, garde républicain : 305.
DURAND, Guillaume : 144.
DURAND, lieutenant : 346.
DURAND-TEXTE, Dorothée : 124, 125.
DURAND-TEXTE, Gérard : 92, 124, 125, 126, 128.
DURAND-TEXTE, Henri : 92, 125, 126, 127.
DURAND-TEXTE, Juliette : 126, 127.
DURAND-TEXTE, Vincent : 125.
DUSSOULIEZ, Pierre Antoine : 97.
DUTEURTRE, Benoît : 49, 250, 344.

EÏD, Raymond : 129, 215.
EL FEKAK : 42.
ÉMILE : 130, 131.
EMPAIN, baron : 133.
EMPEREUR, Jean-Yves : 216.
ENGHIEN, duc d' : 47.
ENJOLRAS, Yvonne : 131, 132.
ESSNER, Igor : 272.
ESTIENNE D'ORVES, Nicolas d' : 49, 50, 319.

FAIDEAU, Pierre : 44.
FAROUK : 129.
FARTHOUAT, Jean-René : 31.
FAURE, Edgar : 141, 149, 187, 195, 197.
FAVIER, Jean : 152.
FAYÇAL, roi d'Irak : 181.
FÉRAL-SCHUHL, Christiane : 261.
FERNANDEZ, Dominique : 387.
FERNANDEZ, Ramón : 223.
FESCH, Jacques : 342.
FIESCHI, Jacques : 250, 333.
FINALE, Gérard : 300.
FINI, Leonor : 250.
FLAUBERT, Gustave : 137, 183, 198.
FLORIOT, René : 142, 143, 154.
FLOUEST, Georges : 55, 56, 124, 351.
FLOUEST, Marie-Josée : 56, 242.
FOENKINOS, David : 49.
FOLLET, Édith : 189.
FONTEYN, Margot : 272.
FOSTER-SNOW, Helen : 259.
FOUREST, Georges : 219, 220.
FRANCO, Francisco : 25, 115.
FRANÇOIS, Claude : 255.
FRANÇOIS, Diane : 44.
FRANK, Bernard : 143, 144, 172, 314, 319, 340.
FRÉBOURG, Olivier : 302.
FRÊCHE, Gérard : 77.

FRÉGOLI : 34.
FRÉMY, Michèle : 344.
FUMAROLI, Marc : 58.

GALL, Hugues : 138, 149.
GALLIMARD, Anny : 26, 27.
GALLIMARD, Antoine : 26, 49, 231.
GALLIMARD, Claude : 150, 173.
GALLIMARD, Simone : 149.
GAMBETTA, Léon : 244, 284.
GANCE, Abel : 34.
GARAND, abbé : 67.
GARAUD, Marie-France : 151, 344.
GARCIN, Jérôme : 152.
GARÇON, Maurice : 143, 153, 154.
GARDET, général : 213.
GARY, Romain : 150.
GATTEGNO, Hervé : 384.
GAUDIN, Jean-Claude : 299.
GAUGAIN, Bernard : 370.
GAULLE, Charles de : 17, 28, 47, 99, 133, 167, 212, 213, 256, 257, 295, 309, 362, 385.
GBAGBO, Laurent : 385.
GENET, Jean : 37.
GERLIER, Mgr : 102.
GERTHOFFER, général : 47, 139, 184.
GIBAULT, André : 159, 160, 277, 360.
GIBAULT, Auguste : 159.
GIBAULT, Colette : 94, 159, 360.
GIBAULT, Guillaume : 359.
GIBAULT, Jean-Claude : 67, 125, 132, 145, 169, 217, 305, 349, 360.
GIBAULT, Jean-Noël : 64, 67, 106, 125, 134, 145, 153, 197, 217, 334, 360.
GIBAULT, Léopold : 160, 161.
GIBAULT, Mathieu : 24, 267.
GIDE, André : 101, 112, 161, 162, 223, 224, 310, 349.
GILLIARD, Pierre : 277.
GIRARD DE CHARBONNIÈRES, Guy de : 58, 59, 162.
GIRESSE, président : 79.
GISCARD D'ESTAING, Valéry : 62, 78, 236, 237, 362.
GISSEROT, Bernard : 368.
GLORIA, femme de James Jones : 191, 192.
GODARD, Henri : 231.
GODFERNAUX, Florence : 339.
GODOT, lieutenant : 110, 212, 222, 282, 367.
GOEBBELS, Joseph : 194.
GOERING, Hermann : 361.
GORGULOV, Paul : 65.
GORKI, Maxime : 161.
GOULD, Florence : 163, 164, 165.
GOUT, Alice : 169.
GOUTERMANOFF, avocat : 275.
GRANRUT, Bernard du : 65, 78.
GRÉCO, Juliette : 15.
GREDY, Jean-Pierre : 269, 333.
GREGH, Fernand : 57.
GRÉGOIRE, abbé : 257.
GRELLIER, Claude : 221.
GRENOUILLE, Alain : 110, 165.
GRENTE, Marcel, bâtonnier : 29, 31, 167, 168.
GRENTE, Mme : 168.
GRÉVY, Jules : 102.

GRISET, Henri : 92, 124, 126.
GRISET, Juliette : voir DURAND-TEXTE, Juliette.
GRISET, Valentine : 126.
GUEDIRA, Ahmed Reda : 41.
GUÉNA, Yves : 307.
GUERMANTES, duchesse de la : 309.
GUITRY, Lucien : 137.
GUITRY, Sacha : 116.

HAAS, Pierre : 104.
HAFID, Moulay, général : 186.
HAHN, Reynaldo : 55, 98.
HAHOUTOFF, Nil : 97, 171.
HALLIER, Jean-Edern : 49, 144, 172, 173, 174, 269.
HALLYDAY, Johnny : 85, 269.
HALPHEN, Éric, juge : 347.
HANIM, Kiymet, princesse : 181.
HANIN, Roger : 269.
HASSAN II : 41, 175, 186, 195, 265, 266, 282.
HAZAN, Louis : 133.
HEARST, William Randolph : 54.
HECQUET, Stephen : 176, 278.
HEMINGWAY, Ernest : 191.
HENRI D'ORLÉANS : 278, 279, 334.
HENRI IV : 279.
HENRI V : 279.
HERGÉ : 245.
HÉROLD-PAQUIS, Jean : 320.
HERRIOT, Édouard : 92.
HERZOG, Werner : 178, 179.
HILAIRE, Laurent : 139.
HINDUS, Milton : 310.
HITLER, Adolf : 55, 73, 74, 114, 156, 179, 180, 236, 252.
HITLER, junior : voir LORET, Jean-Marie.
HÔ CHI MINH : 28.
HOUYVET, Jacques : 258, 326, 354, 355.
HUGO, Victor : 32, 100, 174, 387.
HYVER, Jacques : 133, 134.

IBRAHIM, princesse : 181.
ISKANDER, Jacky : 93.
ISORNI, Jacques : 133, 167, 168, 184, 185, 221, 223, 284, 381, 382.
IZARD, Georges : 186, 187, 265.

JACOB, François : 231, 232.
JACOB, Madeleine : 69, 70, 152, 160, 184.
JACOB, Max : 98.
JARDIN, Alexandre : 387.
JARNO, Pierre : 112, 256.
JEANNE D'ARC : 47, 289, 309.
JENSEN, Karen Marie : 189, 190.
JIMMY LE KATANGAIS : voir LEMIRE, Jean-Claude.
JOLY, Eva : 124, 191.
JONES, James : 191, 192.
JOSEPH, Joseph : 192, 193, 247.
JOSPIN, Lionel : 145, 249.
JOUHANDEAU, Marcel : 194, 352, 390.
JULLIARD, René : 254.
JULY, Mme : 195.
JULY, Pierre : 16, 53, 70, 71, 141, 153, 194, 195, 196, 197, 234, 399.
JÜNGER, Ernst : 197, 198, 199, 254.

KACHERMI, Adel : 97, 269.
KADHAFI, Mouammar : 81, 82, 203, 385.
KADHAFI, Seïf el-Islam : 204, 205.
KATIBEH, Soroust : 44.
KELSEN, Mme : 302, 303.
KHOURY-GHATA, Vénus : 206, 344.
KIEJMAN, Georges : 173, 206, 207.
KNEUSÉ, Emmanuelle : 393.
KOLINGBA, André, général : 62, 178, 207, 208, 363.
KOPP, Magdalena : 384.
KOUSSA, Moussa : 240.

LABORI, Fernand : 244, 284, 367, 382, 385.
LACHERAF, Mostefa : 16.
LACOSTE, amiral : 82.
LAFARGE, Philippe : 244.
LA FONTAINE, Jean de : 390.
LA GARANDERIE, Dominique de : 344.
LA MORANDAIS, père : 384.
LAMOTTA, Jake : 336.
LAMY, Jean-Claude : 49.
LANDOLD, docteur : 217.
LANG, Jack : 173, 269, 353.
LANIEL, Joseph : 195.
LAPOINTE, Boby : 220.
LARMINAT, général de : 212, 213.
LARONDE, André : 216.
LARQUIÉ, André : 272.
LATTRE DE TASSIGNY, Jean de : 65.
LAUBARD, Paul : 214, 215, 314.
LAUDENBACH, Roland : 337.
LAUER, Jean-Philippe : 215, 216.
LAUNAY, Clément, docteur : 152, 216, 217.
LAVAL, Josée, marquise de Chambrun : 29, 218.
LAVAL, Pierre : 76, 99, 114, 115, 218, 219, 221, 265, 361.
LÉAUTAUD, Paul : 33.
LEBEAU, professeur : 193.
LEBORGNE, Jean-Yves : 123.
LEBRET, famille : 303.
LEBRUN, Albert : 160.
LE CHEVREL, Madeleine : 267.
LECLANT, Jean : 216, 356.
LECLERC, Henri : 206, 242.
LECLERC DE HAUTECLOCQUE, Philippe de : 28, 304.
LE COROLLER, avocat : 222, 275, 367.
LECOURT, Olivier : 219, 220.
LEFÈVRE, Brigitte : 138, 139.
LEFÈVRE, Pierre : 207.
LE FOL, Sébastien : 49, 50, 269, 302, 389.
LEGRIS, Manuel : 139.
LEHIDEUX, François : 185, 221, 222.
LEKA, prince : 156.
LEMAIRE, Jean-François : 138, 219, 344.
LEMAIRE, Lucienne : 219, 344.
LEMAIRE, Philippe : 60, 123.
LEMIRE, Jean-Claude : 205.
LÉNINE, Vladimir Illitch : 87.
LÉOTARD, François : 223, 299.
LE PEN, Jean-Marie : 222, 223, 369.
LESPINASSE, Julie de : 250.

LESTRANGE, Yvonne de, vicomtesse : 101, 161, 223, 224, 388.
LE TAC, Yves : 295.
LE-TAN, Pierre : 333.
LETHIER, Pierre : 252.
LEVAUX, Jean : 393.
LÉVY, Bernard-Henri : 205, 242.
LEVY, Claude : 42.
LÉVY, Thierry : 206.
LEYAT, père : 97, 304.
L'HELGOUARCH, Noël : 76.
LIEBERMANN, Rolf : 149.
LIENCOURT, Germaine de : 344.
LOBJOIE, Charlotte : 179.
LOLO (Charlotte) : 270.
LOMBARD, Paul : 79, 362.
LOPEZ, dit « la savonnette » : 118, 119, 368.
LORD, James : 389.
LORET, Jean-Marie : 179.
LORMEAU, Jean-Yves : 139.
LOUIS II : 252.
LOUIS IX (dit SAINT LOUIS) : 279.
LOUIS XIV : 72.
LOUIS XV (dit LE BIEN-AIMÉ) : 98, 99.
LOUIS XVI : 101, 279, 382.
LOUIS XVII : 279.
LOUIS, Jean-Paul : 48, 60.
LOUIS-PHILIPPE : 160.
LOVITON, Jeanne : 58, 153, 229.
LUC, docteur : 64, 401.
LUCHINI, Fabrice : 230.
LUSSAN, Claude, bâtonnier : 41, 133.
LUXEMBURG, Rosa : 107.
LWOFF, André : 231, 232.

MAAR, Dora : 250.
MAC-AVOY, Édouard Georges : 242.
MACDOWELL, Andie : 96.
MADELIN, Alain : 223.
MAILLOL, Aristide : 73.
MAKINE, Andreï : 150.
MALAPARTE, Curzio : 229, 352.
MALESHERBES : 382.
MALRAUX, André : 24, 26, 236, 237.
MALRAUX, Florence : 342.
MANDABA, général : 63, 239.
MANDEL, Georges : 45.
MANDELA, Nelson : 239, 240.
MANTION, Jean-Claude : 62, 178, 208, 362, 363.
MAO TSÉ-TOUNG : 73, 324, 325.
MARAIS, Jean : 73.
MARC, Mme : 137.
MARCEAU, Félicien : 240.
MARCEAU, Marcel : 242.
MARCEL, Alexandre : 287.
MARCHESSEAU, Daniel : 344.
MARCIE-RIVIÈRE, Jean-Pierre : 243, 333.
MARCIE-RIVIÈRE, Zeineb : 243, 250, 268, 333.
MARÉCHAL, Jean-Pierre : 347, 348.
MARGANNE, Évelyne : 44.
MARGERIE, Emmanuel de : 292.
MARGERIE, Hélène de : 292.
MARGO, Bernard : 195.
MARIE, reine : 336.
MARIE-ANTOINETTE : 156, 243, 244, 251.
MARNHAC, Mme de : 48.

MARTIN, adjudant : 105.
MARTIN-CHAUFFIER, Gilles : 49, 389.
MARTY, cardinal : 394.
MARX, Karl : 252, 313.
MASSE, Jean-Pierre : 262.
MASSE, Pierre : 261, 262.
MASSIS, Henri : 186.
MATA HARI : 252.
MATHOT, René : 180.
MATZNEFF, Gabriel : 245, 295, 346.
MAURIAC, François : 245, 267, 268.
MAURRAS, Charles : 214.
MAURY-LARIBIÈRE, Michel : 134.
MAUS, Micheline : 232, 344.
MAUS, Pierre-André : 344, 393.
MAY, Charles : 246.
MAY, Mme : 246.
MAYER, René : 58.
MAYETTE, Muriel : 51.
MÉDECIN, Jacques : 375.
MENDÈS FRANCE, Pierre : 45, 73.
MERHAR, Stanislas : 193, 194, 247.
MÉRY, général : 324.
MESSMER, Pierre : 276.
MEYER, Olivier : 39.
MICHELET, Edmond : 149.
MIKKELSEN, Thorvald : 164, 190.
MILLER, Arthur : 77, 248, 249, 259.
MILLER, Henry : 192.
MILLERAND, Étienne : 102.
MINORET, Bernard : 250, 333.
MISHIMA, Yukio : 251.
MISS ROSE : 336.
MITRE, Simone : 75, 76.
MITTERRAND, François : 85, 123, 168, 186, 187, 195, 245, 319, 352.
MODIANO, Patrick : 253.
MOHLER, Armin : 199, 254.
MOIX, Yann : 255.
MOLIÈRE : 233, 268.
MONCLIN, capitaine de : 112, 255.
MONIQUE, princesse : 355.
MONNERVILLE, Gaston : 256, 257.
MONNET, Jean : 348.
MONROE, Marilyn : 259.
MONTEBOURG, Arnaud : 223.
MONTESQUIEU : 228.
MONTESQUIOU, Victoire de : 236.
MONTHERLANT, Henry de : 245, 389.
MORAND, Paul : 162, 352.
MORAND-DEVILLERS, Jacqueline : 100.
MORATH-MILLER, Inge : 248, 249, 251, 258, 259, 260, 305.
MORIN, François-Émile : 287, 302.
MORONI, Daniel : 300.
MOUGEL, Jeanne Antoinette : voir PLASSARD, Jeanne Antoinette.
MOULOUDJI, Marcel : 260, 261, 269.
MOUNIER, Emmanuel : 186.
MUHLSTEIN, Anatole : 273.
MURAT, Bernard : 242.
MUSSOLINI, Benito : 114.

NABE, Marc-Édouard : 173, 263, 346.
NANTY, Gérald : 263, 264, 322, 328.

NAPOLÉON : 56, 178, 251, 255, 279, 330.
NAPOLÉON III : 244.
NAUD, Albert : 264, 265, 266, 327.
NEY, maréchal : 47, 244.
NICOLAS II : 277, 399.
NIJINSKI : 267, 268.
NIKOLAÏEVNA ROMANOVA, Olga, grande-duchesse : 277.
NIKOLIC, Filip : 89, 97, 260, 268, 269, 293, 333, 373, 375.
NIKOLIC, Sacha : 96, 97, 260, 267, 333, 375, 389.
NINI (Léonie) : 270.
NOAILLES, Marie-Laure de : 250.
NOIR, Michel : 68.
NORBÉCOURT, Philippe de : 271, 345, 346.
NOUREEV, Rudolf : 138, 272, 273.
NOURISSIER, François : 152, 273, 327.

OBALDIA, René de : 356.
OLLIVIER, Éric : 278.
ONO-DIT-BIOT, Christophe : 49.
ORMESSON, Jean d' : 279, 327.
ORTOLI, François-Xavier : 134.
OTRANTE, duc d' : 85.
OTTO, général : 376.
OTTOBRINI, Jérôme : 280, 281.
OTTOBRINI, Paulette : 280.
OUFKIR, général : 118, 175, 186, 196, 281, 283, 394.
OUSSEDIK, Mourad : 16, 17, 53, 146.
OZANAM, Yves : 243, 261, 284, 285.

PAHLAVI, Shahnaz : 181.
PAINLEVÉ, Paul : 92.
PALOU, Anthony : 49.
PAPON, Maurice : 223.
PÂQUES, Georges : 105.
PARAZ, Albert : 229.
PARISOT, Laurence : 289.
PATASSÉ, Félix : 208.
PAUL, docteur : 116.
PAUL Ier : 291.
PAUL, Gen : 34, 36, 37, 55, 155, 156, 164, 371.
PAUL-BONCOUR, Joseph : 291.
PAULHAN, Jean : 153, 164.
PECH, Benjamin : 139.
PENG, César : 90, 293, 294.
PENG, Gang : 39, 40, 66, 73, 89, 96, 97, 255, 293, 326, 333, 360, 373, 382, 383.
PEROT, Jacques : 59.
PERRET, Gérard : 349.
PERRET, Jacques C. : 295.
PÉTAIN, Philippe, maréchal : 76, 92, 99, 184, 185, 186, 219, 221, 223, 355, 369, 374, 381, 382.
PÉTAUD, roi : 289.
PEYREFITTE, Alain : 77.
PEYREFITTE, Roger : 58, 230.
PIAF, Édith : 15.
PIAT, Angélique : 299.
PIAT, Laetizia : 299.
PIAT, Yann : 299.
PIC-PARIS, François : 112, 256.
PIERRAT, Emmanuel : 243, 261, 300.
PIERRET, Stanislas : 39.
PIETKEWICZ, Jacky : 110, 165, 166.

PIGEAT, Henri : 145.
PINAULT, Maryvonne : 301, 344.
PIROTTE, Jean-Claude : 302.
PLASSARD, Jeanne Antoinette : 20, 93, 94, 132, 136, 238, 287, 303, 360.
PLASSARD, Joseph : 88, 94, 136, 238, 270, 287, 302, 303, 360.
PLATEL, Élisabeth : 139.
PLENEL, Edwy : 384.
POELVOORDE, Benoît : 255.
POINCARÉ, Raymond : 102, 244, 284.
POIROT-DELPECH, Bertrand : 305, 306.
POIVRE D'ARVOR, Patrick : 306, 389.
POLLET, Évelyne : 189.
POMPIDOU, Claude : 45, 116, 269, 307.
POMPIDOU, Georges : 80, 394.
PONIATOWSKI, Michel : 78.
PONS, Bernard : 308, 379.
PONS, Frédérique : 24, 44, 68, 300, 308.
POSTEL DE BELANGE, Marie-Madeleine : 125, 303.
POUDADE, Paul : 39.
POULIQUEN, Jacqueline : 344.
POULIQUEN, Yves : 49, 344.
PRÉVOST, Jacques : 133.
PRÉVOST-MARCILHACY, Christian : 309, 344.
PRÉVOST-MARCILHACY, Monique : 309, 344.
PROUST, Marcel : 99, 309, 310, 373.
PUCHEU, Pierre : 221.
QUÉNU, Florence : 393.
QUOIREZ, Françoise : voir SAGAN, Françoise.
QUOIREZ, Marie : 214, 215, 313, 314.
QUOIREZ, Pierre : 314, 315.
QUOIREZ, Suzanne : 98, 307, 315, 316.

RABELAIS, François : 220.
RABIAH, bâtonnier : 265.
RADZIVILL : 79.
RAINFROY, Micheline : 24.
RAMIREZ REINA, Léon : voir DEGRELLE, Léon.
RAMIREZ SANCHEZ, Ilich : voir CARLOS.
RASPOUTINE, Grigori : 252, 292, 399.
RAUCOURT, général de : 303.
REBATET, Lucien : 50, 144, 319.
REBATET, Véronique : 31, 54, 320, 387.
REBOUL, conseiller : 167.
REDÉ, Alexis de : 321, 322
RÉGINE : 234, 235, 322, 323.
REMILLEUX, Jean-Louis : 24, 344.
RENAUD, Madeleine : 250.
RENAULT, Michel : 272, 273.
RHEIMS, Louis : 327, 328.
RHEIMS, Maurice : 327, 328.
RHEIMS, Nathalie : 327, 328, 346.
RICHELIEU, cardinal de : 46, 56.
RINALDI, Angelo : 269, 328.
RISTAT, Jean : 26.
ROBERT, Véronique : 38.
ROBESPIERRE, Augustin de : 331.
ROBESPIERRE, Maximilien de : 330, 331.

ROBIC, Jean : 332.
ROBIN, adjudant : 110, 212, 222, 282, 367.
ROCARD, Michel : 45.
ROCHAS, Hélène : 250, 253, 269, 333.
ROCHE, Claude : 365.
ROCHEFORT, Jean : 152.
ROHAN-CHABOT, Charles de : 85, 334, 335.
ROHAN-CHABOT, Delphine de : 335.
ROHAN-CHABOT, Josselin de, duc : 145, 334.
ROLLAND, abbé : 205.
ROMMEL, Erwin : 374.
ROTHSCHILD, Liliane de : 250, 292.
ROTHSCHILD, Ondine de : 344, 383.
ROUART, Jean-Marie : 25, 278.
ROUGEOT, André : 300.
ROUX, Dominique de : 336, 337, 338.
ROUX, Pierre-Guillaume de : 337, 338.
ROYNARD, Jean : 163.
RUDETZKI, Mme : 204.

SABATIER, Robert : 339, 340.
SACHY, Jean-Marc : 393.
SACHY, Sandrine : 393.
SAGAN, Françoise : 52, 85, 93, 98, 122, 137, 138, 143, 144, 152, 183, 192, 214, 234, 247, 260, 305, 306, 307, 313, 314, 315, 316, 322, 328, 335, 340, 341, 342, 389, 394.
SAINTENY, Jean : 28.
SALAN, Raoul, général : 212, 342, 343, 382.
SALMON-LEGAGNEUR, abbé : 205.
SALOMON, Ernst von : 253.
SALTZMAN, Harry : 345.
SANCHEZ, Jacques : 353.
SANJUST, Paola : 334, 335.
SARHADI, Zénial Abedine : 44, 45.
SARKOZY, Nicolas : 88, 205.
SARRAUT, Albert : 92.
SARTRE, Jean-Paul : 48, 173.
SAVIGNEAU, Josyane : 173, 174.
SCHEER, Léo : 328, 346, 347.
SCHEMLA, Élisabeth : 376, 377.
SCHNEIDER, abbé : 67.
SCHŒLCHER, Victor : 257.
SCHULLER, Didier : 347, 348.
SCHUMAN, Robert : 348, 349.
SCOTT, Odette : 314.
SEILLIÈRE, Ernest-Antoine : 145.
SELL, Maren : 351.
SENOUSSI, Abdallah : 82.
SERGENT, Dorothée : voir DURAND-TEXTE, Dorothée.
SERRA, Maurizio : 245, 352.
SERRES, Michel : 350.
SEURRE, abbé : 205.
SEVRAN, Pascal : 352, 389.
SIEYÈS, Emmanuel-Joseph : 72.
SIHAMONI, prince : 355, 356.
SIHANOUK, Norodom : 354, 355, 394.
SIMON, Michel : 356.
SIMONÉ, Guy : 77.
SI MOUSSA, commandant : 16, 17, 18.
SOBTCHAK, Anatoli : 292, 293.

SOLLERS, Philippe : 173, 242.
SPEER, Albert : 73, 74.
STALINE, Joseph : 161, 218.
SUPPOT-RÉVEILHAC, Michel : 154, 155.
SUPPOT-RÉVEILHAC, Simone : 94, 287, 360.
SUPPOT-RÉVEILHAC, Yves : 154, 159, 257, 360.
SZPINER, Francis : 62, 63, 79, 123, 178, 208, 239, 347, 362, 363, 376.

TAMAGO, Serge : 353.
TANGE, Kenzo : 375.
TAPIE, Bernard : 173.
TARI, abbé : 67.
TASHEV, Georgi : 97.
TCHOU EN-LAI : 259, 324.
TEBER, bâtonnier : 16.
TELLE, Serge : 96.
TESSÈDRE, Serge : 78.
THÉOLLEYRE, Jean-Marc : 367.
THIÉRION DE MONCLIN, Henri, capitaine : voir MONCLIN, Henri de.
THOMAS, président : 201.
THOMAS, Henri : 254.
THORP, René-William : 256.
TIANGAYE, Nicolas : 63, 376.
TILLINAC, Denis : 33, 302.
TIXIER-VIGNANCOUR, Jean-Louis : 46, 102, 110, 118, 119, 143, 163, 167, 198, 222, 242, 247, 265, 275, 296, 342, 366, 367, 368, 369, 382.
TOPOR : 370.
TOUBON, Jacques : 145, 372.
TOUBON, Lise : 372.
TOURNIER, Michel : 152, 372.
TRÉMOIS, Catherine : 375.
TRÉMOIS, Pierre-Yves : 375, 376.
TRINTIGNANT, Marie : 96.
TRIOLET, Elsa : 27.
TRONSON DU COUDRAY, Guillaume Alexandre : 244.
TROTSKI, Léon : 87.

URSULET, Alex : 24, 96, 192, 193, 194, 257, 308, 379, 380, 384.

VAKILI RAD, Ali : 44.
VALÉRY, Paul : 58.
VALLOT, Claude : 97, 171.
VAN CAUWENBERGHE, commissaire : 276.
VANUXEM, général : 381.
VARAUT, Alexandre : 222, 381.
VARAUT, Jean-Marc : 173, 222, 369, 381, 382.
VARGA, Pierre de : 77.
VERDIER, Fabienne : 382, 383.
VERGÈS, Jacques : 17, 107, 146, 173, 206, 222, 269, 300, 331, 383, 384.
VÉZOLLES, Danielle : 250.
VIATTE, Germain : 393.
VICTORIA, reine : 15.
VILLIERS, Philippe de : 223.
VILMORIN, André de : 236, 237, 387.
VILMORIN, Andrée de : 236, 386, 387.
VILMORIN, Louise de : 236, 386.
VITOUX, Frédéric : 54, 269, 352, 387.

VITOUX, Nicole : 54, 352, 387.
VOGÜÉ, Nelly de : 387, 388.
VOILIER, Jean : voir LOVITON, Jeanne.
VOLTAIRE : 206, 251, 310, 329, 386.

WADDAL, peintre : 194.
WEBEL, Sophie : 393.
WELLES, Orson : 54.
WESTHOFF, Bob : 15, 23, 29, 30, 35, 37, 42, 43, 48, 52, 53, 54, 56, 74, 89, 106, 122, 138, 144, 152, 178, 179, 192, 199, 214, 215, 234, 235, 242, 247, 258, 259, 260, 264, 283, 292, 305, 314, 322, 326, 335, 336, 337, 341, 342, 355, 389, 394.
WESTHOFF, Denis : 137, 138, 314, 335.
WILLEMETZ, M. : 200.

YOUSSOUPOV, Félix, prince : 399.

ZELLER, Florian : 49, 50.
ZILBERBERG, Mme : voir RÉGINE.
ZOG, roi d'Albanie : 156, 157, 181.
ZOKOEZO, Lambert : 63.
ZOLA, Émile : 70, 185, 198, 221, 244, 382.
ZOUSMAN, Alexis, juge : 58.
ZUÉRAS, Jeanne : 67, 270, 401.
ZUÉRAS, Pépita : 64, 67, 101, 270, 280, 304, 350, 401.

Prologue 13

DICTIONNAIRE 15

Épilogue 403

Index 405

Composition Nord Compo.
Achevé d'imprimer
sur Roto-Page
par l'Imprimerie Floch
à Mayenne, le 13 mai 2014.
Dépôt légal : mai 2014.
1er dépôt légal : mars 2014.
Numéro d'imprimeur : 86899.
ISBN 978-2-07-014434-1 / Imprimé en France.

271407